PALÄSTE DER TOSKANA

© 2000 – librimoderni, Udine, Italien

Projektkoordination: Fabiola Beretta
Layout: Gilberto Brun
Redaktion: Jessica Basso

Titel der Originalausgabe: Palazzi di Firenze e di Toscana

© 2000 für die deutsche Ausgabe:
Könemann Verlagsgesellschaft mbH,
Bonner Str. 126, D–50968 Köln

Übersetzung aus dem Italienischen:
Anja Brug, Jutta Götze, Maren Wöll, Alexandra Zipperer
für Delius Producing, Berlin
Redaktion und Satz der deutschen Ausgabe:
Barbara Delius und Julia Niehaus
Register: Stephanie Esser

Projektkoordination: Nadja Bremse-Koob
Herstellung: Ursula Schümer

Druck und Bindung: Stige
Printed in Italy

ISBN 3-8290-6546-9

10 9 8 7 6 5 4 3 2 1

Alle Rechte vorbehalten.

PALÄSTE DER TOSKANA

Text von
CARLO CRESTI und CLAUDIO RENDINA

Fotografien von
MASSIMO LISTRI

KÖNEMANN

Danksagung

Mein herzlicher Dank gilt den Besitzern der in diesem Buch dargestellten Anwesen und all jenen, die uns durch ihr Entgegenkommen bei der Realisierung dieses Werkes unterstützt haben.

Antonio Stella
Verleger, Magnus Edizioni

INHALTSVERZEICHNIS

Die schroffe Architektur des toskanischen Palastes

Geschichte und Architektur der Stadtresidenzen ... 10

Die Paläste von Florenz und der Toskana

Palazzo Pubblico in Siena ... 60

Palazzo Nuovo del Podestà in San Gimignano ... 78

Palazzo Vecchio in Florenz ... 86

Palazzo del Comune in Pistoia ... 106

Palazzo Pannocchieschi d'Elci in Siena ... 110

Palazzo della Fraternita dei Laici in Arezzo ... 118

Palazzo Medici-Riccardi in Florenz ... 124

Palazzo Piccolomini in Pienza ... 152

Palazzo Antinori in Florenz ... 156

Palazzo Pitti in Florenz ... 160

Palazzo Nobili Tarugi in Montepulciano ... 194

Casa del Vasari in Arezzo ... 200

Palazzo dei Cavalieri in Pisa ... 206

Palazzo Ducale in Lucca ... 212

Palazzo Incontri Viti in Volterra ... 220

Casa Buonarroti in Florenz ... 226

Palazzo Corsini in Florenz ... 236

Casa Guicciardini in Florenz ... 246

Palazzo Ducale in Massa ... 252

Palazzo Mansi in Lucca ... 260

Palazzo Controni-Pfanner in Lucca ... 270

Palazzo Chigi-Saracini in Siena ... 280

Palazzo Bianchi-Bandinelli in Siena ... 292

Palazzo Borghese in Florenz ... 298

Palazzo del Comune in Montecatini Terme ... 306

Die Toskana zwischen Hochmittelalter und Unità d'Italia ... 310

Bibliografie ... 312

Register ... 314

CARLO CRESTI

DIE SCHROFFE ARCHITEKTUR DES TOSKANISCHEN PALASTES

GESCHICHTE UND ARCHITEKTUR DER STADTRESIDENZEN

Während das mittelalterliche Kastell, die ländlich-feudale Residenz recht abweisend und kriegerisch wirkt, zeigen die privaten Stadtresidenzen der Toskana ein freundlicheres Aussehen und unterscheiden sich darin auch von den festungsartigen Palazzi Pubblici, den repräsentativen Regierungssitzen. Der neuartige Gebäudetypus entwickelte sich im Laufe des 15. Jahrhunderts, die Auftraggeber waren ausschließlich Mitglieder reicher und mächtiger Kaufmanns- und Bankiersfamilien.

Zwar diente auch der Stadtpalast, insbesondere in Florenz, der Abschottung seiner Eigentümer von der Umwelt, dennoch wirkte er insgesamt weniger wehrhaft. Er besaß keine Türme, keine Böschungsmauer und keine Zugbrücke. An die Stelle des zinnenbesetzten Balkons trat ein vorspringendes, abschließendes Hauptgesims. Statt eines Wehrgangs gab es eine Loggia, und die Sehschlitze waren durch Zwillings- und Drillingsfenster ersetzt worden. Neu war auch der von Arkaden umgebene Innenhof. Der veränderte Charakter entsprach vollauf der Gesinnung der Bauherren: Als vermögende Bürger wollten sie mit dem Bau eines prachtvollen Wohnsitzes ihren Erfolg darstellen, um so in gewisser Weise mit dem alten Feudaladel zu wetteifern, der sein Ansehen den Privilegien der kaiserlichen Investitur verdankte. Doch obwohl die Patrizierpaläste selbstverständlich das Streben ihrer Bewohner nach gesellschaftlichem Ansehen offenbaren, kann ihnen zugute gehalten werden, dass sie nicht protzig wirken. Das Gebot der Mäßigung hielt die Auftraggeber davon ab, mit zur Schau getragenem Reichtum den Neid der Mitbürger zu erregen. Vielmehr sollte die solide, unverwüstliche Bauweise des Palastes ein Sinnbild für die Standfestigkeit des Geschlechts sein. Der neue Palasttypus verfügte noch immer über das solide Mauerwerk des Kastells feudaler Prägung, das bis zum Abschluss des Erdgeschosses reichte. Die starken Grundmauern wurden durch hervorspringende wuchtige Bossenquader sogar besonders betont, die wie Felsen auf den Betrachter wirken. Die Fenster im Erdgeschoss waren zum Schutz vor Angriffen hoch oben eingebaut und mit starken Eisengittern versehen.

Mit dem Bau der Stadtresidenzen veränderte sich der Gebäudebestand ganzer Stadtviertel. Durch die riesigen Neubauten verschwanden viele kleinere, unbedeutendere Bauwerke und Häusergruppen. Die neuen Paläste überragten die umliegenden Häuser und wirkten mit ihrer enormen Größe wie Inseln in dem Gewirr der Gassen und Plätze. Auch hierin ähnelten sie dem herrschaftlichen Landsitz, den sie ersetzten: Noch immer dominierte das Gebäude seine Umgebung, doch das räumliche wie das gesellschaftliche Umfeld, in dem die Residenz ihre Funktion als Beobachtungsstand und Zentrum des Handels und der Güterverwaltung erfüllte, war ein völlig anderes.

Bei der Entwicklung des neuen Gebäudetypus spielte die Formgebung der Renaissancearchitektur, die sich in Florenz gerade durchzusetzen begann, eine wichtige Rolle. Überraschenderweise findet sich in einem Fresko Giottos, *Der Verzicht auf die weltlichen Güter*, das er um 1325 für die Bardi-Kapelle der Kirche Santa Croce in Florenz malte, bereits die visionäre Darstellung eines Stadtpalastes. Giottos Fresko zeigt ein Gebäude, das sich stark von den unzugänglich und abwei-

Ansicht von Florenz, unbekannter Künstler des 15. Jahrhunderts. Neben den wichtigsten öffentlichen Gebäuden der Stadt sind auch die bedeutendsten Privatpaläste zu erkennen.

send wirkenden mittelalterlichen Wohntürmen unterscheidet und damit seiner Zeit weit voraus ist, während es zugleich an die monumentale Architektur der klassischen Antike erinnert. Kein Gebäude der toskanischen Profanarchitektur lässt sich mit diesem Entwurf vergleichen. Nicht einmal in der Hochrenaissance findet sich ein Bauwerk, das auch nur im Entferntesten so lichtdurchflutet und offen ist. Über den würfelförmigen, mit Steinen ausgeschlagenen Grundmauern öffnet sich der

Der Verzicht auf die weltlichen Güter von Giotto ist eine der Geschichten aus dem Leben des Hl. Franziskus in der Bardi-Kapelle von Santa Croce, Florenz.

Apollonio Giovanni, Ansicht des Palazzo Medici an der Via Larga, Miniatur in einer Ausgabe von Vergils Äneis, die in der Biblioteca Riccardiana in Florenz aufbewahrt wird

Auf den folgenden Seiten: Hauptfassade des Palazzo Pitti in Florenz

Ansicht des Palazzo Rucellai in Florenz

Palast auf der Höhe des ersten Stockwerks in drei durchgängige Loggien. Sie sind mit einem Gebälk versehen und zeigen gleichmäßig angeordnete schlanke Säulen. Die Loggia fungiert als Verbindungsglied zwischen dem Inneren des Palastes und seiner Umgebung. Sie bot den Palastbewohnern die Möglichkeit, am Leben außerhalb des Palastes teilzunehmen. Zugleich konnte man über die Loggia etwas vom Geschehen im Inneren des Palastes nach außen vermitteln.

Als Archetypus des Renaissancepalastes gilt gemeinhin ein auf einer Zeichnung Michelozzos dargestellter und ab 1444 für Cosimo den Älteren gebauter Palast in Florenz, der im Gegensatz zu dem von Giotto gemalten noch deutliche Merkmale des mittelalterlichen Wohnbaus aufweist. Die geschlossene, wehrhafte und aus Stein gebaute Residenz der Medici wirkt wie die Manifestation dauerhaften Argwohns der Auftraggeber gegenüber ihrer Umgebung. Auf die Florentiner muss die Fassade alles andere als freundlich gewirkt haben. Das drei Stockwerke hohe, kastenförmige Gebäude befindet sich in der ehemaligen Via Larga und verfügt über einen Panzer aus Buckelquadern, deren Stärke zum Kranzgesims hin stetig abnimmt. Es ist bei weitem nicht so fortschrittlich wie Giottos

Unterer Teil der Fassade des Palazzo Rucellai in Florenz

Palast. Auch der Palast Filippo Strozzis lässt vermuten, dass der Bauherr seinen Mitbürgern kein allzu großes Vertrauen entgegenbrachte und an einem Dialog mit ihnen nicht interessiert war. Ganz anders wirkt dagegen der vermutlich von Brunelleschi entworfene und von Luca Francelli ausgeführte Palazzo Pitti. Die damals einmalige Anordnung der sieben großen Bogen hinter einem fortlaufenden Balkon im ersten und zweiten Geschoss des ältesten Gebäudeteils vermittelt den Eindruck, als habe diese Familie weniger Angst um ihre Sicherheit gehabt. Mit großer Wahrscheinlichkeit hängt die Größe der Fensterbogen allerdings auch mit der Lage des Palastes am Hang zusammen: Sie ermöglichte es, die Umgebung im Blick zu behalten, und erschwerte unbemerkte Angriffe. Trotzdem verzichtete auch Luca Pitti, dessen Palast mit einer Höhe von 35 Metern und einer Länge von 55 Metern damals der größte in der Toskana war und über große, herrliche Fenster verfügte, nicht auf den Schutz eines starken Rustikamauerwerks aus Pietra Forte. Die mächtigen, hervorspringenden Quader wirken wie ein riesiger Steinhaufen zu Füßen der Residenz.

Einladender und anmutiger wirkt dagegen die Fassade des Palazzo Rucellai mit seinen Reminis-

Giuliano da Sangallo, Holzmodell für den Palazzo Strozzi in Florenz, Detail der Fassade. Florenz, Museo di Palazzo Strozzi

zenzen an die klassische Architektur. Der Palast zeigt drei übereinander liegende Reihen von Lisenen. Sie beginnen über dem in Opus Reticulatum gearbeiteten Sockel, in der Horizontalen werden sie von dem fortlaufenden Mauerwerk unterbrochen und enden auf Höhe des Hauptgesimses. Diese vertikalen Gliederungselemente treten jedoch kaum aus der Oberfläche der Fassade heraus. Sie dienen ausschließlich der Dekoration und haben keine tragende Funktion. Auch stimmt die Größe der Quader nur selten mit der jener Steinblöcke überein, aus denen die eigentliche Mauer besteht. Wahrscheinlich erfolgte eine nachträgliche Bearbeitung der Scheinquader, wobei die Steinblöcke so behauen wurden, dass sie in den Lisenen weniger klobig wirkten als im übrigen Mauerwerk. Das starke schützende Gemäuer des Gebäudes wurde also hinter einer eleganten, ablenkenden Hülle verborgen.

Die Fassade eines Palastes ist das äußere, unübersehbare Zeichen des Reichtums und der Macht seines Besitzers. Als Grenze zwischen Öffentlichem und Privatem ist sie von besonderer Bedeutung. Ihre Gestaltung erfolgte ganz nach den

Ansicht des Palazzo Strozzi in Florenz

Wünschen des Auftraggebers und spiegelt seine Selbstdarstellung in der Öffentlichkeit wider. Für die Auftraggeber aus Florenz und der Toskana war der Palast das wichtigste gesellschaftliche Statussymbol. Während die Dimensionen des Gebäudes meist ihre wirtschaftliche Macht und ihr Ansehen offenbarten, enthüllte die Fassade, ob sie sich ihren Mitbürgern gegenüber provozierend oder verbindlich zeigen wollten. Da insbesondere die Florentiner Familien traditionell einen gewissen Argwohn gegenüber ihren städtischen Mitbürger hegten, hielten sie es für notwendig, ihr Haus zu schützen, und taten dies nicht zuletzt dadurch, dass sie sich bei der Gestaltung ihrer Residenzen mäßigten und übertriebene Prahlerei vermieden. Ziel war es, wie Giorgio Vasari schrieb, „die Missgunst anderer nicht zu provozieren". Der Humanist Leonardo Bruni bemerkte dazu in seiner *Laudatio Florentinae Urbis* (1403, Lobrede auf die Stadt Florenz), dass das Verhalten der Florentiner von „äußerster Besonnenheit" geprägt sei und sie nichts täten, „um ihren Reichtum zu zeigen oder um zu prahlen. Sie lehnen eine gefährliche und nutzlose Selbstverherrlichung ab und streben stabile und ruhige

Gegenüberliegende Seite: Bernardino di Betto, genannt Il Pinturicchio, Krönung Pius' IV., *Ausschnitt. Siena, Dom, Bibliotheca Piccolomini*

Beziehungen an, die eine gewisse Bequemlichkeit bieten." Doch auch in anderen toskanischen Städten waren die Paläste prominenter Familien nicht offen, großzügig oder einladend. Die für die Renaissance typischen Residenzen wirkten auch außerhalb von Florenz streng und abweisend. Sie sollten Schutz bieten vor potenziellen und realen Gefahren. Eine freundliche Architektur konnte man sich aus Gründen der Sicherheit nicht erlauben.

Cosimo der Ältere, ein Kenner der Florentiner Mentalität und ein überaus besonnener Politiker, wusste, warum er den von Brunelleschi entworfenen herrschaftlichen Wohnsitz als ein „zu prunkvolles Unternehmen" ablehnte. Um sich mit dem Palazzo auf der Piazza gegenüber der Kirche San Lorenzo nicht den Neid der übrigen Florentiner zuzuziehen, ließ er das „schöne und großartige Modell" Brunelleschis unverwirklicht.

Aber es gab auch hitzigere Bauherren wie Filippo Strozzi, der gleich nach seiner Rückkehr aus dem Exil, in das ihn die Medici geschickt hatten in einen offenen Wettstreit mit der feindlichen Familie trat. Für den Bau seines Palastes ließ er insgesamt 15 kleinere Häuser abreißen. Das schmucklose, mächtige, würfelförmige Gebäude mit einer Fassade aus derben Rustikaquadern war sehr viel größer als die Mediciresidenz in der Via Larga. Wie ein unbezwingbarer Berg aus Steinen muss es den Zeitgenossen erschienen sein, und nicht ohne Grund hielt Ercole I. d'Este die Residenz der Strozzi für prächtiger als die Lorenzo de' Medicis. Lorenzo Strozzi, Filippos Sohn, schrieb: „Wenn Vortrefflichkeit besonders im Bau öffentlicher und privater Gebäude erkannt und bewiesen wird, dann hat Filippo nicht nur großartig gehandelt, sondern in seiner Großartigkeit jeden anderen Florentiner Bürger übertroffen." Dass die Bürger der Stadt die Provokation, die in der Errichtung dieses Baus lag, mit großem Interesse wahrnahmen, zeigen unter anderem die ausführlichen Aufzeichnungen des Florentiner Apothekers Lucca Landucci. Seine Tagebücher enthalten genaue Beschreibungen der Bauarbeiten, vom Gießen der Fundamente im Juli 1489 bis zur Fertigstellung des Bauwerks im Juni 1504.

Doch im Jahre 1504, beim Abschluss der Bauarbeiten, erschien die Architektur des Palazzo Strozzi bereits anachronistisch. Zwar beeindruckte das Gebäude durch seine enorme Größe, doch war es in stilistischer Hinsicht schon wieder überholt. Fehlte dem Palazzo Strozzi nicht der Turm, würde ihn nicht viel vom Palazzo Vecchio, diesem wehrhaften Florentiner Kommunalpalast, unterscheiden. Wieder veranschaulicht ein Vergleich mit einer zeitgenössischen Darstellung eines Palastes in einem Bild von Pinturicchio aus dem Jahre 1502 die Monotonie und Starrheit des realen Gebäudes. Pinturicchios *Krönung Pius' IV.* in der Biblioteca Piccolomini des Doms von Siena zeigt einen völlig neuartig wirkenden Palast: Das gemalte Gebäude steht auf Pfeilern und Bogen, das gesamte Erdgeschoss besteht aus Arkaden. Im ersten Stockwerk befinden sich die Wohnräume. Dazwischen liegt über der gesamten Breite des Gebäudes eine tonnengewölbte Galerie, die zusammen mit den beiden mit Balustraden versehenen Terrassen den dynamischen Austauschprozess zwischen Gebäude und Umgebung betont. Ein weiteres Mal zeigt sich die Architekturdarstellung schöpferischer als die Architektur selbst. Obwohl der Palazzo Strozzi mehr als ein halbes Jahrhundert nach Michelozzos Mediciresidenz entstand, zeigt er eine starke Ähnlichkeit mit ihr, etwa in Hinsicht auf die monotone Farbgebung, die kompakte Bauweise, die horizontale Fassadengliederung durch das Gurtgesims und die gleichmäßige Verteilung der Fenster (Biforien unter einem Keilsteinbogen); den Abschluss des Gebäudes bildet das hervorspringende Hauptgesims. All diese Charakteristika wurden mit geringfügigen Veränderungen in der Bossenverkleidung und im Hauptgesims auch andernorts nachgeahmt. Man findet sie am Palazzo Strozzi in Mantua (um 1457), am Palast der Pazzi (um 1469), der Antinori (1469), der Gondi (1498) sowie in Siena am Palast Caterina Piccolominis (1460), am Palazzo Piccolomini (1469) in Pienza, der mit seiner Travertinfassade sehr dem Florentiner Palazzo Rucellai gleicht, und am Palazzo Spannocchi in Florenz mit einer Mauerfläche in Tuffstein und der erst im Jahre 1879 hinzugefügten Fassade an der Piazza Salimbeni.

Nicht nur die Besitzer hatten Freude an den bereits fertig gestellten oder noch im Bau befindlichen Palästen und waren stolz auf sie, sondern auch die Florentiner Bürger. Die zeitgenössischen Quellen zeigen, dass man sie für eine Zierde der

Der Innenhof des Palazzo Strozzi ist ein repräsentatives Beispiel für die strenge und ausgewogene Schlichtheit der Renaissancearchitektur.

Der Garten des Palazzo Medici-Riccardi wurde in der prachtvollen Zeit der Medici für festliche Bankette genutzt, so etwa bei den Feierlichkeiten anlässlich der Hochzeit Lorenzo Il Magnificos mit Clarice Orsini im Jahre 1469.

Der Innenhof des Palazzo Medici-Riccardi ist mit eleganten Verzierungen ausgestattet, wie sie dem wohlhabenden Bankiersgeschlecht entsprachen.

Stadt hielt. Goro Dati schreibt in seiner 1409 verfassten *Istoria di Firenze* (Geschichte von Florenz), welche die Jahre zwischen 1380 und 1405 abhandelt: „Ich kann dir nicht sagen, wie groß die Zahl der Florentiner Stadtpaläste ist, aber auf der ganzen Welt gibt es keinen Königspalast, der vortrefflicher wäre." Auch die *Cronaca fiorentina* (1430 bis 1480, Florentiner Chronik) von Benedetto Dei und die *Storia fiorentina* (Florentiner Geschichte) von Benedetto Varchi aus dem 16. Jahrhundert erwähnen die Palazzi; Vasari lobt die „herrlichen Bauwerke aus Buckelquadern". Und die Miniaturen, mit denen Apollonio di Giovanni um 1460 Vergils *Äneis* illustrierte, zeigen den Palazzo Medici in verschiedenen Bauphasen. Er erscheint einmal als Palast des Priamus und einmal als Palast der Dido. Miniaturen der Paläste der Familien Pitti, Spini, Gianfigliazzi, Medici, Ricasoli und Tornabuoni finden sich auch in der von Pino del Massaio 1472 geschaffenen *Pianta Iconografica di Florentia* sowie in der zwischen 1471 und 1482 entstandenen so genannten *Veduta della Catena*. Die Paläste erscheinen in diesen Veröffentlichungen gleichrangig neben bedeutenden öffentlichen und sakralen Bauwerken. Nur der unerbittliche Savonarola tadelte in einer seiner düsteren Bußpredigten im Juni 1496 die Bewohner der „schönen Häuser". Er warf ihnen vor, sich „ein Paradies auf Erden" geschaffen zu haben, und warnte: „Alle, die ihr in den schönen, mit viel Gold und anderen Dingen ausgeschmückten Häusern wohnt, macht euch entweder zu Sklaven der Menschen oder des Teufels, vielleicht sogar zu Sklaven beider."

Es ist übrigens ein Irrtum zu glauben, die Leidenschaft, welche die Florentiner für die großzügigen und kostspieligen Paläste zeigten, die keinen Gewinn abwarfen und allein zur Freude der Auftraggeber errichtet wurden, sei ein Zeichen wirtschaftlicher Blüte und zunehmenden Wohlstands gewesen. Gerade der – europaweite – „Bauboom" jener Zeit, das Interesse, die neuen Reichtümer in Immobilien zu investieren, die ausschließlich für den privaten Gebrauch bestimmt waren, zeigt, dass es sich nicht um eine Konjunkturphase handelte: Die Gewinne der Handelsunternehmen und Banken wurden offensichtlich nur mit einer gewissen Zurückhaltung in neue Gewinn bringende eigene und fremde Geschäfte investiert. Benedetto Dei überliefert uns, dass zur Zeit von Cosimo de' Medici, Lucca Pitti, Neri di Gino Capponi und Gianozzo Manetti in Florenz 33 mächtige und kostspielige Gebäude errichtet worden seien, darunter „die berühmten großen Paläste der Medici, Martelli, Salviati und Spinelli, der Tornabuoni, Gianfigliazzi, Rucellai und der Lenzi".

Wenn der Familiensitz zugleich als Geschäftshaus eines Kaufmanns oder Bankiers diente, wurde der Palast in der Regel im Erdgeschoss mit einer Loggia versehen, in der die Geschäftspartner empfangen wurden. Bereits von der Straße aus konnte man erkennen, in welchem Teil des Gebäudes man sich zu Verhandlungen traf, und die Loggien wurden zu stadtbekannten Orten. In seiner *Memorie notate* (Niedergeschriebene Erinnerung) aus dem Jahre 1470 nennt Dei die Loggien der einflussreichsten Familien: die der Medici, Pitti, Rucellai und Pazzi. Die außerordentlich vermögenden Medici hatten an einer Ecke des Palastes in der Via Larga eine zweibogige Loggia bauen lassen, um dort ihre Geldwechselbank einzurichten. Als die Loggia im Jahre 1517 zugemauert wurde, ließ man die von Michelangelo entworfenen so genannten „knienden Fenster" einfügen. (Ihre Bezeichnung erhielten sie durch die großen Konsolen, die das Gesims der Fensterbank tragen und die Brüstung wie einen hohen Betstuhl erscheinen lassen.) Anderen diente die zur Straße hin offene Loggia als Schauraum, in dem Ware öffentlich ausgestellt und gehandelt wurde. Prominente Familien nutzten die Loggien für die öffentliche Feier wichtiger Ereignisse wie Verlobungen, Hochzeiten oder Beerdigungen. Giovanni Rucellai, der den Medici in nichts nachstehen wollte, ließ seine Loggia an einer engen, kleinen dreieckigen Piazza erbauen. Sie wirkt wie ein übergroßes Nebengebäude des gegenüberliegenden Palastes Rucellai. Giovanni erklärte, er habe die Loggia gebaut, um das Ansehen seiner Familie zu vergrößern und sie für freudige wie auch für traurige Anlässe zu nutzen. Die Chronisten sind sich einig, dass die Loggia ein Zeichen für die besondere Bedeutung einer Familie war.

Wie ein Gegenstück zur an die Straße grenzenden Loggia, die entweder direkt im Erdgeschoss des Palastes lag oder in dessen unmittelbarer Nähe, erscheint der Bogengang, der den Innenhof im Erdgeschoss umschließt. Die meisten größeren Florentiner Privatpaläste verfügen über eine solche verborgene „Piazza". Dieser kleine, stille Ort wirkte wie ein profaner Kreuzgang, um den herum sich das Palastleben und das Privatleben der Familie abspielte. Der viereckige Innenhof war von der Stadt aus nicht direkt erreichbar und nur bestimmten Personen zugänglich. Aus diesem Grund konnte man sich eine spielerische Gestaltung mit anmutigen Säulen, zierlichen Bogen und Schatten spendenden Laubengängen erlauben. In den oberen Stockwerken setzte man entweder leichte, übereinander liegende Drillingsfenster oder offene Bogengänge ein. Im Innern des Palastes schuf man bewusst eine heitere und freundliche Atmosphäre, die häufig im krassen Gegensatz zu der wenig einladenden, derben Straßenfassade aus grobem Bossenwerk stand.

Varchi, dem Deis Werke als Quellen dienten, erwähnt unter den Auftraggebern, die zwischen 1450 und 1478 an die 30 Paläste in Florenz bauten, die Pitti, Medici, Martelli, Gianfigliazzi, Tornabuoni, Rucellai, Pazzi, Pucci, Giuntini, Guardi, Lenzi, Boni, Neroni, Spinelli, Benucci, Strozzi, Ridolfi, Capponi, Salviati, Canigiani, Gherardi, Neretti, Aldobrandini, Morelli, Antinori, Borromei, Miniati, Albizzi, Niccolini und Vettori. Ausdrücklich unberücksichtigt bleiben dabei die „35 alten und würdigen Paläste, der Palazzo der Stadtregierung und der des Bürgermeisters" sowie „die Residenzen der 21 Zünfte, die allesamt große und bedeutende Gebäude sind" und das „wundervolle Or San Michele".

Dieses einzigartige Gebäude wurde zwischen 1337 und 1350 an jener Straße erbaut, die Dom und Palazzo Vecchio, die Zentren der kirchlichen und der weltlichen Macht, miteinander verbindet. Es gleicht einem großen Turm und diente sowohl als Getreidespeicher als auch als Oratorium. Doch nicht nur die doppelte Funktion des Gebäudes ist ungewöhnlich, sondern auch seine Konstruktion. Der kastenförmige Getreidespeicher liegt über einer 1380 geschlossenen Loggia im Erdgeschoss, deren Kreuzgewölbe von Pfeilern getragen wird. Die Konstruktion zeigt die große Erfahrung der Florentiner Bauleute und zugleich ihre Fähigkeit, aus einem nüchternen, funktionalen Bauwerk ein Kunstwerk zu machen. In den 14 kunstvoll gestal-

Blick auf das Or San Michele in Florenz

teten Marmornischen in den Erdgeschosspfeilern wurden die Statuen der Schutzheiligen der wichtigsten Zünfte, der Arti Maggiori, aufgestellt, denn im 14. Jahrhundert erhielt das Or San Michele eine weitere Funktion: Es wurde zum Zentrum der Zünfte. Die Figuren zählen zu den großartigsten Werken der Florentiner Renaissanceskulptur.

Mit dem Bau des Palazzo Vecchio hatte man 1299 begonnen. Im Gegensatz zum Privatpalast der Kaufleute und Bankiers, der dem Kastell noch in mancher Hinsicht glich, wenn er auch weniger wehrhaft und bedrohlich wirkte, war der damals noch Palazzo Pubblico genannte Sitz der Stadtregierung (unabhängig davon, ob in Florenz die Kommune, die Signoria oder ein Großherzog regierte) eine städtische Festung, die auch Merkmale des Wohnbaus zeigte. Eine Anordnung schrieb vor, dass die Priori, die Zunftoberhäupter, die unter dem Vorsitz des Gonfaloniere di Giustizia die Stadt regierten, während ihrer Amtszeit im Palazzo Pubblico wohnen mussten. Sie wurden gleichsam eingeschlossen, um so ihrer Amtspflicht besser nachzukommen. Sie schliefen in einem Raum, der mit hölzernen Trennwänden aufgeteilt war. Ihnen und den Magistraten der Republik sollte der Palast Schutz bieten vor den „Angriffen mächtiger Florentiner Bürger", die von der Führung der Stadt ausgeschlossen waren.

Der große Saal des Palazzo Vecchio diente als Versammlungsraum und dem Empfang auswärtiger Botschafter. Die Stadt verfügte damit über einen repräsentativen Ort, der ähnliche Funktion hatte wie die Piazza della Signoria, der Kirchplatz und das Mittelschiff des Doms. Hier zelebrierte man die feierlichen Rituale der Florentiner Demokratie, die in Wahrheit jedoch gar keine echte Demokratie war, denn, wie Bernardo Segni bemerkt, „nicht jeder gewöhnliche Bürger, der in der Stadt lebte", hatte Zugang zu öffentlichen Ämtern, „sondern nur jene, die zu den Honoratioren gehörten oder bereits ein öffentliches Amt bekleideten". Die Florentiner Demokratie als eine Demokratie des Volkes zu bezeichnen, wäre daher übertrieben, sie war eine Demokratie der gehobenen Mittelschicht.

Der Palazzo Pubblico war auch in anderen italienischen Städten Sinnbild der bürgerlichen Tugenden und Zentrum der städtischen Politik und Verwaltung. Auch in Siena wurden in dem zwischen 1298 und 1310 errichteten Gebäude Unterkünfte für jene Mitglieder aus den Bankiers- und Kaufmannsfamilien bereitgestellt, die in die Nove gewählt waren, in den Rat der Neun, der in vielen Städten der Toskana einen Teil der Regierung bildete. Man wollte damit verhindern, dass sie sich von anderen Gastgebern bestechen ließen, wie es bereits vorgekommen war.

In Volterra begann man mit dem Bau des Regierungspalastes 1257, in Pistoia 1294 und in Lucca vollendete man den Palast bei der Kirche San Michele in Forno 1320. Alle diese Paläste sollten nicht nur eine Zierde für die Städte sein, son-

Gegenüberliegende Seite: Nanni di Banco, Die vier gekrönten Heiligen *in einer Nische der Außenwand des Or San Michele. Als Mitglied der Stein- und Holzarbeiterzunft fertigte di Banco die Figuren der antiken Heiligen im Auftrag seiner Zunft.*

Auf einer der Schmalseiten von Or San Michele steht die Skulptur Christus und der Ungläubige Thomas *von Andrea del Verrocchio in einer von Michelozzo und Donatello gestalteten Nische.*

Palazzo Guinigi in Lucca

Palazzo dei Priori in Volterra

dern dienten den Magistraten während ihrer Amtszeit als obligatorischer Wohnsitz. Nicht zuletzt aufgrund dieser Funktion legte man beim Bau der Palazzi Pubblici größten Wert auf Sicherheit. Die Gebäude wirken daher sehr geschlossen und wehrhaft. Sie sollten Angriffe auf die Stadtregierung von vornherein unmöglich erscheinen lassen. Der Palazzo dei Priori in Volterra ist ein hochrechteckiges, kastenförmiges Gebäude aus Mauerwerk mit nur wenigen Öffnungen. Es ist mit derbem grauem Sandstein verkleidet und wird von einem asymmetrisch angeordneten Turm überragt. Im Vergleich dazu erscheint der ebenfalls steinerne Palast von Pistoia offener. Er wurde direkt neben dem Dom erbaut und verfügt im ebenerdigen Teil der Fassade über einen fortlaufenden Bogengang. Die Fassade des Sieneser Regierungspalastes ist dreiteilig. Sie besteht aus zwei schrägen Flügeln, die aufeinander zulaufen, und einem Mittelteil. Die Flügel erscheinen wie ein Bühnenhintergrund, in dem sich alle perspektivischen Linien, die aus dem Platz kommen, treffen. Zugleich wirken sie wie Arme, die die Stadt umfassen. Diese „offenen Arme" mit ihren zehn Eingängen wirken durch den warmen Farbton des Sandsteins, die Farbe des Kalksteins der Montagnola im Sockel und den Travertinstein, aus dem die obersten Teile des gekappten Turms sind, besonders einladend. Dieser Torre del Mangia wurde 1325 begonnen. Er wirkt überraschend grazil und bildet einen vertikalen Kontrapunkt zum horizontalen Gefüge des Palastes. Auf den beiden Flügeln befinden sich zinnenbesetzte Pfeileraufsätze mit jeweils drei Fenstern aus dem 15. Jahrhundert. Die ungewöhnliche Freundlichkeit und Anmut, die der Regierungspalast von Siena ausstrahlt, hängt möglicherweise mit der politischen Stabilität im ersten Jahrzehnt des 14. Jahrhunderts zusammen.

Ohne Zweifel hängt die Architektur der mittelalterlichen Privat- und Regierungspaläste in den Städten der Toskana stets von den mehr oder weniger feindseligen Beziehungen zwischen den einzelnen Familien und Parteien ab. Die Paläste Sienas zeugen von einer gewissen Harmonie unter den Bürgern. Am deutlichsten ist dies an den Palästen der Marescotti (später Chigi Saracini), der Sansedoni und der Bonsignori mit ihren Backsteinfassaden und den übereinander liegenden Reihen von Drillingsfenstern zu sehen. Die Paläste wirken darüber hinaus wenig befestigt, und schon ihre Erscheinung zeigt, dass sie in erster Linie als Wohnstätten dienten. Einzigartig in der Geschichte der mittelalterlichen Kommunen ist eine aus dem Jahre 1297 stammende Verordnung, die für alle neu errichteten Gebäude am Campo die Verwendung von Fenstern mit kleinen eingestellten Marmor- oder Steinsäulen vorschrieb. Die Vereinheitlichung der Fassaden sollte wohl die Anmut der größten öffentlichen Piazza der Stadt verstärken. Im Jahre 1349 wurde sie mit Backsteinen gepflastert.

In der fast ausschließlichen Verwendung des Backsteins unterschied sich die Sieneser Architektur von der der meisten anderen Städte und erhielt dadurch eine gewisse Individualität. Dieses Baumaterial war weicher als Naturstein und leichter zu verarbeiten. Sein warmer Farbton ließ die Gebäude weniger wehrhaft erscheinen. Dies gilt im Übrigen auch für Lucca, wo die Baukunst ebenfalls weit entwickelt war und ein hohes stilistisches Niveau erreicht hatte. Wie in Siena, war auch hier die Verwendung des Backsteins in jener Zeit weit verbreitet. Mehr noch als in Siena brachte die verstärkte Verwendung des Ziegelsteins im Gurtgesims, am Fenstergesims und in den Bogenrücken von Fenstern und Portalen originelle und gefällige dekorative Effekte hervor. Zusammen mit den offenen Arkaden im Erdgeschoss, den Drilllings- und Zwillingsfenstern sowie den vier- und fünfteiligen Fenstern in den oberen Stockwerken, die wie Loggien nebeneinander und übereinander gesetzt sind, verleihen diese schmückenden Details den kompakten Gebäuden eine gewisse Leichtigkeit und lassen die Häuser des Luccheser Bürgertums alles andere als verschlossen erscheinen. Besonders deutlich zeigen dies der Palazzo Ottolini Balbani in der Via Sant'Andrea aus dem späten 14. Jahrhundert und die beiden ebenfalls aus dieser Zeit stammenden Paläste der Familie Cenami, von denen einer direkt neben dem eindrucksvollen, mit grünen Steinen besetzten Geschlechterturm liegt, der andere genau gegenüber.

Neben seiner reizvollen Architektur hat Siena noch etwas Außergewöhnliches zu bieten: eine

Der Palazzo Sansedoni auf der dem Palazzo Pubblico gegenüberliegenden Seite des Campo in Siena

Florenz, Palazzo Vecchio, Sala dei Gigli: Bemerkenswert ist die Kassettendecke aus Holz mit dem vergoldeten Fries darunter und den „Marzocchi" genannten Löwen, die die Waffen des Volkes und der Guelfen-Partei halten. Die Wandfresken stammen von Domenico Ghirlandaio.

große Zahl wertvoller profaner wie sakraler Wandmalereien. Im Palazzo Pubblico dienten sie dazu, Ereignisse aus der Geschichte Sienas für die Nachwelt festzuhalten und die tief verwurzelte Gläubigkeit der Sienesen zu zeigen.

Die Cappella dei Nove im Erdgeschoss des Palastes wurde von Simone Martini (1321) und Lippo Memmi (1326) mit Fresken ausgemalt. Am gleichen Ort malte Il Vecchietta um 1435 die von Engeln und Heiligen umgebene *Madonna della Misericordia*. In der Sala del Consiglio (Saal des Rates), die auch Sala del Mappamondo (Saal der Weltkarte) genannt wird, befinden sich weitere Werke Simone Martinis: die große, unter einem anmutigen Baldachin gezeigte und durch die Verwendung von Gold leuchtende *Maestà* (1315) und das *Bildnis Guidoriccio da Foglianos* (1330–1331). Darüber hinaus befinden sich in diesem Saal die in den Jahren 1344–1345 von Ambrogio Lorenzetti gemalte *Mappamondo* (Weltkarte) und Lippo Vannis Fresko mit der Darstellung der *Schlacht im Val di Chiana* aus dem Jahre 1363. Auf den Wänden der Sala della Pace (Saal des Friedens), die auch Sala delle Balestre (Waffensaal) genannt wird, schuf Lorenzetti zwischen 1337 und 1339 die herrlichen allegorischen Geschichten des *Buono e cattivo governo* (Von der guten und der schlechten Regierung). In der Sala Nova (Neuer Saal), die später als Sala di Balia (Gerichtssaal) bezeichnet wurde, schmückte Martino di Bartolomeo 1407 die Decke mit allegorischen Darstellungen der Tugenden, während Spinello Aretino um 1480 auf den Wänden Episoden aus dem Leben des Sieneser Papstes Alexander III. Bandinelli Paparoni verewigte.

Auch in den Räumen des 1288 fertig gestellten Palazzo Comunale von San Gimignano befindet sich eine ganze Reihe bemerkenswerter Fresken, die deutlich machen, dass die Stadt unter dem kulturellen Einfluss Sienas stand. Im Sala di Dante (Dante-Saal), dem ehemaligen Ratssaal, befindet sich die *Maestà* von Lippo Memmi (1317). In der Sala del Podestà (Saal des Stadtvogts) befinden sich die Darstellungen der *Gattenliebe* von Memmo di Filippuccio aus dem Jahre 1311 und im Innenhof das Fresko *Ivo spricht zwischen Armen und Reichen Recht*, die im Jahre 1507 von dem großartigen Maler Sodoma ausgeführt wurde.

In Florenz findet man in den Räumen der Palazzi zunächst nur wenig Dekoration, wie beispielsweise einzelne, um 1345 ausgeführte Fresken in der kleinen Kapelle des Sitzes des Podestà, des späteren Bargellos. Sie zeigen das *Paradies*, die

Florenz, Palazzo Strozzi, schmiedeeiserner Fackelhalter am Portal des Palazzo Strozzi von Niccolò Grosso genannt Il Caparra

Hölle, die *Geschichte der Ägyptischen Maria, Maria Magdalenas* und *Johannes des Täufers*. Erst in den letzten drei Jahrzehnten des 15. Jahrhunderts findet man Kunstwerke in den Innenräumen öffentlicher Gebäude. So wurden im Zuge der Umgestaltung einiger kleinerer Räume und Säle im Palazzo Vecchio einige Wandmalereien und beachtliche Holzschnitzarbeiten geschaffen. Ab 1470 entstanden die beeindruckenden Kassettendecken im Salone de' Dugento (Saal der Zweihundert), in der benachbarten Sala degli Otto (Saal der Acht) im ersten Stockwerk sowie in der Sala dei Gigli und in der Sala della Udienza (Audienzsaal) im zweiten Stockwerk. In der Sala dei Gigli (Saal der Lilien) befinden sich darüber hinaus Domenico Ghirlandaios zwischen 1482 und 1485 gemalte Fresken, darunter die Darstellung des thronenden und segnenden Hl. Zenobius, zweier steinerner Löwen mit den Wappen der Florentiner Bürger und der Stadt sowie von sechs Helden des antiken Rom, die sinnbildlich an die republikanische Freiheit erinnern sollen. Es sind Brutus, Mucius Scaevola, Furius Camillus, Decius Mus, Scipio Africanus und Cicero.

Es ist nur zu verständlich, dass die Florentiner zumindest die Innenräume ihrer befestigten, schroff wirkenden Palazzi so wohnlich und freundlich wie möglich gestalten wollten. Entsprechend ihrer Strenge verfügen die Palastfassaden nur über

Raumgestaltung der Sala dei Pappagalli im Palazzo Davanzati, Florenz

einige wenige Ausstattungselemente, so zum Beispiel die steinerne Bank an der Straße, das Portal mit den genagelten Türflügen, die schmiedeeisernen Lampen, welche unter anderem an den Ecken des Palazzo Medici und des Palazzo Strozzi zu finden sind, die Standarten- und Fackelhalter, die schmiedeeisernen Haspen mit Ringen oder die Familienwappen. Im Gegensatz dazu waren die Innenräume der Paläste mit kunsthandwerklichen Arbeiten wirkungsvoll geschmückt – beispielsweise mit Wanddekorationen aus Girlanden, Wappen und Blumengebinden oder mit Wandbehängen, auf denen Hecken, Bäume, Früchte und Vögel dargestellt waren. Zu den florentinischen Besonderheiten gehören Dekorationen, die eine Verkleidung mit dunklen Vorhängen aus einem netzartigen Gewebe vortäuschen. Man entdeckte sie im 19. Jahrhundert im Zuge von Abbrucharbeiten im Zentrum von Florenz in der Häusern der Familien Sassetti, Vecchietti, Teri, Catellini da Castiglione und Pescioni sowie in den Zunfthäusern und anderen mittelalterlichen Gebäuden, die in der Nähe des Mercato Vecchio lagen. In diesem Zusammenhang sind auch die Reiterdarstellungen aus dem späten 14. Jahrhundert zu sehen und so herrliche Wandmalereien wie die im Palazzo Davanzati mit Szenen aus der französischen Versnovelle *La Châtelaine de Vergi* (Die Schlossherrin von Vergi), das großartige Fresko *Zug der Hl. Drei Könige* von Benozzo Gozzoli (1459–1463) in der Kapelle des Palazzo Medici in der Via Larga und der Gemäldezyklus *Die Schlacht von San Romano* von Paolo Uccello, der zur Dekoration des Schlafzimmers Lorenzos de' Medici gehörte. Eine andere Art der

Wandverkleidung stellten mit Intarsien versehene und bemalte Holzpaneele dar. Zu den herausragendsten Beispielen gehören eine als *Nozze Adimari* bezeichnete Tafel des Scheggia, die ein Fest zeigt, sowie Werke von Botticelli und Piero di Cosimo. Bei Vasari lesen wir, Botticelli habe „die Wände eines Raumes mit vielen lebendigen und schönen vielfigurigen Bildern ausgekleidet, die von nussartigen Ornamenten umfangen sind", während Piero di Cosimo im Hause Francescos del Pugliese einen Raum mit verschiedenen Geschichten ausgemalt und im Haus der Vespucci in der Via de' Servi einige Bacchusszenen „mit seltsamen Faunen, Satyrn und Sylphen, Putten und ausgelassenen Weibern, die wunderschön anzusehen sind" geschaffen habe.

In der Cappella Maggiore der Kirche Santa Maria Novella befinden sich zwei Gemälde, die den Reichtum und die Eleganz der Florentiner Innenausstattungen des 15. Jahrhunderts belegen. Auf Domenico Ghirlandaios *Geburt des Täufers* und *Geburt der Jungfrau* sehen wir zwei noble Räume. Besonders bei der *Geburt der Jungfrau* erscheint die prachtvolle und beeindruckende Ausstattung das Ergebnis eines organischen Zusammenspiels der einzelnen architektonischen Elemente zu sein. Zu dieser Wirkung tragen die mit Kandelabern geschmückten, den Raum teilenden korinthischen Pfeiler ebenso bei wie die hölzerne Decke, die aus zwei großen Feldern besteht, die von einem mit Girlanden und Engelsköpfen geschmückten Band eingefasst sind. Im hölzernen Spalier, das den Bereich um das Bett verkleidet, sind diese Elemente in der gleichen Weise horizontal wie vertikal angeordnet. In das Spalier sind Spiegelplättchen in Form von Grotesken eingearbeitet. Korinthische Lisenen mit geschnitzten Kapitellen unterteilen die Oberfläche. Sie tragen ein Gesims, über dem zwei Flachreliefs mit kleinen, lebhaften Putten verlaufen. Vermutlich gibt die Darstellung Ghirlandaios die Ausstattung eines Raumes im Palazzo der Familie Tornabuoni wieder, die 1485 den großen Freskenzyklus im Chor von Santa Maria Novella in Auftrag gab.

Die beiden bedeutendsten Florentiner Architekten, Filippo Brunelleschi und Michelangelo Buonarroti, waren am Bau privater Residenzen in ihrer Heimatstadt kaum beteiligt. Filippo Brunelleschi erlebte eine bittere Enttäuschung, als sein Modell für den Palazzo Medici abgelehnt wurde. Seine Beteiligung am Entwurf des Palazzo Pitti ist zweifelhaft. Michelangelo erhielt den ersten Auftrag in dieser Richtung erst 1517, kurz nach seiner Rückkehr nach Florenz: Für den Medici-Papst Leo X. schuf er die „knienden Fenster", mit denen die Loggia der Mediciresidenz geschlossen werden sollte. Wer in der zweiten Hälfte des 15. Jahrhunderts einen Palast errichten lassen wollte, wandte

Domencio Ghirlandaio, Geburt der Jungfrau Maria, Fresko in der Cappella Maggiore in Santa Maria Novella, Florenz

Die Fassade des Palazzo Bartolini-Salimbeni in Florenz

Palazzo Guadagni in Florenz

sich an weniger begnadete Architekten wie Giuliano und Benedetto da Maiano, Simone del Pollaiolo, genannt Il Cronaca, oder Baccio d'Agnolo. Sogar Lorenzo Il Magnifico (der Prächtige) beauftragte mit Guigliano da Sangallo nur einen zweitrangigen Architekten mit dem Entwurf der 1485 in Poggio a Caiano gebauten Villa Medicea. Im Jahre 1491 betraute er ihn mit dem Entwurf eines neuen Medicipalastes, der einem ungenauen Lageplan zufolge in der Nähe der Kirche Santissima Annunziata gebaut werden sollte. Und auch von Leonardo da Vinci, der sich wiederholt in der Stadt aufhielt, kennen wir nur einen um 1515 angefertigten flüchtigen Entwurf für einen Palast, vermutlich ebenfalls von den Medici in Auftrag gegeben, der jedoch nicht einmal in ein Modell umgesetzt wurde. Beispiele für das niedrige Niveau der Florentiner Architektur an der Wende vom 15. zum 16. Jahrhundert sind die Familienresidenzen der Antinori (1461–1469), Pazzi (1458–1469), Scala (1473), Strozzi (1489–1504), Gondi (1490–1498) und Dei (1503–1506). Hinzu kommt, dass die Baumeister im letzten Jahrzehnt des 15. Jahrhunderts unter dem Einfluss der Bußpredigten Savonarolas standen. So wirkt zum Beispiel die Fassade des Palazzo Dei, später Palazzo Guadagni, obwohl er über eine Loggia im obersten Geschoss verfügt und ursprünglich ein heute nicht mehr erhaltenes geometrisches Sgraffito zeigte, äußerst streng und wenig repräsentativ. Die auffälligen Bossenquader kontrastieren mit der schlichten, verputzten Fläche, die nur durch Fenster und Türen gestaltet wird.

In ihrer Nüchternheit wurde die Front des Palazzo Guadagni zum Vorbild mehrerer, vor 1520 erbauter Florentiner Paläste. Gemeinsam sind ihnen die stylobatartige, fortlaufende steinerne Sitzbank an der Straßenseite, das aus Quadersteinen bestehende Erdgeschoss, die „knienden Fenster" nach dem Vorbild Michelangelos, die auf ganzer Höhe mit Steinquadern verstärkten Hausecken, die in der Mitte der Fassade oder an der Ecke angebrachten Familienwappen, das Portal- und Fenstergesims mit den darüberliegenden verputzten Wandflächen und das vom Hauptgesims gestützte vorspringenden Dach. Francesco Baldovinetti nennt in seinen *Memoriale* einige Paläste, die man zu dieser Gruppe zählen kann: den Palazzo der Sforza Almeni in der Via de' Servi, den der Roselli del Turco im Borgo Santi Apostoli, den der Ginori in derselben Straße und „viele schöne Häuser in der Via Maggio" – womit er vermutlich die wenig ausgefallenen Paläste der Familien Michelozzo, Zanchini und Ridolfi (später Palazzo Ricasoli-Firidolfi) meinte. Ähnliche Merkmale zeigen weiterhin der Palazzo Taddei in der Via Ginori und außerhalb von Florenz der später erbaute Palazzo Grifoni in San Miniato al Tedesco mit seinem Gemäuer aus Backsteinen, der Palazzo Rospigliosi in Pistoia sowie der Palazzo Balduini und der Palazzo Pancrazi in Barga. Auch der zwischen 1516 und 1532 erbaute Palazzo Pandolfini in der

Via San Gallo in Florenz hebt sich wenig von den vorher genannten ab. Das würfelartige, aber asymmetrische, mit einer Dachterrasse abschließende Gebäude geht aller Wahrscheinlichkeit nach auch nicht, wie früher vermutet, auf ein Raffael zugeschriebenes Modell zurück. Schließlich muss in diesem Zusammenhang noch die viel später, 1580 von Giovanni Antonio Dosio, entworfene Fassade des Palazzo Giacomini (später Palazzo Larderel) in der Via Tornabuoni genannt werden.

Abweichungen vom üblichen Formenkanon zeigt dagegen der 1533 gebaute Palazzo Mancini in Cortona. Seine Fassade zeigt drei Reihen übereinander gestellter Pilaster: Im Erdgeschoss sind es bossierte Pilaster, im Piano Nobile etruskische Lisenen. Das oberste Geschoss, über dem die Loggia liegt, zeigt Pilaster und Säulen. Das Gleiche gilt für den Palazzo Cocchi an der Piazza Santa Croce in Florenz, der durch seine Steinfassade sowie verschieden große Scheinpilaster hervorsticht. Die kleineren Pilaster dienen als Widerlager der Blendbogen. Die äußersten der größeren Pilaster reichen teilweise über die darunter liegende Sockelzone hinaus. Auch die Familie Bartolini-Salimbeni behielt an ihrem zwischen 1519 und 1523 erbauten Florentiner Palast an der Piazza Santa Trinità die vollständig mit Scheinquadern verkleidete und mit einem Kranzgesims abschließende Fassade bei, bereicherte sie aber um einige Neuheiten: Im ersten Geschoss befinden sich vier bogengewölbte Nischen, im darüber liegenden Stockwerk ebenso viele in die Fassade eingelassene viereckige Felder. Aller Wahrscheinlichkeit nach sollten sie Figuren bzw. Reliefs aufnehmen, um die Fassade zu beleben. Darüber hinaus tauchen an diesem Florentiner Palast zum ersten Mal „römische Fenster" mit steinernem Fensterkreuz auf.

Der Einfluss der römischen Architektur macht sich auch an den Privatresidenzen zweier anderer Städte in der südlichen Toskana bemerkbar: in Monte San Savino und in Montepulciano. Die einflussreichen Familien Del Monte, Cervini und Nobili pflegten intensivere Kontakte zum päpstlichen Hof als zu den Medici. Der Palazzo Del Monte in Monte San Savino besitzt ein charakteristisches, mächtig bossiertes Erdgeschoss und Ädikulafenster. Die Anordnung der Fenster legt die Gliederung des darüber liegenden Geschosses bereits fest. Dem mittleren Fenster ist ein Balkon vorgelagert. Das zwischen 1515 und 1517 erbaute Gebäude wird Antonio da Sangallo dem Älteren zugeschrieben und ist heute Sitz der Stadtverwaltung. In Montepulciano findet man ein ähnliches Beispiel: Der zwischen 1517 und 1519 erbaute Palazzo del Monte-Contucci zeigt unter den aus

Monte San Savino, Palazzo Del Monte

dem 17. und 18. Jahrhundert stammenden Fenstern des obersten Geschosses im Piano Nobile Ädikulafenster. Die Fassade wird von den auffälligen bossierten Eckquadern eingerahmt; sie wirkt, wie es für die toskanische Provinz typisch ist, weniger streng. Der aufgrund seiner ungewöhnlichen Proportionen gedrungen wirkende Palazzo Nobili Tarugi an der Piazza Grande erscheint gar wie ein respektloses Zerrbild der klassischen Anordnung der Bauelemente: Im ersten Geschoss sind ionische Halbsäulen aus Travertin auf übertrieben hohe Sockel gestellt. Diese stützen kurze Pilaster und die fortlaufende Balustrade im zweiten Geschoss. Bei der Fassade des ursprünglich ebenfalls nur zweigeschossigen Palazzo Cocconi (fälschlicherweise Palazzo Del Pecora genannt) zeigen sich römische Architektur und etruskisch anmutende Elemente im Bossenquaderverband des Fundaments und in der plastischen Bearbeitung der darüber liegenden Fenster. Das Gleiche gilt für den um 1555 erbauten Palazzo Cervini, dessen U-förmigen Grundriss man in den Provinzstädten selten findet.

In der zweiten Hälfte des 16. Jahrhunderts werden auch in Florenz erste Versuche erkennbar, den Fassaden mehr Lebendigkeit zu verleihen. Die Gestaltung von Gesimsen, Konsolen, Schriftbändern und anderen dekorativen Elementen, die plastisch auf der verputzten Oberfläche liegen, lockert die Monotonie der traditionellen Fassade, die bislang im Wesentlichen durch Fenster und Türen gegliedert war, auf. Hinzu kommt Figurenschmuck wie Löwenköpfe, Bukranien, Fratzen, Ungeheuer und Fledermäuse. Sonderbare Fabelwesen finden sich in den Winkeln unter den Konsolen, in den Tympana der Giebel, sie sind über den Fries um das Gebälk verteilt, in den Windungen der Schriftrollen, in den Voluten und im Blattwerk der Kapitelle. Bisweilen interpretierten Historiker die fantastischen Wesen aus der Tier- und Fabelwelt, die eine Bereicherung der schmucklosen Florentiner Architektur darstellen, für sichtbare Zeichen eines Unbehagens, das sich mit dem schrittweisen Verlust der republikanischen Freiheit nach 1530 verbreitete. Sie hielten die grotesken Ungeheuer für den künstlerischen Ausdruck einer gesellschaftlichen Krise – und für eine degenerative Entwicklung. Viel eher wird man die steinernen Figuren und den exzentrischen Florentiner Manierismus jedoch als Zeichen einer kulturellen Aufbruchstimmung deuten müssen. Die klassischen Ideale der Renaissance waren nicht mehr zwangsläufig das einzige Vorbild; Virtuosität und Inspiration bei der Fassadengestaltung waren erwünscht.

Dabei war das veränderte Äußere der Paläste durchaus ein Spiegel für die veränderte politische und kulturelle Situation. Im Jahr 1537 hatte Cosimo I. de' Medici als Herzog von Florenz, später Großherzog von Toskana die Macht übernommen. Seit dieser Zeit finden sich in Florenz wie in anderen toskanischen Städten an den Fassaden öffentlicher und privater Paläste gut sichtbar angebrachte Marmorbüsten des Herzogs und seiner Nachfolger, mit denen die Besitzer, privilegierte Familien, ihre Loyalität und ihre Zufriedenheit mit der Herrschaft der Medici zum Ausdruck brachten. Gleichzeitig sollten sie eine Warnung sein und einschüchternd wirken.

Zwei Merkmale kennzeichnen also die Fassaden der Paläste in Florenz und der Toskana zur Zeit des Manierismus: „kniende Fenster" und eine Vielzahl architektonischer Details mit Skulpturenschmuck. Die Gestaltung der Fassade hat im Übrigen nicht den geringsten Einfluss auf die Form des Gebäudes. Die Würfelform bleibt während des gesamten 16. Jahrhunderts unverändert.

Ein besonders ausgefallenes Beispiel des anthropomorphen Figurenschmucks sind die 15 Büsten an der Fassade des Palazzo Altoviti. Über drei Geschosse verteilt, zeigen sie bedeutende Florentiner Bürger. Baccio Valori, der den Palast um die Mitte des 16. Jahrhunderts erwarb, ließ zusätzlich das schlichtere Bildnis des Großherzogs Cosimos I. anbringen.

Die Frauenbüsten am Palazzo Di Montauto in der Via Ginori, die aus dem 16. Jahrhundert stammen, werden Ammannati zugeschrieben. Sie wirken wie Wächterinnen der „knienden Fenster", neben denen sie angebracht wurden. Zur Gruppe der Grotesken gehören die männlichen Figuren, die als Gebälkträger den Balkon des Palazzo Guicciardi in der gleichnamigen Uferstraße am Arno stützen. In dem ab 1560 von Ammannati geschaffenen Hof des Palazzo Pitti findet man im ersten

Gegenüberliegende Seite: Palazzo Nobili-Tarugi an der Piazza Grande in Montepulciano

Bernardo Buontalenti: Tympanon eines Fensters mit Überfangbogen, Palazzo Nonfinito in Florenz

Zum Dekorationsprogramm der Palastfassaden gehören in der Renaissance verschiedene Naturformen, antike Elemente oder auch Grotesken sowie die Wappen der Bauherren:
Links oben: Detail von einem Fenster mit Überfangbogen, Casino Mediceo, Florenz

Mitte:
Kapitell eines Eckpilasters an der Fassade des Palazzo Nonfinito

Oben rechts:
Wappen von der Hauptfassade des Palazzo Capponi delle Rovinate

Rechts unten:
Konsole eines Fensters mit Überfangbogen in der Casa di Bianca Cappello

Links unten:
Das Wappen der de' Rossi am gleichnamigen Palazzo

Am 1574 erbauten Casino Mediceo in Florenz sind von Buontalenti entworfene, zoomorphe Zwitterwesen, die halb Wolf, halb Fledermaus sind, zu sehen. Skurrile, mit Federn geschmückte Fledermausschnauzen befinden sich in den Windungen der Giebel des 1593 entstandenen Palazzo Nonfinito in der Via del Proconsolo. Auch aus den Tympana der vier Erdgeschossfenster beugen sie sich mit boshaften Blicken herunter. Im Schatten eines „knienden Fensters" des 1567 erbauten Palastes von Bianca Cappello in der Via Maggio verbirgt sich eine Fledermaus mit geöffneten Flügeln vor der Helligkeit des Tages. Fledermausplastiken findet man noch im 17. Jahrhundert, zum

Der Palazzo Medici-Riccardi ist an der Hausecke mit dem markanten Wappen der Medici geschmückt, das sich an nahezu allen Bauwerken, die im Auftrag der Familie entstanden, wiederfindet sowie auf Gemälden, auf denen Familienmitglieder dargestellt sind.

Geschoss auf allen drei Wandseiten männliche Köpfe in Hochrelief. Sie sind an den Bogenscheiteln angebracht sowie an den Konsolen, die die Bogen der ursprünglich offenen Loggia des mittleren Geschosses tragen.

Neben menschlichen Köpfen findet man auch tierähnliche Kopfplastiken. Zu den vielfältigen steinernen Wesen im Hof des Palazzo Pitti gehören die Widderköpfe auf einigen Bogenscheiteln sowie die nach antikem Vorbild geschaffenen Bukranien auf den Architraven der Portale des Bogengangs. Mit Bukranien dekorierte Metopen finden sich auch an einem Fries des zwischen 1563 und 1574 erbauten Palazzo Grifoni. Er verläuft auf Höhe der Fensterbank des ersten Geschosses und hebt sich deutlich von dem Backsteinmauerwerk ab. Über dem Portal in der Via de' Servi befindet sich ein Steinbock, das herzogliche Emblem Cosimos I. de' Medici. Die Konsolen, die das Kämpfergesims des Tonnengewölbes im Vestibül tragen, bestehen aus Widderköpfen. An Ammannatis zwischen 1565 und 1577 gebautem Palazzo Giugni in der Via Alfani erscheinen schlichte, aber sehr plastische Bukranien im Fries und am Bogenscheitel des Portals. An den Portalpfosten und an den Lisenen, die das Familienwappen einrahmen, befinden sich Widderköpfe. In den Voluten der Konsolen der „knienden Fenster" des Palazzo Ramirez de Montalvo, erbaut zwischen 1562 und 1568, erkennt man Bukranien, aus deren Mündern Fledermäuse hervorkriechen. Schließlich findet man auch am Portalarchitrav des 1577 nach einem Entwurf Ammannatis begonnenen Palazzo del Governo in Lucca mit Bukranien versehene Metopen.

Fenster mit Überfangbogen am Palazzo Medici-Riccardi

Beispiel am Palazzo Covoni und am Palazzo Bartolomei in der ehemaligen Via Larga, wo sie die äußeren Fensterbrüstungen im Erdgeschoss zieren. Andere Figuren zeugen von der bizarren Phantasie der Architekten und Künstler, die ihren Skulpturen eine bewusst unansehnliche Physiognomie verliehen. Hierzu gehören Grimassen aller Art, Drachen und andere monsterartige Kreaturen aus Stein und Marmor. Davon finden sich einige prägnante Beispiele in Lucca: Am 1541 erbauten Palazzo Diodati Orsetti sind an den Widerlagern und Archivolten der Portale in der Via del Loreto und der Via Santa Giustina dämonenhafte Drachen angebracht. Der Palazzo Boccella zeigt am Fenstergesims des ersten Geschosses groteske Masken, die auch an der Fassade des 1556 entstandenen Palazzo Sanminiatelli Antelminelli und über den Fenstern im Piano Nobile des Palazzo Benvenuti hängen. Im Innenhof des Palazzo Vecchio in Florenz findet man an den meisten Kapitellen der achteckigen Pfeiler Faunsgesichter, deren Wangen und Haare in vegetabile Formen übergehen. Das Motiv kehrt im prunkvollen Salone dei Cinquecento (Saal der Fünfhundert) wieder, in dem an verschiedenen

Fassade des Palazzo Valori, der wegen der dekorativen, als Relief gearbeiteten „Visagen" auch Palazzo Visacci genannt wird. Die Marmorhermen stellen Donato Acciaiuoli und Marsilio Ficino dar.

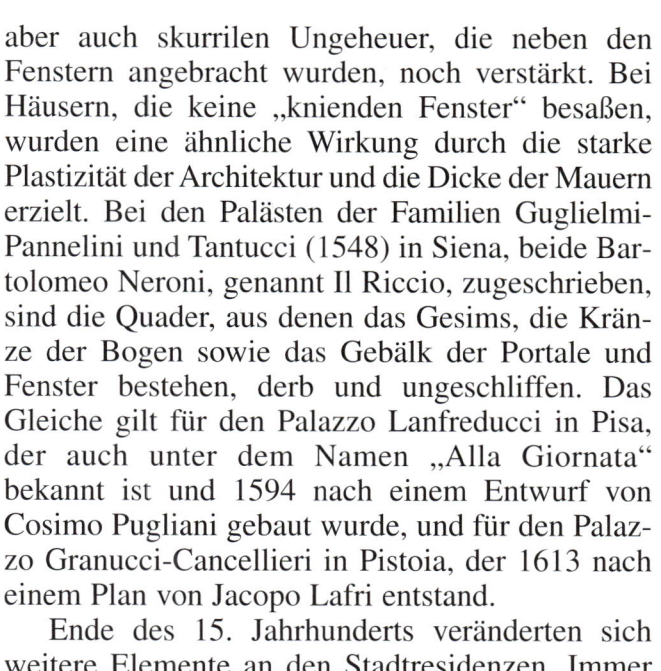

Herme mit dem Bildnis des Pier Vettori an der Fassade des Palazzo dei Visacci in Florenz

aber auch skurrilen Ungeheuer, die neben den Fenstern angebracht wurden, noch verstärkt. Bei Häusern, die keine „knienden Fenster" besaßen, wurden eine ähnliche Wirkung durch die starke Plastizität der Architektur und die Dicke der Mauern erzielt. Bei den Palästen der Familien Guglielmi-Pannelini und Tantucci (1548) in Siena, beide Bartolomeo Neroni, genannt Il Riccio, zugeschrieben, sind die Quader, aus denen das Gesims, die Kränze der Bogen sowie das Gebälk der Portale und Fenster bestehen, derb und ungeschliffen. Das Gleiche gilt für den Palazzo Lanfreducci in Pisa, der auch unter dem Namen „Alla Giornata" bekannt ist und 1594 nach einem Entwurf von Cosimo Pugliani gebaut wurde, und für den Palazzo Granucci-Cancellieri in Pistoia, der 1613 nach einem Plan von Jacopo Lafri entstand.

Ende des 15. Jahrhunderts veränderten sich weitere Elemente an den Stadtresidenzen. Immer öfter ließen wohlhabende Familien die Fassaden ihrer Paläste mit Malereien, Sgraffiti oder ähnlichen Dekorationen versehen. Noch immer sollte Stellen der Kassettendecke Faunsgesichter aus Holz hervortreten.

Auch am Fries des zweiten Gurtgesimses der Fassade des Palazzo Grifoni findet man diese eigentümlichen, verspielten anthropomorphen Masken und schließlich an den Kapitellen der Eckpilaster von Buontalentis Palazzo Nonfinito, den Alessandro Strozzi in Auftrag gab. Weniger schrecklich sind die Ungeheuerköpfe an den Bogenscheiteln und Konsolen der Portale im Bogengang des Palazzo Pitti. Auch solche kommen am Palazzo Nonfinito vor: Dort sind sie unter Muscheln in den Tympana zweier Erdgeschossfenster zu sehen. Am Palazzo von Bianca Cappello sowie an den Palästen der Covoni und der Bartolomei tauchen sie an den „knienden Fenstern" auf. Sie sind dort als virtuose Verlängerungen derselben in die Voluten eingerollt, die die Architrave und Brüstungen der Fenster stützen.

Die in großer Zahl vorhandenen prächtigen „knienden Fenster" veränderten das Florentiner Stadtbild. Florenz war nicht länger die Stadt der Rustikaquader, sondern die der „knienden Fenster". Im Vergleich zu der derben Rustikaquaderung waren die „knienden Fenster" eine verfeinerte Form des Schutzes der Privatsphäre. Durch ihre starke Profilierung springen die konvexen und konkaven Konsolen unter den „knienden Fenstern" aus der Fassadenflucht hervor. Sie dringen sozusagen in den öffentlichen Raum vor, behindern die Passanten und zwingen sie, auf die Straßenmitte auszuweichen. Die kalkulierte psychologische Wirkung wird durch die beängstigenden, zuweilen

Portal des Palazzo Diodati Orsetti in Lucca

Gegenüberliegende Seite: Fassadendekoration in Sgraffitotechnik an der Casa di Bianca Cappello in der Via Maggio, Florenz

Fassade des Palazzo Uguccioni in Florenz

die Fassadengestaltung nicht zu kostspielig und auffällig sein, aber dennoch insgesamt anmutiger erscheinen als bisher. Der Florentiner Agostino Lapini notiert im Juni 1575 in seinem Tagebuch: „ ... wenige Tage vor dem Fest des San Giovanni wurde die erste bemalte Fassade enthüllt". Tatsächlich gab es schon im 15. Jahrhundert illusionistische Architekturmalereien in zweifarbigem Sgraffito auf den Fassaden einiger Florentiner Paläste. Und Andrea Feltrini hatte bereits vor 1520 an der Fassade des Palazzo Sertini in der Via de' Corsi und im Hof des Palazzo Bartolini Salimbeni herrliche Sgraffiti ausgeführt. Von Vasari wissen wir, dass die Fassade des Palazzo Ginori in der gleichnamigen Straße von Mariano da Pescia mit den Geschichten Samsons dekoriert wurde. Und auch die Fassade des Palazzo Buondelmonti an der Piazza Trinità zeigte, wie Vasari berichtet, Wandmalereien. Die von Jacone um 1527 gemalten Geschichten aus dem Leben Alexanders des Großen sind allerdings nicht mehr erhalten. Im Jahre 1553 entwarf Vasari ein von Cristofano Gherardi ausgeführtes Dekorationsprogramm mit Grisaillemalereien für die Fassade des Palazzo von Sforza Almeni. 1568 entwarf er die ornamentalen Sgraffiti für die Außenwand des Palazzo Ramirez de Montalvo. Sie wurden 1573 zusammen mit den Sgraffiti am Palazzo der Bianca Cappello von Bernardino Poccetti ausgeführt. Zu den Motiven dieser Dekoration zählten Hexen, Drachen, Ungeheuer, Sirenen und Grotesken. Auf solche griff auch der aus Arezzo stammende Maler Alessandro Forzori zurück, als er zwischen 1564 und 1566 die Fassade des Palazzo dei Cavalieri di Santo Stefano in Pisa dekorierte. In Florenz wurden 1575 die Fassaden des Palazzo Benci an der Piazza Madonna degli Aldobrandini und des Palazzo Mellini Fossi in der Via de' Benci mit mehrfarbigen Fresken geschmückt, die Allegorien darstellen. Mit den Kartons für die geplanten Fassadenmalereien am Palazzo Mellini Fossi beauftragte man Francesco de' Rossi, genannt Salviati. Ausgeführt wurden sie von dem holländischen Maler Jan Stolf. Auch im 17. Jahrhundert findet man noch figürliche Fassadenmalereien, wie das Beispiel des Palazzo dell'Antella zeigt. Die Palastfassade an der Piazza Santa Croce wurde 1620 unter der Leitung Giovanni da San Giovannis von den besten Malern jener Zeit mit Fresken geschmückt.

Als man in Florenz begann, die Fassaden mit bunten Malereien zu dekorieren, wurde die monochrome, steinerne Fassadengestaltung dennoch nicht aufgegeben. Drei dieser monochromen Fassaden heben sich aufgrund ihrer besonderen Bedeutung und ihrer außergewöhnlichen Gestaltung von den anderen ab. Die älteste unter ihnen ist die Fassade des Palazzo Uguccioni aus dem Jahre 1550. Paare doppelter ionischer und korinthischer Halbsäulen sind streng in zwei Reihen übereinander gestellt und bilden die vertikale Gliederung des Gebäudes. Dazwischen liegen die rechteckigen Wandfelder mit den Fensteröffnungen. Die Bossenquader im Erdgeschoss, die drei mit Keilsteinen eingefassten großen Bogen und die im 19. Jahrhundert durch ein Eisengeländer ersetzte fortlaufende Balkonbrüstung erinnern an die Fassade des Palazzo Pitti. Die zwei darüber liegenden Stockwerke haben dagegen keinerlei Ähnlichkeit mit anderen Florentiner Fassaden. Es heißt, der Auftraggeber, Giovanni Uguccioni, habe sich aus Rom die Zeichnung eines herrlichen Palastes kommen lassen. Vermutlich glich er dem von Raffael entworfenen zweigeschossigen römischen Palazzo Vidoni Caffarelli. Die Zeichnung wurde von Mariotto di Zanobi Folfi, genannt l'Ammogliato, in ein Holzmodell umgesetzt. Der ursprüngliche Abschluss der Fassade durch einen zurückgeschobenen Altan war in Florenz ebenso unüblich wie die kraftvolle Plastizität der Fassade und des gesamten Baukörpers. Die Dimensionen des an der damals noch mit Backsteinen gepflasterten Piazza della Signoria liegenden Gebäudes sind auf die Größe der Piazza und des gegenüberliegenden Palazzo Vecchio abgestimmt.

Zwischen Palazzo Vecchio und Arno liegen die beiden ungewöhnlichen, kolossalen Fassaden der zwischen 1559 und 1574 erbauten Uffizien einander gegenüber. Sie wirken wie eine Fortführung

Fassadenmalereien am Palazzo Benci an der Piazza Madonna degli Aldobrandini in Florenz

Hofes erfolgte im Auftrag Cosimos I., der das Gebäude ab 1570 zum großherzoglichen Wohnsitz ausbaute und aus diesem Grund gewisse Veränderungen wünschte. Erwartungsgemäß verzichtete er aus politischen Gründen auf eine Veränderung der Schaufassade des Palastes und zeigte damit, dass er gewillt war, gewisse Traditionen fortzuführen. Er zog es vor, seine Macht und sein Ansehen durch die Gestaltung der Innenräume, die nur privilegierten Personen zugänglich waren, zum Ausdruck zu bringen.

Bereits 1540, als Cosimo I. seinen Wohnsitz vom Palazzo Medici in der Via Larga zunächst in den Palazzo Vecchio verlegt hatte, war das Äußere des ehemaligen Priorenpalastes, der das Symbol der Unabhängigkeit von Florenz war, unangetastet geblieben. Die Umbaumaßnahmen hatten sich auf die Innenräume beschränkt und Cosimo I. hatte Wert darauf gelegt, dass diese ihren neuen Funktionen als Sitz seiner Regierung mit äußerster Umsicht angepasst wurden. Fundamente und Außenmauern des alten, ehrwürdigen Gebäudes blieben erhalten. Die Pläne Vasaris, des Hofarchitekten Cosimos I., sahen für das erste Geschoss öffentliche Repräsentationräume vor, die mit Wandgemälden zur Verherrlichung der Familiengeschichte der Medici dekoriert wurden. Im zweiten Geschoss sollten die privaten Gemächer der herzoglichen Familie eingerichtet und mit einem Dekorationsprogramm mit Motiven aus der antiken Mythologie versehen werden. Für Feierlichkeiten schuf Vasari die Sala Grande (Großer Saal), die später als Salone dei Cinquecento bezeichnet wurde. Er ließ eine Kassettendecke einziehen, deren Tafeln 1565 nach den Vorgaben des Gelehrten Don Vincenzo Borghini mit Allegorien der toskanischen Städte und Szenen aus der Geschichte der Stadt Florenz geschmückt wurden. Den Höhepunkt des Dekorationsprogramms bildet die Apotheose Cosimos I. An den Wänden des Salone die Cinquecento zeigten die zwischen 1567 und 1571 geschaffenen Fresken Episoden aus den siegreichen Feldzügen gegen Siena und Pisa. Die Decke und die Wände der nach Leo X. benannten Räume im ersten Geschoss wurden von Vasari und seinen Mitarbeitern zwischen 1555 und 1562 nach einer Konzeption des Gelehrten Cosimo Bartoli ausgemalt. Die einzelnen Säle sind Cosimo dem Älteren, Lorenzo dem Prächtigen, Giovanni dalle Bande Nere, Clemens VII. sowie Cosimo I. gewidmet und geschmückt mit Darstellungen, welche deren herausragende Leistungen rühmen. Im zweiten Geschoss in der Sala dell'Udienza (Audienzsaal) schuf Francesco Salviati bereits 1545 Fresken mit Begebenheiten um den römischen General Furius Camillus. Ab 1555 wurden hier unter der Leitung Vasaris die Sala degli Elementi (Saal der Elemente), die Sala di Cerere (Saal der Ceres), die Sala di Opi (Saal der Göttin Ops), die Sala di Giove (Saal des Jupiter), die Sala di Ercole (Saal des Herkules), die Sala di Calliope (Saal der Kalliope) und die Sala di Menerva (Saal der

der Fassade des Palazzo Uguccioni. Unter dem Architrav wechseln sich im Erdgeschoss große monolithische Säulen mit breiten Pfeilern ab und bilden die Arkaden. Die darüber liegende plastisch gestaltete Wand wird von rechteckigen Öffnungen durchbrochen. Sie dienen zur Erhellung des Bogengangs. Durch lange Konsolen ist dieses Mezzanin mit dem darüberliegenden Stockwerk verbunden, in dem sich viele Fenster mit Balkonen befinden, zwischen denen nur schmale verputzte Wandflächen liegen. Diese beiden großen, einander gegenüberstehenden Fassaden lassen den dazwischen liegenden Freiraum zugleich als Straße und als Hof erscheinen.

Der 1577 von Ammannati gestaltete Hof des Palazzo Pitti erinnert an die römische Architektur. Die wuchtigen, bossierten, übereinander gestellten Halbsäulen (Vorbild war die Porta Maggiore in Rom) besitzen eine ungewöhnliche Plastizität. Der Hof stellt eine räumliche Erweiterung der ursprünglich offenen Bogengänge des ersten und zweiten Stockwerks dar; obwohl die markanten Fassaden der U-förmigen Anlage in Richtung der Hügel des Boboli-Gartens geöffnet sind, schließen sie zugleich den privaten Hof ein. Wie zu den Innenräumen, hatten auch hier nur bestimmte Personen Zugang. Die ungewöhnliche Gestaltung des

Fassadenmalereien am Palazzo Mellini Fossi in Florenz

Minerva) mit philosophischen Themen ausgemalt. Auf den Wänden und an der Decke wurden Allegorien dargestellt, die von Grotesken, Schriftrollen und Masken umgeben waren. Die ehemaligen Wohnräume des Gonfaloniere und der Prioren wurden zu den Appartements der Herzogin Eleonora umgestaltet. Für die Sala delle Sabine (Saal der Sabinerinnen), die Sala di Ester (Saal der Esther), die Sala di Penelope (Saal der Penelope) und die Sala di Gualdrada (Saal der Gualdrada) wurde ein zwischen 1561 und 1562 ausgeführtes Freskenprogramm zusammengestellt, welches das Lebenswerk bedeutender griechischer, jüdischer, römischer und toskanischer Frauen würdigt.

Noch raffinierter ist die 1570 im Auftrag Francescos I. geschaffene Ausstattung seines Studiolos (Studierzimmer). Die Arbeiten wurden unter der Aufsicht des bereits sehr alten Vasari wieder nach den Vorgaben Borghinis geschaffen. Der versteckt liegende, fensterlose kleine Raum grenzt direkt an den riesigen Salone dei Cinquecento. Fast scheint es, als habe man die unterschiedlichen Dimensionen bewusst nebeneinander gesetzt. Das geheimnisvolle Zimmer war ein Zufluchtsort, an dem der Großherzog seiner Begeisterung für die Naturwissenschaft ungestört nachgehen konnte. In den Schränken mit bemalten Türen bewahrte er eine kostbare Raritätensammlung mit Edelsteinen, Goldschmiedearbeiten etc. auf. Um das Studiolo angemessen zu dekorieren, versammelte Vasari eine Gruppe extravaganter Künstler um sich. Dazu gehörten die Maler Stradano, Poppi, Alessandro Allori, Santi di Tito, Maso da Sanfriano sowie ausgezeichnete Bildhauer wie Giambologna, Amman-

Auf den folgenden Seiten: Florenz, Palazzo Vecchio, Salone dei Cinquecento. Bemerkenswert sind besonders die Holzdecke mit den ausdekorierten Kassettenfeldern sowie die Wandfresken von Vasari.

Lorenzo della Sciorina, Herkules tötet den Drachen im Garten der Hesperiden, *Türbemalung eines Schrankes im Studiolo von Francesco I., Palazzo Vecchio, Florenz*

nati, Vincenzo Danti, Stoldo Lorenzi und Vincenzo de' Rossi. Das Studiolo ist eine Schatzkammer und zeigt, wie viel Wert die wohlhabenden Florentiner auf die aufwändige Ausstattung der Innenräume legten, auch wenn sie auf eine prächtige Gestaltung der Fassaden verzichteten.

Zu den umzäunten und angelegten Gärten der Paläste hatten nur wenige Zutritt. Sie waren ebenso privat wie die Innenräume und wirkten wie deren Erweiterung in eine künstlich gestaltete Natur. Doch nur wenige der privaten Stadtgärten in der Toskana zeigen ein gehobenes künstlerisches Niveau. Zu diesen gehört der kleine, im 17. Jahrhundert angelegte Garten des Florentiner Palazzo Giugni mit seinem Ädikula-Brunnen. Bemerkenswert ist auch der Garten der Orti Oricellari, der zum Kasino des Kardinals Giovanni Carlo de' Medici, dem späteren Palazzo Stiozzi-Ridolfi, in der Via della Scala gehört. Ein besonders schöner Garten aus dem 18. Jahrhundert liegt hinter den Stadtmauern Luccas, er gehört zum Palazzo Moriconi, dem späteren Palazzo Controni-Pfanner, und ist mit Skulpturen aus derselben Zeit ausgestattet. Selbstverständlich zählt auch der ab 1550 angelegte Boboli-Garten des Palazzo Pitti mit seinen Laubengängen, Boschetten, Brunnen, Treppenanlagen und Skulpturen zu den schönsten Gärten in der Toskana. Eine Besonderheit sind seine Grotten. Die zwischen 1553 und 1555 gebaute Grotticina di

Florenz, Palazzo Vecchio, Studiolo von Francesco I. de' Medici

Boboli-Gärten in Florenz: Im Hintergrund der großzügigen Allee (Viottolo) das Bassin des Isolotto mit dem Okeanus-Brunnen in der Mitte

Madama im so genannten Madama-Garten und andere Schöpfungen Buontalentis boten den Gästen die Möglichkeit, sich an einen kühlen und abgeschiedenen Ort zurückzuziehen. Die künstlichen Stalaktiten und die Auskleidung mit schwammartigem Gestein erweckten den Eindruck, man befände sich in einer natürlichen Kalksteinhöhle. Zugleich aber wurden die Grotten mit Fresken und künstlichen Wasserbecken geschmückt, in denen Fische schwammen.

Bis in das 17. und 18. Jahrhundert hielt man in der Toskana und besonders in Florenz an der etablierten Fassadengestaltung fest. Die Innenräume der Paläste wurden weiterhin prachtvoll und kostbar ausgestattet. Sowohl Cosimo II. de' Medici als auch sein Sohn Ferdinando II. behielten bei seitlichen Erweiterungen des Palazzo Pitti 1620 bzw. 1631 die architektonische Ordnung des ursprünglichen Gebäudes bei. Mit den Arbeiten beauftragten sie mit Giulio und Alfonso Parigi nur eine zweitrangige Architekten-Gruppe. Die Gestaltung einiger Innenräume des Palazzo übertrug Ferdinando II. dagegen 1637 dem berühmten Pietro da Cortona aus Rom. Er freskierte die Sala della Stufa (Saal

Boboli-Gärten in Florenz: Detail einer Fontäne des elliptischen Bassins auf dem Isolotto

Boboli-Gärten in Florenz: Der Prato della Meridiana mit der antiken Statue des Marc Aurel und der Pegasus-Statue aus dem 19. Jahrhundert

des Ofens) im neuen Aufsehen erregenden Barock-Stil mit dem Thema der vier Zeitalter. Zwischen 1641 und 1647 dekorierte er die Sala dei Pianeti (Saal der Planeten) mit Stuckreliefs, frühe Beispiele barocker Raumausstattung, in den ansonsten streng rechteckigen Sälen. Schließlich beauftragte Ferdinando II. Pietro da Cortona doch noch mit dem Entwurf einer neuen Fassade. Dieser machte den Vorschlag, auch an der Vorderseite des Palastes die Elemente von Ammannatis mächtiger, bossierter Hoffassade zu verwenden, und blieb damit den Florentiner Sitten zumindest dahingehend treu, dass er darauf verzichtete, die Außenfassade nach zeitgenössischem Geschmack umzugestalten.

Antonio Novelli, Großer Brunnen im Garten der Oricellari-Gärten in Florenz

Mit der gleichen Umsicht ließen die Riccardi den im Jahre 1659 gekauften eindrucksvollen ehemaligen Wohnsitz der Medici vergrößern. Die neuen Besitzer wiesen den Architekten Giovan Battista Foggini an, die Fassade an der Via Larga so weiterzuführen, wie Michelozzo sie im 15. Jahrhundert angelegt hatte. Die Innenräume dagegen wurden luxuriös gestaltet. Nach Plänen von Foggini entstanden hier zwei der ersten barocken Galerien und Bibliotheken, die mit vergoldetem Stuck üppig dekoriert waren. Von Antonio Domenico Gabbiani stammen die kostbaren, bemalten Spiegel; zusammen mit Luca Giordano sowie Giuseppe und Tommaso Nasini schuf Gabbiani zwischen 1682 und 1691 die aufwändigen Deckenfresken.

Eine vergleichbare Diskrepanz zwischen nüchterner Fassade und relativ aufwändiger Innenraumgestaltung zeigt ein kleineres Gebäude in Florenz, die Casa Buonarroti. Das Haus wurde zwischen 1612 und 1643 von Michelangelo Buonarroti dem Jüngeren umgestaltet und ist ganz dem Andenken seines berühmten Onkels gewidmet. Während die Fassade an der Via Ghibellina schlicht gehalten ist, sind die Räume des Hauses mit umfangreichen Malereien ausgestattet. Hier finden sich Porträts von Familienmitgliedern und Darstellungen bedeutender Ereignisse aus der Familienchronik. Auch in der Kapelle und in der Bibliothek finden sich zahlreiche Malereien. Die Wände der Galerie wurden zwischen 1615 und 1637 mit Bildern geschmückt, die Episoden aus dem Leben des großen Künstlers Michelangelo zeigen. Die Decke wurde mit Allegorien jener Talente geschmückt, die ihn berühmt gemacht haben: seine Kreativität, seine Begabung, seine Bildung, seine Geduld, seine Vaterlandsliebe, seine Frömmigkeit, seine Selbstbeherrschung und seine Sittsamkeit. Anlässlich seines vierhundertsten Geburtstags im Jahr 1875 präsentierten die Architekten Corinto Corinti und Giacomo Roster sowie die Künstler Federico Andreotti, Niccolò Barabino, Amos Cassioli und Cosimo Conti einen Entwurf, um das nüchterne Äußere der Casa Buonarroti umzugestalten. Sie beabsichtigten, die Fassade des Gebäudes mit allegorischen Darstellungen in Sgraffito zu verschönern. Auch ein anderer großer Künstler, Giorgio Vasari, widmete sich beim Umbau seines einfachen Hauses in seiner Heimatstadt Arezzo weniger der Fassade als der Ausmalung der Innenräume, die er zwischen 1542 und 1548 mit großem Eifer fertig stellte, obwohl er das Haus nach 1554 nurmehr als Zweitwohnsitz nutzen konnte, da er zusammen mit seiner Ehefrau, mit der er es 1550 gemeinsam bezog, nach Florenz ging. Das Fresko an der Bogendecke der Sala di Apollo (Saal des Apollo) zeigt Apollo und die Musen, die Kassettendecke der Sala di Abramo (Saal des Abraham) malte er in Tempera aus. Im Kaminzimmer befindet sich unter den Wandmalereien ein ironisch-allegorisches Porträt seiner Braut und in der Mitte der Holzdecke eine Darstellung der Tugend, die nicht weniger spöttisch gemeint ist, als Verherrlichung der Künste auf dem

Pietro da Cortona, Ausgestaltung eines Raumes im Palazzo Pitti mit Stuckarbeiten und Fresken

Pietro da Cortona, Entwurfszeichnung für die Fassade des Palazzo Pitti

Luca Giordano, Die Geburt des Menschen, *Detail aus dem Deckenfresko in der Galleria des Palazzo Medici-Riccardi in Florenz*

Deckengemälde der Sala della Fama (Saal des Gerüchts). Überall an den Wänden finden sich weitere allegorische Darstellungen, gemalte Karyatiden mit grotesken Masken sowie gemalte Vorhänge und Girlanden.

Am Palazzo Pitti und am Palazzo Medici-Riccardi lässt sich ein weiteres Charakteristikum der Florentiner Stadtpaläste nachweisen: Die langen Fensterreihen wurden insbesondere im 17. und 18. Jahrhundert zu einem Indiz für den Reichtum der Palastbesitzer. Dies bestätigt ein Blick auf andere bedeutende Residenzen, wie zum Beispiel den Palazzo Pucci in der gleichnamigen Straße, den Palazzo Roffia im Borgo Pinti, den Palazzo Panciatichi in der Via Larga, den Palazzo Marucelli in der Via San Gallo, den Palazzo Guadagni am Domplatz, den Palazzo Incontri in der Via de' Servi oder den Palazzo Orlandini in der Via de' Pecori. Die langen Fensterreihen entstanden mit Hilfe einfacher Umbaumaßnahmen: Sah sich eine der Familien veranlasst, ihre Wohnung, die ihrer gestiegenen gesellschaftlichen Bedeutung nicht mehr entsprach, zu vergrößern, wurden angrenzende Häuser aufgekauft und die benachbarten Fassaden an die der Familienresidenz angeglichen. Da die Fassade insgesamt streng wirken sollte und überdies nicht kostspielig sein durfte, passte man in der Regel lediglich die Fensterhöhe in den einzelnen Stockwerken an und vereinheitlichte ihre Gestaltung. Die fortlaufende Mauer wurde nicht weiter bearbeitet. Neu war lediglich das so genannte Poggioletto; es besteht aus einem vorspringenden Portal, über dem ein kleiner Balkon mit Balkontüren hängt, über dem das Familienwappen angebracht ist, und betont so die vertikale Mittelachse der Fassade.

Das großzügige, repräsentative Palastinnere, die exklusive und moderne Inneneinrichtung

Das Treppenhaus im Palazzo Capponi, dessen Skulpturenschmuck aus dem 18. Jahrhundert heute nicht mehr erhalten ist

wurde zu Beginn des 18. Jahrhunderts nach einem Entwurf Alessandro Bergaminis umgestaltet. Dabei verputzte man sie in einem auffälligen Rot und rahmte die Fenster mit üppigen Dekorationen. Beeindruckend sind die einander gegenüberliegenden großzügigen Treppenaufgänge, die Bogengänge mit doppelten Säulen, die von Balustraden umgebenen Terrassen und die beiden oben offenen Loggien, von denen aus man eine Aussicht bis zum am Horizont liegenden Meer genießt.

Bereits im 17. Jahrhundert gab es eine ganze Reihe von Publikationen, in denen die bedeutenden italienischen Städte anhand von Illustrationen und detaillierten kunsthistorischen Beschreibungen dargestellt wurden. Es handelt sich um die Vorläufer unserer heutigen Stadtführer und Reiseliteratur. Im Mittelpunkt des Interesses standen die berühmten alten Bauten, vor allem die großen Residenzen der einflussreichen Familien. Im 18. Jahrhundert begann man damit, Gebäudeansichten, die Pracht ganzer Straßenzüge oder Stadtansichten mit Hilfe von gedruckten Veduten bekannt zu machen, zu denen unter anderem eine

ließen die schlichte Fassade um so nüchterner erscheinen. Hier fanden sich großartige Prunktreppen, gesäumt von Skulpturen, lange Galerien im Piano Nobile, mit umlaufenden Emporen versehene Festsäle, ganze Gemäldegalerien sowie mit Seide ausgeschlagene Alkovenzimmer und Kapellen mit einer üppigen Dekoration aus Stuck und Vergoldung, freskierte Wände und Decken sowie rein dekorative Gemächer wie zum Beispiel künstliche Grotten mit Figurenschmuck aus der antiken Mythologie. Die Ausstattung der Paläste zeigte die ganze Extravaganz insbesondere des wohlhabenden Handelsbürgertums und offenbarte dessen Neigung, seinen Reichtum sehr wohl offen zur Schau zu tragen. Diese reizvollen Interieurs findet man im Palazzo Capponi in der ehemaligen Via San Sebastiano hinter der Kirche Santissima Annunziata und im Palazzo Corsini an der gleichnamigen Uferstraße am Arno. Der aus dem 18. Jahrhundert stammende Palazzo Capponi verfügt über eine Ehrentreppe mit antiken und zeitgenössischen Skulpturen, einen Brunnen sowie ein herrliches Deckenfresko von Marco Bonechi. Im italienischen Landschaftsgarten des Palazzo befindet sich eine filigrane Orangerie, welche Reliefs mit buntem Rocaille zieren. Der zwischen 1656 und 1737 erbaute Palazzo Corsini hat einen U-förmigen Grundriss und ist mit mehreren Loggien und Terrassen in verschiedenen Stockwerken versehen. Die Palastfassade zum Fluss hin wirkt großzügig und offen. Der Palazzo Cybo-Malspina in Massa ähnelt dem Palazzo Corsini in mancher Hinsicht. In dem seit 1664 als herzogliche Residenz dienenden Gebäude befinden sich ein Theater, eine Bibliothek sowie eine Kapelle und in seinem Garten liegt ein dreischiffiges Nymphäum. Die lange Fassade an der größten Piazza der Stadt

Beispiel eines kleinen Balkons (Poggioletto) an der Fassade des Villenpalastes der Corsini in Castello

Fassade des Palazzo Ducale in Massa

Massa, Palazzo Ducale. Einer der Aufgänge der doppelläufigen Treppe, die vom Hof zur Belvedere-Loggia führt

1744 von Giuseppe Zocchi gezeichnete Ansicht von Florenz gehört. Obwohl solche Architekturdarstellungen die Weitläufigkeit der Straßen und Plätze häufig übertrieben und die Herrlichkeit berühmter Gebäude herausstrichen, fiel das Urteil der Reisenden besonders bezüglich der Paläste in Florenz und in der Toskana nicht in jedem Fall positiv aus. Geschätzt wurde die Schlichtheit der Architektur. Der Engländer Pierre Jean Grosley schrieb während seiner Italienreise im Jahre 1764: „Der schönste unter den Florentiner Palästen ist der Palazzo Medici. Nicht wegen seiner Größe, sondern aufgrund seiner eleganten, schlichten Fassade." Ähnlich äußerte sich auch der Kunst- und Kulturhistoriker Jakob Burckhardt 1878, als er die Florentiner Stadtresidenzen als „beeindruckende steinerne Paläste" bezeichnete, „deren Gesamtwirkung durch die schlichten und kraftvollen einzelnen Elemente bestimmt wird". Etwa dreißig Jahre später, 1907, beschrieb Charles-Édouard Jeanneret-Gris, der unter dem Namen Le Corbusier ein berühmter Architekt und Städteplaner werden sollte, den aus dem 13. Jahrhundert stammenden Bargello als „einen der alten, streng wirkenden Paläste aus dem 15. Jahrhundert [sic!], der zugleich beeindruckend und schlicht ist".

Viele der Reisenden waren nicht nur von der Nüchternheit der Gebäude beeindruckt, sondern auch von der gewaltigen Rustikaquadrierung, die vielen Palästen einen wehrhaften Charakter verlieh. Der englische Historiker und Schriftsteller Edward Gibbon bemerkte 1764 zum Palazzo Medici-Riccardi: „Diese Residenz zeigt das für Florenz typische Rustikamauerwerk, welches die Paläste wie Festungen erscheinen lässt, was sie damals auch tatsächlich sein mussten."

Im Jahre 1817 stellte der französische Dichter Stendhal fest: „Schon das massive Äußere dieser mit großen Steinquadern gebauten Paläste, die die derbe Fassade beibehalten haben, zeigt, dass man damals mit gewissen Gefahren rechnen musste", und teilte diese Ansicht mit seinem amerikanischen Berufsgenossen James Fenimore Cooper, der 1837 schrieb: „Aufgrund der fortwährenden Auseinandersetzungen zwischen den einzelnen Parteien entstand ein bestimmter Gebäudetyp, wie es ihn fast ausschließlich in Florenz gab. Jeder der Paläste erscheint nahezu wie eine Festung."

Der berühmte englische Kunstkritiker John Ruskin, der ein glühender Bewunderer der zarten gotischen Formen war, erklärte 1840, er verabscheue die wie Gefängnisse aussehenden Paläste der norditalienischen Städte. Und der Franzose

Der Limonenhain im Garten des Palazzo Capponi in Florenz

Florenz, Palazzo Corsini: Raum im Erdgeschoss des Palastes mit der von Carlo Marcelli modellierten Grotte

Gegenüberliegende Seite: Der große Salon des Palazzo Pitti weist Wandmalereien mit illusionistischen Architekturprospekten von Michelangelo Colonna und Agostino Mitelli auf, bekannten Quadraturmalern ihrer Zeit.

Hippolyte Taine, Philosoph und Kulturkritiker, schrieb 1864: „Die alten, aus riesigen Steinblöcken gebauten Paläste sind mit bedrohlich wirkendem Rustikamauerwerk und vergitterten Fenstern versehen, die Ecken sind dunkel und grau. Schon das Äußere der Paläste lässt vermuten, was für ein gefahrvolles Leben seine Bewohner führten und wie oft sie selbst andere angegriffen haben werden."

Durch die einheitliche Rustikaquaderung ähnelten sich die Fassaden vieler Paläste in den Augen der ausländischen Betrachter. Diesen Eindruck hatte auch der aus dem Burgund stammende Charles de Brosses, als er 1739 bemerkte: „In Florenz gibt es eine große Zahl berühmter Paläste. Doch ich finde sie nicht besonders reizvoll. Denn fast alle zeigen sie dieselbe, gleichförmige Bossenquaderung." Auch sein Landsmann, der Schriftsteller Theophile Gautier, äußerte sich recht nüchtern über Florenz: „Diese Stadt [...] wirkt eintönig und schroff. Ihre Paläste erscheinen wie Gefängnisse." Und in ähnlicher Weise beschrieb auch der deutsche Dichter Rainer Maria Rilke die Stadt in seinem *Florentiner Tagebuch* von 1898: „Die Paläste erscheinen dem Reisenden mit ihren stummen Fassaden feindselig [...], sie wirken festungsartig und rufen ein Gefühl des Argwohns hervor [...]. Wenige Fenster [...] durchbrechen die erdrückende Schweigsamkeit, sie wirken Furcht erregend und lassen etwas erahnen von der Atmosphäre hinter ihren Mauern." Über den Palazzo Vecchio schrieb de Brosses: „Er ist nichts anderes als eine alte Bastille mit einem großen hässlichen Wachtturm. Sowohl im Inneren als auch außen wirkt er dunkel und düster." Nach seiner Rückkehr aus Siena erschien der Palazzo Vecchio auch dem jungen Le Corbusier „derb und plump [...], rauh und schroff". Doch gleich darauf räumt er ein: „ ... man weiß kaum, wie man ihm sein Geheimnis entreißen kann. Die wenigen feinen Details seiner hässlichen Fassade irritieren, der Turm beeindruckt. Es handelt sich um ein bedeutendes Bauwerk, das jedoch schwer zu verstehen ist und über eine unfassbare Macht verfügt." Weniger streng fällt das Urteil des Marquis De Sade aus. Der französische Schriftsteller besuchte Florenz 1775 auf der Durchreise und beschrieb die Stadt wie folgt: „ ... eine Vielzahl herrlicher Bauwerke, die allerdings gotisch und wenig ansprechend sind, denn die schönsten Paläste sind mit einer Rustikaquadrierung versehen und aus dunklen Steinen gebaut, die sie düster erscheinen lässt. Die alten Fenster und die erstaunliche Höhe lassen sie auf den ersten Blick nicht gerade gefällig erscheinen. Dennoch sind sie außerordentlich prachtvoll." Knapp und präzise äußerte sich 1746 der englische Priester Alban Butler: „Die Paläste in Florenz sind großartig, allerdings eher ihr Inneres denn ihr Äußeres." Zu einem wenn auch etwas enthusiastischen, so doch nicht unbedachten Schluss kommt der amerikanische Schriftsteller Henry James 1877 in seinen *Italian Hours* (Italienische Stunden): „Je länger ich die alten bürgerlichen Paläste in Florenz betrachte, desto größeren Gefallen finde ich an ihnen [...] wenn ich in der Lage wäre, mir ein prächtiges Haus zu bauen, um darin die Ferien zu verbringen, sähe es bei Gott nicht anders aus. Sie sind dunkel und finster und wirken von manchen Seiten eher zurückweisend als einladend. Doch welche ebenso bedeutenden Bauten, falls es sie überhaupt gibt, könnten die Würde eines noblen Familiendomizils gelungener zum Ausdruck bringen und dem Sicherheitsbedürfnis der Bewohner besser gerecht werden und wären zugleich von solch auserlesener, schlichter Schönheit? Ihre äußerst vornehme Erscheinung verdanken sie einfachsten Mitteln [...] Ich fürchte allerdings, dass es hinter jenen so ernsten und ebenmäßigen Mauern recht dunkel und ungemütlich ist, weshalb ich mich jetzt darauf beschränke, nur von den stattlichen und strengen Fassaden zu sprechen, die man von der Straße aus betrachten kann. Alle liegen sie dicht nebeneinander im düsteren Licht der geschichtsträchtigen Straßen, der Via dei Bardi, der Via Maggio, der Via degli Albizi. Diese Gebäude wirken mächtig, streng und überaus erhaben durch einige einfache Charakteristika: die ausgewogene Distanz zwischen dem Scheitelpunkt der Rundbogenfenster im Erdgeschoss und dem sofort folgenden Sockel der darüber liegenden Fenster, das in Relief gearbeitete Wappen, das hoch oben an einer Ecke des Hauses angebracht ist, das flache, stark hervorspringende Dach und schließlich die beeindruckende Größe des gesamten Gebäudes, das jedes unserer modernen großen Bauwerke kläglich erscheinen lässt." In *Return to Italy* (Rückkehr nach Italien) beschreibt Henry James, was Florenz für ihn so reizvoll macht: „[es ist] die Großzügigkeit dieser Paläste [...] mit ihren hohem Erdgeschoss, die ich auch beim erneuten Betrachten für die schönsten Residenzen halte, die es gibt auf der Welt. Es gibt nichts Schöneres, als diese ehrwürdigen Sockel anzusehen. Das gesamte Erdgeschoss dient lediglich als einfaches Vestibül, Eingang, Treppenhaus sowie als mit großen Gewölben überdachter Hof. Doch von außen wirken sie, als wären sie nichts anderes als ein massives Postament für das Haus selbst und als könnten die Bewohner nirgendwo anders untergebracht sein als fünfzig Fuß über dem Straßenniveau. Die großen Steinquader des Sockels, die großen horizontalen und vertikalen Abstände zwischen den Fenstern – sie zeigen die Höhe und Breite der Innenräume an –, das an einer Ecke angebrachte Familienwappen, das Dach mit der stark ausgeprägten Traufe, das Schatten in die engen Straßen wirft, die kräftigen gelben und braunen Farbtöne der Steine, all dies macht aus jedem der Gebäude ein bewundernswertes Kunstwerk." Bei De Sade findet man auch Beschreibungen der kleineren Bauwerke: „ ... am großartigsten ist der Palazzo Pitti [...], dieses Gebäude mit seiner Rustikafassade ist außerordentlich prächtig [...], die Paläste der Familien Gerini, Capponi, Strozzi und

Corsini scheinen mir die schönsten in der ganzen Stadt zu sein. [...] doch ein Haus, das nicht ganz so schön ist wie die anderen, verdient es trotz seine Schlichtheit, mit Interesse besucht zu werden, es ist das Wohnhaus Michelangelos. [...] Die Buonarroti, Nachkommen des berühmten Malers, fanden Gefallen daran, das Haus für Besucher zu öffnen. Die vielen Gemälde hervorragender Maler in der Galerie zeigen Szenen aus dem Leben Michelangelos." Der abenteuerlustige Marquis bezeichnet den Palazzo Riccardi als „schönes, herrliches Gebäude" und moniert doch den Geiz der Florentiner Aristokratenschicht, die „nicht übertrieben reich ist oder ihren Reichtum wenigstens weniger stark zeigt, ein sehr zurückgezogenes Leben führt und nicht einmal jenen ein Glas Wasser reicht, die ihnen wärmstens empfohlen wurden". Auch Ruskin berichtet, dass er Gefallen an der Casa Buonarotti gefunden habe, die ihm „außerordentlich gepflegt" erschien. Gibbon dagegen interessiert sich mehr für den Palazzo Corsini: „Er ist schön [...], aber von einer schlichten, modernen Schönheit ohne jede Herrlichkeit. [...] die Fassade am Fluss ist gelungen. Er besteht aus zwei großen Gebäudeteilen, die durch eine gemeinsame Terrasse vereint werden; Auf der anderen Seite muss man in einem engen, dunklen Gässchen [Via del Parione] nach einer nichts sagenden, wenig einladenden Fassade suchen." Über den Palazzo Medici-Riccardi schrieb De Brosses: „Das gesamte, von Michelozzo entworfene Gebäude ist mit Rustikaquadern verkleidet [...] Der Hof besitzt Arkaden [...] und die Mauern sind voller schöner Inschriften; die Wohnräume sind groß, wirken aber langweilig [...]. Die Galerie wurde von Lucca Giordano ausgemalt. Sie ist der bedeutendste Raum des ganzen Palastes, denn hier befinden sich einige Vitrinen voller Bronzeplastiken [...] und eine ganze Reihe wundervoller Kameen und alter Steine mit Gravierungen." Auch der amerikanische Schriftsteller Hermann Melville bereiste die Toskana und beschrieb den gleichen Palast 1857 als „ein riesiges Bauwerk mit vielen Bogen, abgestuft, mit einem massiven, überragendem Gesims".

Leider werden in der Literatur, welche die Reisenden der so genannten Grand Tour (einer Bildungsreise durch Europa, welche vor allem die Mitglieder der englischen Aristrokratie vor ihrem Eintritt in das gesellschaftliche Leben ihres Landes anzutreten pflegten und als deren Höhepunkt der Aufenthalt in Italien galt) unterwegs bzw. nach ihrer Rückkehr verfassten, kaum Paläste aus anderen toskanischen Städten genannt, doch sei an dieser Stelle zumindest erwähnt, welchen Eindruck De Brosses vom Palazzo Pubblico in Siena hatte: „ein altes Bauwerk, das nichts Beachtliches oder zumindest Außergewöhnliches hat mit Ausnahme einiger Malereien, die noch älter und hässlicher als der Palazzo Pubblico selbst sind". Ruskin dagegen fand großen Gefallen an der Sieneser Architektur: „Diese Stadt ist fünfzigmal so bedeutend wie Florenz: Die Gebäude sind grundsätzlich größer

Gegenüberliegende Seite: Die auch als Camera degli Angioli bezeichnete Engelskapelle der Casa Buonarroti in Florenz. Die Gestaltung von Wänden und Decke geht auf Jacopo Vignali und Michelangelo Cinganelli zurück.

Detail der Stuckdekoration im Salon des im 19. Jahrhundert errichteten Palazzo Borghese in Florenz

Der im 19. Jahrhundert gestaltete Alkoven des Palazzo d'Elci in Siena

und solider und verfügen über eine große Zahl von Drillingsfenstern im venezianischen Stil." Und der junge Le Corbusier schrieb über Siena in einem Brief an seine Eltern: „Fast alle dieser schönen mittelalterlichen Paläste befinden sich zwischen der Piazza della Signoria, an der sich der Palazzo Comunale befindet mit seinem berühmten Turm, der, so glaube ich, 102 Meter hoch ist, und dem Domplatz. Sie wirken einfach und ernst und dennoch vornehm und fein".

Ruskin, der sich 1845 in Lucca aufhielt, zeigt sich beeindruckt vom Palazzo Guinigi, den er als ein Beispiel der vortrefflichen „Schlichtheit und Kraft" der bürgerlichen Gotik bezeichnete. Der Turm, den er eine „echte Festung" nannte, sei von „Pflanzen überwachsen" und er erwähnt auch „die Eisenringe längs der gesamten gegenüber liegenden Straße, an die man die Pferde bindet, und die Haken, von denen an Festtagen die Seidentücher hängen". In seinen *Excursions in Italy* (Reisen nach Italien) aus dem Jahr 1837 beschrieb Cooper den Palazzo Ducale in Lucca als „ein langes, schmuckloses Gebäude mitten im Zentrum der Stadt". Hier residierte Anfang des 19. Jahrhunderts Elisa Baciocchi, die Schwester Napoleons. Die Innenräume wurden zu dieser Zeit von dem Architekten Lorenzo Nottolini umgebaut. „Ich glaube, der Palast spiegelt den Geschmack und den Reichtum der kaiserlichen Prinzessin wider. Bei der Ausstattung scheint man sich an Pariser Vorbildern orientiert zu haben."

Auch im Neoklassizismus hielt man an dieser Pariser Eleganz fest, wie der Palazzo Bianchi-Bandinelli in Siena und der Palazzo Borghese in Florenz zeigen. Die Innenräume dieser beiden Paläste sind mit glänzendem Marmor, vergoldetem Stuck, Spiegeln und Kronleuchtern prachtvoll ausgestattet. Giulio Bianchi-Bandinello, nach der Regierung Napoleons Gouverneur und Generalstatthalter des lothringischen Großherzogs von Toskana, ließ 1804 seine Residenz an der Via Roma vollenden. Zu dem Komplex gehören eine Kapelle und ein Theater. Die Decken einiger Räume ließ er von Luigi Ademollo freskieren. Der Prinz Camillo Borghese, ein Anhänger Napoleons und ehemaliger Gatte Marie Paulette Bonapartes, ließ seinen prächtigen Florentiner Wohnsitz an der Via Ghibellina nach einem Entwurf des Architekten Gaetano Baccani erbauen. Die lange Fassade zeigt im Erdgeschoss die üblichen Rustikaquadrierung. Über der Loggia mit ionischen Säulen im Piano Nobile befindet sich das Familienwappen mit allegorischen Marmorskulpturen des Arno und des Tiber.

Der einzige öffentliche Palast, den man in dieser Zeit baute, war der im September 1920 eingeweihte Palazzo del Comune in Montecatini Terme. Das massive, von Rafaello Brizzi und Luigi Arrighetti entworfene Gebäude der Neorenaissance weist eklektizistische Züge auf. In den Innenräumen schuf Galileo Chini eine Reihe von Wandmalereien.

Der Palazzo Borghese sollte der letzte dieser großen prächtigen Privatpaläste in der Toskana sein. In der zweiten Hälfte des 19. Jahrhunderts investierten die alten Adelsfamilien und wohlhabenden Bürger bevorzugt in städtebauliche Großunternehmen und Spekulationsgeschäfte. Städtische Baumaßnahmen und ein expandierender Immobilienmarkt führten zur Entstehung neuer Wohnquartiere innerhalb und außerhalb der historischen Stadtzentren. Ein Beispiel dafür ist die Ausdehnung von Florenz in die Gegend um den Mercato Vecchio (Alter Markt) und des ehemaligen Ghettos, die vollkommen saniert wurden. Auch in anderen toskanischen Städten wurden seit dieser Zeit keine großen Residenzen mehr gebaut, die von einer einzigen Familie bewohnt wurden. Stattdessen baute man funktionale, große Mehrfamilienhäuser mit Eigentumswohnungen und Mietskasernen. Am Stadtrand entstanden zwar weiterhin kleinere Paläste und Villen, deren Architektur aber niemals mehr die Größe der alten Residenzen erreichte.

*Gegenüberliegende Seite:
Die klassizistische Skulpturengalerie des Palazzo Ducale in Lucca*

CLAUDIO RENDINA

DIE PALÄSTE VON FLORENZ UND DER TOSKANA

PALAZZO PUBBLICO IN SIENA

Ansicht des Palazzo Pubblico in Siena über dem Campo mit der Torre del Mangia und der Cappella della Piazza auf der linken Seite

Der Palazzo blickt auf den Campo – Sienas charakteristischen Platz, wie geschaffen für die Feste und Turniere, die auf ihm veranstaltet werden und unter denen das Palio, das traditionelle Pferderennen, die berühmteste Veranstaltung ist. Das Ensemble aus dem mit Backsteinen gepflasterten Campo und dem die Stadtregierung würdig repräsentierenden Palazzo ist ein Zentrum urbanen Lebens par excellence. Hier haben sich die Sieneser über Jahrhunderte versammelt, und die Regierenden nutzten ihn, um ihre Macht zu demonstrieren, wie etwa im Frühling des Jahres 1315, als zwischen den Familien Salimbeni und Tolomei eine blutige Fehde ausgebrochen war: Die Nove, der Rat der Neun, zündete vor dem Palazzo Pubblico eine Kerze an und gab bekannt, dass, wenn die beiden Familien nicht Frieden schlössen, bevor die Kerze heruntergebrannt sei, „ihre Familien festgesetzt und ihre Güter beschlagnahmt würden".

Der Campo stammt bereits aus dem Jahr 1169, doch der Baubeschluss für ein Rathaus erfolgte erst 1288. Die Honoratioren waren es leid, ihre Versammlungen in Kirchen, gemieteten Häusern und Türmen abzuhalten. Zunächst wurde ein bereits existierendes Gebäude am Platz, der Sitz der Dogana (Zollverwaltung), der ohnehin bereits den Podestà, den Stadtvogt, und den Consiglio della Campana (Rat der Glocke) beherbergte, einem Umbau unterzogen. 1293 begann man mit dem Ankauf einiger das Zollgebäude umgebender Häuser, um die Anlage erweitern zu können. Zwischen 1298 und 1310 wurde der Mittelteil des Palastes errichtet: das durch zehn Bögen gegliederte Erdgeschoss aus Stein sowie der erste Stock aus Backstein. Hinzu kam der Hauptturm mit einem zweiten und dritten Stockwerk und einem kleinen Glockenturm. Mit dem Wunsch, ihr politisches Programm in würdigen Bildern verewigt zu sehen, beauftragten die Ratsherren die besten sienesischen Künstler mit der Freskierung der Säle.

Um diese Zeit wurde in dem noch nicht fertig gestellten Palazzo bereits die erste Zusammenkunft von historischer Bedeutung abgehalten. Am 10. Mai 1321 hielt Messer Biagio de' Montanigio einen Vortrag zu Gesetzesfragen, das Verhältnis

*Folgende Seiten:
Panorama von Siena. Das Wahrzeichen der Stadt, der Campo, ist umgeben von einer Reihe von Adelspalästen, zwischen denen der Palazzo Pubblico majestätisch aufragt.*

*Gegenüberliegende Seite:
Der Sitz des Podestà, Backsteinbau mit einem Säulengang, über dem sich große Spitzbogentriforien erheben*

*Rechts:
Detail des Innenhofes mit dem Säulengang*

*Unten:
Detail der Palastfassade mit den Bögen in der unteren Gebäudezone und den Triforien der beiden oberen Geschosse*

der Städte zu Kunst und Kultur betreffend. Anwesend waren auch einige Professoren und Studenten aus Bologna, die ihre Universität aus Protest verlassen hatten, da sie nicht bereit waren, die zunehmende Einmischung der politischen Macht in diesen Belangen zu tolerieren. Sie waren nach Siena geflohen, um hier eine Art politisches Asyl und die Einschreibung in das Ateneo, die Universität von Siena, zu erbitten.

1325 wurde ein Erweiterungsbau in Angriff genommen. Hinter dem Sitz des Podestà entstand in den Jahren 1327–1330 ein Gefängnis. Bis zu diesem Zeitpunkt waren die Kerker in den Kellern des gegenüberliegenden Palazzo Pannocchieschi d'Elci untergebracht gewesen. Über dem Gefängnis lag die Sala del Gran Consiglio della Repubblica (Saal des Großen Rates der Republik), in dem 1343 die erste Sitzung stattfand.

Die Umbauten hatten eine Asymmetrie auf der rechten Seite des Gebäudes zur Folge, die durch den Turm ausgeglichen wurde. Bis zu einer Höhe von 102 Metern war er von 1325 an von den Baumeistern Minuccio und Francesco di Rinaldo aus

Perugia hochgezogen worden. Die große Glocke trägt den Namen Sunto, da sie Mariä Assunta (Himmelfahrt) geweiht ist. Die Bezeichnung des Turmes, Torre del Mangia, rührt von dem ersten Glöckner Bartolomeo Ducci her, der *mangiaguadagni* (Gehaltsverzehrer) genannt wurde. Nach seinem Tod wurde eine Holzpuppe angefertigt, die seinen Platz am Zug der Glocke einnahm. Es folgte eine Figur aus vergoldetem Messing, die 1759 durch eine Travertinstatue ersetzt wurde. 1780 lagerte man die Skulptur in den Kellern des Palastes ein, von wo sie eines Tages verschwand. Der Archäologe Ranuccio Bianchi Bandinelli entdeckte sie 1924 in der Villa der Familie in Pagliaia, die damals im Besitz der Liccioli war. Die Liccioli gaben den Glöckner an die Gemeinde zurück, die sie im Hof des ehemaligen Wohnsitzes des Podestà aufstellte. Zu Füßen des Turms entstand aufgrund eines Gelübdes, das man während der schrecklichen Pest abgelegt hatte, die der Jungfrau Maria geweihte Cappella della Piazza (Kapelle des Platzes). Die Arbeiten wurden von der Opera del Duomo, der Dombauhütte, ausgeführt und von privaten Geldgebern finanziert.

Am Bau des Palazzo Pubblico waren viele Künstler beteiligt. Die Fenstergitter im Erdgeschoss wurden von zwei Handwerkern hergestellt, und für die zwischen 1375 und 1427 ausgeführten Pilaster mit Heiligenstatuen zeichneten drei Bildhauer verantwortlich. Das heute stark beschädigte Fresko aus dem Jahre 1538 schuf Sodoma.

Schon damals wurden bereits einige Veränderungen an der Palastfassade veranlasst, deren

*Oben:
Ausschnitt aus der* Maestà *von Simone Martini in der Sala del Mappamondo. Diese Tafel entstand wahrscheinlich 1315 und ist wohl kostbarstes Zeugnis der sienesischen Gotik.*

*Rechts:
Ausschnitt aus dem Fresko* Von der guten und der schlechten Regierung *von Ambrogio Lorenzetti aus dem Jahr 1338 in der Sala della Pace, die auch Sala delle Balestre genannt wird.*

*Gegenüberliegende Seite:
Blick in die Sala di Balia mit den von Spinello Aretino um 1408 geschaffenen Wandfresken, die Episoden aus dem Leben des Papstes Alexander III. darstellen, der als Rolando Bandinelli Paparoni in Siena geboren wurde.*

68

Wandfresken der alten Cancelleria della Biccherna, dem Sitz der Finanzbehörde Sienas. Die Wandgemälde von Sano di Pietro und Domenico di Bartolo werden auf das Jahr 1445 datiert und zeigen die Krönung der Jungfrau Maria.

Daneben:
Freskenausschnitt mit einem Engel

Unten:
Wandfresko über der Tür der Stanza della Biccherna mit der Darstellung der *Abreise Marias de' Medici, die Heinrich IV. von Frankreich als Frau versprochen ist. Das Fresko aus dem Jahr 1601 wird Antonio Gregori zugeschrieben.*

Oben:
Das große Fresko von Simone Martini in der Sala del Consiglio, die auch Sala di Mappamondo genannt wird, zeigt das Bildnis des Guidoriccio da Fogliano. *Der Capitano von Siena bricht gerade zur Belagerung von Montemassi auf.*

Rechts:
Friedliche Übergabe eines befestigten Dorfes an Siena. *Ein sienesischer Künstler – vielleicht Duccio di Buoninsegna – malte um 1314 dieses Fresko in der Sala del Consiglio direkt unter das Bildnis des Guidoriccio da Fogliano.*

Gegenüberliegende Seite:
Der Frieden und der Krieg. *Detail aus der Allegorie der Guten Regierung, dem Fresko von Ambrogio Lorenzetti aus den Jahren 1337–1340 in der Sala delle Balestre*

Gegenüberliegende Seite: Eine der beiden als Wasserspeier dienenden Wölfinnen aus dem 14. Jahrhundert, die Giovanni Pisano zugeschrieben werden. Die Skulptur verwitterte im Laufe der Jahrhunderte, wurde aus konservatorischen Gründen vom Dach entfernt und in den Haupträumen des Untergeschosses aufgestellt.

künstlerischen Höhepunkt die große vergoldete Scheibe darstellt. Sie zeigt eine strahlenumfangene Sonne und darauf das Christusmonogramm IHS des Heiligen Bernhard von Siena. Seiner gedenkt dieses Ehrenmal in Dankbarkeit für die Fürsorge und Barmherzigkeit, die er zusammen mit zwölf freiwilligen Helfern während der Pest-Epidemie von 1423 der Bevölkerung angedeihen ließ. Die von Battista di Niccolò aus Padua gestaltete, in Kupfer getriebene Scheibe, deren Sonnenstrahlen von Turino di Sano und dessen Sohn Giovanni

del Mappamondo (Saal der Weltkarte) wurde 1561 in ein Theater umgewandelt, das noch heute unter der Bezeichnung Teatro Comunale dei Rinnovati bespielt wird.

Die weitestgehende Umgestaltung erlebte der Palazzo im 17. Jahrhundert. Nachdem an beiden Seiten ein zweites Stockwerk aufgesetzt worden war, kamen auch eine neue Vorhalle und eine neue Treppe hinzu.

Im 19. Jahrhundert sollte der Palazzo zum Spiegel der veränderten politischen Verhältnisse

Das Portal der Sala del Catino (Taufbeckensaal) stammt von Bernardo Rossellino.

Rechts:
Die Acca Laurentia, *Figur von der* Fonte Gaia *Jacopos della Quercia, die Mitte des 19. Jahrhunderts vom Campo in den Palast überführt wurde*

stammen, wurde 1425 angebracht. Letztere schufen 1429 auch die Wölfin aus vergoldeter Bronze, die einst am Eingang zur Sala della Signoria (Saal der Signoria) stand. Heute ist sie durch eine Kopie ersetzt, während sich das Original im Palastinnern befindet.

Nach dem Sturz der Republik erfuhr der Palazzo in den Innenräumen große Veränderungen. Die Sala

werden: In der Dekoration der Sala del Risorgimento wollte man eine Verbindung zwischen dem *buon governo*, der „guten Regierung" der Republik, und dem Königreich Savoyen herstellen. Doch wirkten solche Bemühungen gezwungen angesichts eines Gebäudes, das die Tradition und Geschichte der Stadt Siena vor allem in jenen Kunstwerken dokumentiert, die zugleich die politische Weisheit

Deckengewölbe zur Sala del Catino mit allegorischen Fresken von Domenico Beccafumi. Im Mittelfeld die Darstellung der Allegorie der Heimatliebe von 1529

Gegenüberliegende Seite: Die Sala del Risorgimento mit dem letzten großen Auftragswerk für den Palazzo Pubblico, an dem unter anderem die sienesischen Maler Cesare Maccari und Pietro Aldi mitwirkten. Mit dem Skulpturenschmuck und den Marmorbüsten wurden Emilio Gallori und Tito Sarrocchi beauftragt.

und den erlesenen Kunstsinn der Bürger bezeugen, die ihr Schicksal zwischen dem 12. und dem 16. Jahrhundert bestimmten. In der Sala del Mappamondo etwa befindet sich die *Maestà* von Simone Martini aus dem Jahre 1315. Das Gemälde mahnte die darunter versammelten Bürger, gerecht zu regieren. Eine Inschrift legt ihnen nahe: „Meine Lieben, erinnert Euch/während Eurer demütigen und ehrlichen Gebete,/ wenn Ihr 1337 und 1339 in der Sala della Pace (Saal des Friedens).

Die architektonische Erscheinung ebenso wie die einzelnen, ausgesuchten Kunstwerke, die die Signoria dort anbringen ließ, vermitteln bis in unsere Tage die „Botschaft" des Palazzo Pubblico, wie sie in den Versen des Epigraphs über die *Effetti del Buon Governo* (die Auswirkungen der guten Regierung) zu lesen ist: „und deshalb

Die Ergebnisse der Volksabstimmung in Rom werden König Vittorio Emanuele übergeben. *Detail aus einem Fresko von Cesare Maccari in der Sala del Risorgimento von 1886*

den Wunsch habt, dass ich für Euch bitte,/dass, wenn die Mächtigen den Schwachen Schlimmes antun,/ihnen Schmach und Schaden bereiten,/Eure Gebete nicht diesen Übeltätern gelten dürfen/und auch nicht denen, die auf meinem Boden List und Betrug begehen." Deutlicher noch als die *Maestà* erweist sich der Zyklus des *Buono e cattivo governo* (Die gute und die schlechte Regierung) als Botschaft für den Frieden. Ambrogio Lorenzetti schuf die Fresken zwischen

gilt es,/dort, wo Tyrannei und großer Argwohn herrschen,/Kriege, Raub, Betrug und Täuschung,/die Macht über sie zu ergreifen/und Geist und Verstand dazu zu nutzen,/stets um Gerechtigkeit bemüht zu sein,/indem man drohende Schäden vermeidet/die Tyrannen niederwirft/und jeden, der sie [die Gerechtigkeit] stören will,/schlägt und ächtet/zusammen mit all seinen Anhängern/mit dem Ziel, sie mit Eurem Frieden stärker zu machen."

PALAZZO NUOVO DEL PODESTÀ IN SAN GIMIGNANO

Gegenüberliegende Seite: Der Dom mit dem Palazzo del Comune, auch bekannt als Palazzo Nuovo del Podestà

„Man fühlt sich in einem Hofe, nicht auf der Straße. Selbst die Plätze sind Höfe, und man scheint auf allen geborgen", schrieb Walter Benjamin, als er auf der Durchreise in San Gimignano Station machte. Die kleine Stadt ist eine Insel, weit weg vom hektischen Treiben der Gegenwart, auf der man sich bald in die Zeit des Mittelalters zurückversetzt fühlt. Ihren besonderen Reiz machen die zahlreichen Türme aus, die den zauberhaften Rundblick prägen, der sich von der 54 m hohen Spitze des Torre Grossa aus darbietet.

Der „Dicke Turm" erhebt sich über dem Palazzo del Comune und zählt zu den 15 heute noch erhaltenen Exemplaren von den über 72, die im 14. Jahrhundert einen wahren Wald von Türmen bildeten. Der Palazzo del Comune dominiert die südliche Seite des Domplatzes, an der er 1288, zunächst unter der Bezeichnung Palazzo Nuovo del Podestà (Neuer Palast des Stadtvogts), errichtet wurde. Denn der Podestà hatte bereits seit 1239 einen Sitz auf der gegenüberliegenden Seite des Platzes. Der alte Palazzo wurde aufgegeben und

Blick auf die Nordseite des Domplatzes in San Gimignano, zu dessen Wahrzeichen die Zwillingstürme des Palazzo dei Salvucci gehören, der früher Palazzo dei Patroni hieß

Gegenüberliegende Seite: Die Sala di Consiglio, der größte Saal des Palazzos, ist mit einer Kassettendecke und an der Rückwand mit dem Fresko Maestà *von Lippo Memmi aus dem Jahr 1317 ausgestaltet. Es zeigt Maria mit dem Kind, umgeben von Engeln und Heiligen, sowie den Podestà Nello di Mino de' Tolomei. Der Raum wird auch Sala di Dante genannt, weil der berühmte Dichter hier im Jahr 1300 empfangen wurde.*

Der Innenhof des Palastes mit den schlichten, mittelalterlichen Säulengängen

Zwei Kruzifixe auf der Eingangsseite zum Salone della Pinacoteca hin. Rechts: Kreuz mit Klagenden, den Propheten Jesaja und Jeremiah und dem segnenden Erlöser *(ca. 1280–1285), das dem Clarissen-Meister zugeschrieben wird.* *Links:* Kreuz mit Episoden aus der Passionsgeschichte *(ca. 1255–1260), ein Meisterwerk von Coppo di Marcovaldo*

seit 1358 als Unterkunft für Gesandtschaften genutzt, während sich im neuen Palast die Stadtgeschichte von San Gimignano abspielte – von den Auseinandersetzungen zwischen Guelfen und Ghibellinen bis zur Eingliederung in die Toskana und schließlich in das geeinte Italien.

Das Wahrzeichen des Palazzo del Comune ist eben jener Torre Grossa, der Wohnsitz der Stadtvogte, deren Wappen dort angebracht sind. Das erste Ereignis von Bedeutung in der Geschichte des Palastes war der Besuch von Dante Alighieri, der von den Florentinern nach San Gimignano gesandt worden war, um die Notwendigkeit einer toskanischen Liga der Guelfen zu vertreten. In einem Saal des Palastes sprach Dante am 18. April 1300 vor dem Stadtvogt und dem Rat. In der so genannten Sala di Dante – heute Teil des 1852 gegründeten Museo Civico (Stadtmuseum) – ist die *Maestà* von Lippo Memmi aus dem Jahre 1317 zu sehen. Das Wandbild zeigt die Madonna mit Kind zwischen Engeln und Heiligen sowie Nello di Mino de' Tolomei, den Podestà jener Zeit.

Der Palazzo wurde 1323 vergrößert und durch einen Hof sowie einen doppelten, zum Ratssaal gewandten Treppenaufgang verschönert. Der Turm wurde um einen kleinen Campanile mit drei Glocken bereichert, die dazu dienten, die Bewohner zur Versammlung zu rufen. In diesen Mauern glaubt man den Widerhall der hier ausgetragenen Bürgerfehden zu vernehmen, wie etwa jene erbitterten Kämpfe zwischen den guelfischen Ardinghelli und den ghibellinischen Salvucci. Hier wurde 1325 gegen den Willen Castruccio Castracanis die Teilnahme an der Guelfenliga beschlossen; hier versuchte man, der Hungersnot und der Pest von 1348 Herr zu werden, die für den Niedergang der Stadt ausschlaggebend waren.

Im Jahre 1351 gab San Gimignano seine Autonomie und damit eine eigenständige politische Rolle in der Toskana auf und beugte sich der

Die große Altartafel des Pinturicchio genannten Malers Bernardino di Betto zeigt die Himmelfahrt Mariens mit den Hl. Papst Gregor dem Großen und Benedikt. Die Aktenlage erlaubt eine Datierung auf das Jahr 1551.

Madonna mit dem Kind, zwei Engeln und den Heiligen Johannes dem Täufer, Maria Magdalena, Augustinus und Martha. *Das auf 1466 datierbare Werk wurde in Tempera auf Holz gearbeitet und ist vom Maler Benozzo Gozzoli signiert.*

Ausschnitt aus der Einführung eines jungen Mannes in die Liebe *in der Camera del Podestà. Die zwei Wandfresken dieses Zimmers wurden zu Beginn des 14. Jahrhunderts von Memmo di Filippuccio geschaffen und stellen die Liebesgeschichte zwischen zwei jungen Leuten von der Brautwerbung bis zur Hochzeit dar.*

Die Fensterwand der Camera del Podestà mit Hochzeitsszenen, die Memmo di Filippuccio schuf

Übermacht Florenz'. Seither haben in dem Palazzo keine bedeutenden historischen Ereignisse mehr stattgefunden. Die Räume selbst haben außer einer Neuausstattung der Sala delle Adunanze, des Sitzungssaals, mit geschnitzten und intarsierten Sitzbänken im Jahre 1475 keine wesentlichen Veränderungen erfahren. Der Bau verfiel zunehmend, bis 1882 ein Umbau durch Giuseppe Partini und eine Bekrönung aus rechteckigen Zinnen sein ursprüngliches Aussehen stark veränderte. Was den Palazzo heute noch auszeichnet, sind die Malereien aus dem 13. Jahrhundert, auf denen Jagdszenen und Reiterspiele dargestellt sind. Die Fresken geben ein lebendiges Bild von der mittelalterlichen Umgebung des Palastes. In der Pinakothek sind eine Reihe wertvoller Gemälde der Sieneser und Florentiner Schule des 15. Jahrhunderts zu sehen.

PALAZZO VECCHIO IN FLORENZ

Gegenüberliegende Seite: Der Palazzo Vecchio von der Piazza della Signoria aus gesehen. Die gesamte Fassade besteht aus Rustikamauerwerk und wird von einer Zwerggalerie bekrönt. Neben dem Eingang steht eine Kopie von Michelangelos David *und rechts* Herkules und Cacus *von Baccio Bandinelli. Links vom Palast der „Biancone" genannte* Neptunbrunnen

Der Palazzo Vecchio vom Piazzale degli Uffizi aus gesehen

Rechts:
Die beiden marmornen Seepferde gehören zur Quadriga, die die Herkulesskulptur umgibt.

Der Palast trug ursprünglich nicht den Beinamen „Vecchio", sondern „Pubblico". Die ehemalige Bezeichnung rührte daher, dass er von Arnolfo di Cambio als „Palagio del popolo" (Palast des Volkes) gebaut wurde, als Amtssitz für die Priori. Das waren die Vorsteher der sieben Hauptzünfte der Stadt, die unter der Leitung des Gonfaloniere di giustizia seit 1282 die Regierung bildeten, das so genannte Priorat. Als am Ende des 14. Jahrhunderts ein kleiner Kreis führender Familien die Signoria bildeten, blieb der Palast ihr Versammlungsort und ab 1540 fungierte er als großherzoglicher Palast, bis die Medici 1567 den Palazzo Pitti zu ihrer Residenz machten. Erst danach erfolgte die Umbenennung in Palazzo Vecchio und mit ihr wurde der Bau zum Symbol einer Vergangenheit, die auf ideale Weise republikanische Freiheit und absolute Stadtherrschaft vereinte.

Düster und mächtig beherrscht er den Platz, für den Häuser und Türme aus ghibellinischer Zeit abgerissen wurden. Die Fassade aus mächtigen Steinquadern wird von doppelten Dreipassfenstern durchbrochen und bekrönt von einer vospringenden Galerie mit Kragsteinen und einem Zinnenkranz, über denen der lang gestreckte Turm aufragt. Noch bevor der Palast fertig gestellt war, nahmen die Priori und der Gonfaloniere ihre Tätigkeit in den ersten Monaten des Jahres 1299 auf. Das Ende der Bauarbeiten fiel in die bewegte Zeit der Auseinandersetzungen zwischen den Bianchi und den Neri, zwei Parteien, die um die Vorherrschaft in der Stadt rangen. Die Priori hatten die Pflicht, im Palast zu wohnen, und befanden sich so

Der Putto mit Delphin *ist eine Kopie einer von Andrea del Verrocchio für den Brunnen des Hofes im Palazzo Vecchio geschaffenen Bronzefigur von ca. 1470.*

im Zentrum der Kämpfe – unbewaffnet, wie es für ihr Amt vorgeschrieben war. In der Zwischenzeit wurde der Turm fertig gestellt, mit dem Florentiner Wahrzeichen, der weißen Lilie, geschmückt und mit zwei Glocken ausgestattet. Nach und nach wurden auch die Mauern restauriert, die im Verlauf des Bürgerkriegs Schaden genommen hatten.

Innerstädtische Konflikte machte sich auch Walter von Brienne, Herzog von Athen und Graf von Lecce, zunutze, der am 8. September 1342 mit seiner bewaffneten Gefolgschaft den Palast besetzte und die Priori davonjagte. Der Tyrann setzte umgehend eine neue Stadtherrschaft ein und machte das Gebäude der Bürgerschaft zur Festung für seine Truppen. Er ließ zusätzliche Wachtürme und Torbefestigungen errichten sowie Eisengitter vor die Fenster im Erdgeschoss setzen. Doch diese Maßnahmen sollten ihm von keinem großen Nutzen sein. Am 26. Juli 1343 wurde er vom Florentiner Volk vertrieben, woraufhin die Priori und der Gonfaloniere die Amtsgeschäfte wieder aufnahmen und die Mauern ein weiteres Mal erneuern ließen.

Die neue Turmuhr aus der Werkstatt des Nicolao da San Frediano schlug ihre erste Stunde am 25. März 1353. 20 Jahre später wurde eine der Glocken durch eine größere ersetzt.

1376 wurde vor dem Palast mit dem Bau einer

Der Innenhof wurde im 15. Jahrhundert von Michelozzo gebaut und von Giorgio Vasari in mehreren Phasen gestaltet. Die Säulen wurden mit prachtvoll vergoldeten Stuckelementen verkleidet und die Arkaden mit Grotesken in Freskotechnik verziert. Die Wände erhielten Veduten der wichtigsten Städte des österreichischen Kaiserreiches. In der Mitte des Hofes steht der Brunnen von Andrea del Verrocchio.

Einige der insgesamt 35 Felder der Kassettendecke im Salone dei Cinquecento, dem großen Ratssaal im ersten Obergeschoss des Palazzo

*Unten:
Detailansicht des Wandfreskos Kaiser Maximilian hebt die Belagerung von Livorno auf, das Vasari zwischen 1563 und 1565 schuf. Das Freskenprogramm in diesem Raum dient der Verherrlichung des Ruhms der Medici.*

Gegenüberliegende Seite: Das Studiolo genannte Arbeitszimmer Francescos I. wurde unter Vasaris Aufsicht 1570–1573 mit Dekorationen ausgestattet. Hier sammelte Francesco I. seine Mineralien und naturkundlichen Kuriositäten. Hinten in der Lünette das Bildnis der Eleonora di Toledo von Bronzino.

Die Marmorstatue Der Genius des Sieges *von Michelangelo im Salone dei Cinquecento stammt aus dem ersten Drittel des 16. Jahrhunderts.*

Loggia begonnen, einem eigenständigen Bau, der jedoch gewissermaßen als Erweiterung des Palazzo aufgefasst werden kann. Laut Giorgio Vasari soll Andrea di Cione Orcagna die Loggia geplant haben, der jedoch schon 1368 starb. Das Gebäude trug einige Zeit seinen Namen, wurde später aber nach den *lanzichenecchi,* den Landsknechten, die zu Zeiten von Cosimo I. dort Wache standen, in Loggia dei Lanzi umbenannt. Die Loggia wurde 1382 fertig gestellt und dazu genutzt, die neu gewählten Priori und den Gonfaloniere auszurufen. Später bekam die Bogenhalle durch eine Reihe von Skulpturen, von denen besonders der *Perseus* Benvenuto Cellinis hervorzuheben ist, einen musealen Charakter.

Langsam nahm auch die große Piazza vor dem Palast Gestalt an, auf der man nun das berühmte Pflaster im Fischgrätmuster verlegte. Der Platz wurde zum Schauplatz häufiger Unruhen, wie zum Beispiel dem Ciompi-Aufstand am 22. Juli 1378. An seiner Spitze stand Michele di Lando, der die *ciompi,* die Wollschläger, aufgewiegelt hatte. Chroniken berichten, dass er den Palast barfuß erstürmte und kaum Kleider trug, aber die Insignien eines Gonfaloniere. Die Gefährten übertrugen ihm „die Regierung unserer Stadt nach seinem Gutdünken". Doch unter Michele wurde die Stadtherrschaft noch härter, sodass er einen Monat später selbst den nächsten Aufstand niederschlagen musste.

An der Wende vom 14. zum 15. Jahrhundert wurden im Palazzo die Machtkämpfe der rivalisierenden Florentiner Familien ausgetragen. Um ihre eigenen Belange zu schützen, rissen die großen Händler und Bankiers die Regierung persönlich oder über Bevollmächtigte an sich. Im Kampf um die Vorherrschaft wurde am 7. September 1433 Cosimo de' Medici der Ältere unter Anklage gestellt. Angeblich hatte er die Regierung der Piori stürzen wollen und wurde im Alberghettino eingekerkert, einem Turmzimmer des Palastes, das als Gefängnis fungierte. Er wurde schließlich von Puccio Pucci befreit, der den Gonfaloniere Bernardo Guadagni mit 1000 Dukaten zu beschwichtigen vermochte, sodass die Gefängnisstrafe in ein zehnjähriges Exil in Padua umgewandelt wurde. Aber schon im folgenden Jahr kehrte Cosimo zurück nach Florenz und begründete den legendären Aufstieg des Hauses Medici, der beinahe ohne Unterbrechung über drei Jahrhunderte andauern sollte. Für den Palazzo begann diese neue Ära mit einer Reihe von Vergrößerungs- und Verschönerungsarbeiten. Der Anfang wurde mit dem Bau der Sala dell'Udienza (Audienzsaal) gemacht, der ab 1441 für den Consiglio dei Duecento genutzt wurde. Dieser bestand aus 200 Volksvertretern, von deren Votum Kriegserklärungen, Allianzen, der militärische Oberbefehl und die Vergabe von Territorien abhingen.

Doch am 6. September desselben Jahres spielten sich im Palast grausame Dinge ab. Der Gonfaloniere Bartolomeo Orlandini ließ in der Über-

zeugung, den Medici damit einen großen Dienst zu erweisen, den Capitano (Oberbefehlshaber) des Heeres, Baldaccio d'Anghiari, umbringen und seinen Leichnam vom Turm des Palastes werfen. Nach den Aufzeichnungen des Priors Francesco di Tommaso zeigte sich das ganze Volk höchst befriedigt über diese Tat und war voll des Lobes, und auch der Rat von Florenz habe anerkennen müssen, dass es sich hier um eine richtige Entscheidung gehandelt habe, „wobei jedoch nicht klar auszumachen ist, welcher Personenkreis in die Angelegenheit verwickelt ist". Der Vorfall

wurde alsbald zu den Akten gelegt, da alle Beteiligten „über jeglichen Verdacht erhaben" waren – womit die Medici bereits eine Kostprobe ihrer Macht gegeben hatten.

Unterdessen schritt der Ausbau des Palastes unter der Leitung von Michelozzo voran, der bis 1454 Hofarchitekt der Medici war. In dieser Phase erhielt das Gebäude neue Fenster, die Galerie wurde renoviert, der Hof angelegt und der Turm erhielt eine Spitze aus Bronze. Von 1475 bis 1480 leiteten Benedetto und Giuliano da Maiano die Arbeiten am Palast. In diesen Jahren wurde die Sala dell'Udienza im zweiten Geschoss geteilt, sodass zusätzlich die Sala dei Gigli (Liliensaal) entstand. Letztere wurde mit einer Kassettendecke ausgeschmückt, deren achteckige Felder mit Schnitzereien und Vergoldungen verziert wurden. Hinzu kamen weitere dekorative Ausstattungen wie etwa die Porta della Giustizia (Portal der Gerechtigkeit). Alle Räume des Palastes wurden von berühmten Künstlern ausgestaltet. Für den oberen Teil des Treppenhauses schuf Andrea Verrocchio seinen *David*, während Domenico Ghirlandaio die Sala dei Gigli mit Fresken ausmalte. Die übrigen Fresken im Palazzo stammen von Piero Pollaiolo und Sandro Botticelli. Bedauerlicherweise blieben sie nicht erhalten.

In dem so kunstvoll gestalteten Palazzo sollte am Sonntag, dem 26. April 1454, mit der legendären Pazzi-Verschwörung neuerliches Blutvergießen stattfinden. Während Angehörige der Familie Pazzi im Dom Santa Maria del Fiore einen Anschlag auf Lorenzo und Giuliano de' Medici verübten, bei dem Letzterer getötet wurde, drang der Erzbischof Francesco Salviati gemeinsam mit seinem Bruder Jacopo und Jacopo Bracciolini sowie einem kleinen Gefolge in den Palast ein. Gegenüber dem Gonfaloniere Cesare Petrucci gab er sich als Überbringer einer päpstlichen Botschaft aus, doch Petrucci schöpfte Verdacht. Er alarmierte die Priori, die sofort zu den Waffen griffen und den Palast erfolgreich gegen die Verschwörer verteidigten, die entwaffnet werden konnten. Die drei Anführer wurden sofort gehenkt und ihre Anhänger aus den Fenstern gestürzt. Währenddessen erschien Jacopo de' Pazzi hoch zu Ross mit einer Gefolgschaft von 100 Bewaffneten vor dem Palast. Die Priori nahmen die Verschwörer von den

Gegenüberliegende Seite: Allegorische Darstellungen aus dem Themenkreis der Alchemie. In die Wände des Studiolo sind rundum Schränke eingelassen, deren Türen von Vasari bemalt wurden.

Blick auf zwei ovale Bildfelder in einer Ecke der Sala di Clemente VII., die komplett ausgemalt ist, unter anderem mit Episoden aus dem Leben des Medicipapstes.

Palastfenstern aus mit Steinen unter Beschuss und konnten die Angreifer in die Flucht schlagen. Die Bevölkerung machte sich auf die Jagd nach weiteren Verschwörern aus der Pazzi-Familie. Francesco wurde zu Hause aufgestöbert, Giovanni in einem Kloster entdeckt, und Giovanni di Piero wurde aufgegriffen, als er versuchte, sich als Frau verkleidet in die Kirche Santa Croce zu flüchten. Alle drei wurden an den Fenstern des Palastes gehenkt. Am nächsten Tag bekam man in den Hügeln um Florenz auch den alten Jacopo zu fassen. Antonio di Volterra und der Priester Stefano, die für den Überfall auf die Medici verantwortlich waren, wurden ebenfalls gehenkt. Die Pazzi-Verschwörung kostete hunderten von Menschen das Leben.

Für vergleichbares Aufsehen sorgten erst wieder die Predigten Girolamo Savonarolas. Der Prior des Klosters San Marco prangerte öffentlich den ausschweifenden Lebensstil der Florentiner und die Dekadenz der Kurie an und prophezeite, das Jüngste Gericht sei nahe. Als 1494 Karl VIII. von Frankreich die Medici aus Florenz vertrieb und Piero de' Medici sich nur durch Flucht retten konnte, sah man in Savonarola einen gottgesandten Erneuerer.

Der Palazzo wurde zum Sitz der Florentiner Republik, einem theokratischen Staat. Das höchste politische Organ bildete der Consiglio dei Mille cittadini mit 1000 (später 500) „unbescholtenen und anständigen" Volksvertretern, die aus einer Schar von 2200 ebensolchen Bürgern gewählt wurden. Im Zuge dieser Reformen sollte auch der Palast ein neues Gesicht erhalten. 1496 gestaltete der Savonarola-Anhänger Simone del Pollaiolo, genannt il Cronaca, seinen größten Saal, mit einer Länge von 52 und einer Breite von 22 Metern, neu. Der neue Rat der Stadt tagte dort erstmals am 26. April 1496.

Damals, auf dem Höhepunkt seiner Macht, hatte Savonarola am Weihnachtstag 1496 Jesus zum König von Florenz ausgerufen, doch schon am 8. April 1498 sollte er den Palast als Gefangener betreten. Er war so weit gegangen, Papst Alexander VI. als Ämterschacherer anzuklagen, und war daraufhin exkommuniziert und mit einem Predigtverbot belegt worden. Ganz Florenz sollte in Mitleidenschaft gezogen werden, falls der Dominikanermönch nicht von seinen Vorwürfen ablasse. Die Signoria von Florenz teilte die Interessen des Heiligen Stuhls und entschied deshalb, Savonarola zu verhaften und ihm in eben jenem Saal den Prozess zu machen, den er für seine Predigten hatte ausgestalten lassen. Am 19. April wurden er und zwei seiner Mitbrüder, Domenico Buonvicini und Silvestro Maruffi, als Häretiker und Schismatiker unter Anklage gestellt. Das Todesurteil über die drei Angeklagten wurde am 22. Mai gefällt und am darauf folgenden Tag vollstreckt. Die Hinrichtung fand auf der Piazza vor dem Palast statt, wo die Verurteilten zuerst gehenkt und dann auf dem Scheiterhaufen verbrannt wur-

Die Wandfresken der Sala di Clemente VII. zeigen Szenen der Belagerung von Florenz im Jahr 1530, die mit dem Papst und dessen Auseinandersetzungen mit Karl V. in Zusammenhang stehen. Das Deckengewölbe ist in neun ovale und rechteckige Bildfelder unterteilt, wobei auch Einzelornamente und Stuckfiguren Episoden aus dem Leben Clemens' VII. darstellen.

Auf den folgenden Seiten: Eine Wand der Sala dei Gigli mit den Fresken von Domenico Ghirlandaio, deren durch Architekturteile gegliederte Felder überwiegend Motive aus der römischen Antike zeigen. Von links nach rechts sind dargestellt: Brutus, Mucius Scaevola und Furius Camillus, Decius Mus, Scipio Africanus und Cicero. Der Hl. Zacharias zwischen den Heiligen Laurentius und Stephanus.

96

97

Das Original von Donatellos Judith und Holofernes in der Sala dei Gigli

den, auf dem gleichzeitig Schießpulver entzündet wurde. „Im prasselnden Feuer und unter dem Krachen der Explosionen waren sie in wenigen Stunden verbrannt", notierte Luca Landucci in seinem Tagebuch.

Das 15. Jahrhundert ging für den Palast mit einer weiteren blutigen Geschichte zu Ende. Am 1. Oktober 1499 wurde der Capitano des Heeres, Paolo Vitelli, als Kriegsverräter im Krieg gegen Pisa hingerichtet. Ein Augenzeuge erzählt, wie das Volk die Hinrichtung auf dem Platz verfolgte: „Wir warteten darauf, dass sie ihn vom Palast herunterwerfen würden, aber sie zeigten den aufgespießten Kopf des Verräters von den Fenstern der Galerie aus und beleuchteten ihn mit einer Fackel."

Die republikanische Ära ging einher mit einer Blütezeit der Künste, wobei die Ausschmückung des Palastes als Sinnbild für das hohe Prestige der Stadt verstanden wurde. Bezeichnend hierfür ist der einzigartige Wettstreit, in den die großen Künstler Leonardo da Vinci und Michelangelo Buonarotti 1504 traten. Sie erhielten den Auftrag, im Salone del Cinquecento (Saal der Fünfhundert), wie der von Savonarola angelegte Saal genannt wurde, mit zwei einander gegenüberliegenden Fresken Florenz zu verherrlichen. Gegenstand der Wandgemälde sollten die Schlacht von Anghiari und die Schlacht von Cascina sein. Die vorbereitenden Kartons beider Künstler sind in Kopien ihrer Schüler erhalten. Sie begannen auch tatsächlich mit der Ausführung ihrer Entwürfe,

Johannes der Täufer in der Sala dei Gigli auf dem Gebälk des Portals von Benedetto und Giuliano da Maiano. An den Seiten Putten, die Kandelaber tragen

wobei Leonardo, angeblich um schneller zu sein als Michelangelo, nicht die traditionelle Technik, sondern ein eigens entwickeltes Verfahren anwandte, bei dem die auf die Wand aufgetragene Farbe mit Hilfe zweier Hitzequellen getrocknet werden sollte, was jedoch dazu führte, dass die gesamte Wandmalerei zerstört wurde. Letzterer kam über die Vorbereitungen wohl nicht hinaus, zumal er mit seinem *David* für den Palasteingang vermutlich vollauf beschäftigt war. Zudem bestellte Papst Julius II. ihn bald nach Rom. Damit erlebte der Palast eine der größten „Pleiten" der Kunstgeschichte.

1510 erhielt der Turm eine neue Uhr, die von Lorenzo della Volpaia geschaffen wurde und deren Bezahlung in den Chroniken genau dokumentiert ist: 8 Lire, 6 Soldi und 8 Denari, dazu 2 Scheffel Korn pro Jahr. Obgleich der große Uhrmacher als Genie galt, retteten ihn diese Zahlungen höchstens vor dem Hungertod.

Nach der Rückkehr der Medici im Jahre 1512 wurde in der Salone del Cinquecento die Palastwache, ein Söldnerheer, untergebracht, weshalb sie vorübergehend in Sala della Guardia (Saal der Wache) umbenannt wurde. Die bis dahin schmucklose Kapelle erfuhr einige grundlegende Verschönerungsmaßnahmen. Ridolfo da Ghirlandaio stattete sie 1514 mit Wand- und Deckenfresken aus. Im Gewölbe und an den Wänden finden sich Auszüge aus theologischen Schriften, die auf die gute Regierung der Stadt bezogen werden. Auf dem Altarbild des Ghirlandaio-Schülers Mariano di

Die Sala delle Guardarobe (Gewandsaal) oder auch Sala delle Carte Geografiche (Kartensaal) mit 57 geografischen Karten der beiden Hofkartografen Ignazio Danti und Stefano Bonsignori, darunter auch die nebenstehende Karte von Italien. Das Prunkstück des Saals ist der große Globus.

Pescia ist die *Jungfrau Maria mit dem Kind, der Hl. Elisabeth und Johannes* dargestellt.

Mit einer erneuten Vertreibung der Medici begann 1527 die zweite republikanische Ära der Stadt. Wieder wurde der Palazzo zum Symbol eines Freiheitsideals, das gegen die Übergriffe der herrschenden Schichten hartnäckig verteidigt werden musste. Angesichts andauernder Konflikte besann man sich wieder auf die Anrufung höherer Mächte. Savonarolas Idee von Jesus als dem eigentlichen König von Florenz wurde wieder aufgegriffen. Der Gonfaloniere Niccolò Capponi ließ am Portal des Palastes die Inschrift anbringen: „Iesus Christus Rex Florentini Populi s. p. Decreto Electus" (Jesus Christus wurde per Dekret zum König des Florentinischen Volkes erwählt). Im Salone del Cinquecento wurden zwei Marmortafeln angebracht, deren Warnung an aufwieglerische Bürger ebenfalls auf Savonarola zurückging: „[...] Und wisset, wer sich rottet hier zusammen/des Handstreichs gleich verdächtigt wird." Diese Tafeln wurden am 10. Juni 1528 feierlich enthüllt. Eine weitere Bestätigung erfuhr die neue Politik im folgenden Jahr, als der Gonfaloniere Francesco Carducci über der Tür der Sala dell' Udienza auf einer weiteren Tafel verkünden ließ: „Sol Iustitiae Christus Deus Noster Regnat in Aeternum" (Christus unser Gott wird als Sonne der Gerechtigkeit bis in alle Ewigkeit regieren).

Doch auch dieses Mal scheiterte die Republik, und mit Herzog Alessandro ergriffen die Medici wieder Besitz von dem alten Palast der Priori. Am 1. Mai 1532 empfing der letzte Gonfaloniere von Florenz, Giovanfrancesco de' Nobili, den neuen Herrscher der Stadt, um ihm die Insignien der Macht zu übergeben. Der Palast sollte nun erneut umgestaltet werden, obgleich Alessandro anfangs nur die große Glocke, als Symbol der Republik, entfernen ließ, die „abgenommen wurde, damit wir nicht mehr den süßen Klang der Freiheit hören sollten", wie der Kaufmann Bernardo Davanzati das Ereignis kommentierte. Den Innenräumen des Palastes widmete sich der Herzog jedoch nicht mit dem Engagement, das er für das Anwesen der Familie in der Via Larga zeigte. Schließlich wurde er im Januar 1537 von seinem Cousin Lorenzo

Die Sala dell'Udienza, in der die Priori ihren Aufgaben der Rechtssprechung und Verwaltung nachkamen. Die in den Jahren 1543–1545 geschaffenen Wandfresken von Francesco Salviati stellen Geschichten aus dem Leben des Furius Camillus dar. Die Kassettendecke ist ein Werk von Battista del Tasso.

ermordet. Die Umbauten wurden daher erst vom neuen Herzog, Cosimo I., begonnen. Mehr noch als ein Regierungssitz, wurde der Palazzo schließlich zur Residenz der Herrscher über Florenz. Nach einer ersten Umgestaltungsphase von drei Jahren bezog der Herzog 1540 gemeinsam mit seiner Gattin Eleonara di Toledo den Palast, um dort zu leben. Die Bauarbeiten sollten bis zum Tode des Herzogs andauern, obgleich dieser ab 1565 im Palazzo Pitti residierte und den alten Palazzo seinem Sohn und Nachfolger Francesco als Residenz überließ.

Dem insgesamt bedrohlichen und düsteren Äußeren des Palastes wurden in seinem Inneren unter der Leitung von Giogio Vasari repräsentative Raumfolgen entgegengesetzt, so genannte Apartements. Im Piano Nobile lagen in den nach dem Papst Leo X. benannten Apartements Säle, welche Cosimo dem Älteren, Leo X. und Lorenzo Il Magnifico gewidmet waren. Weitere Säle dienten dem Andenken an Cosimo I., an Giovanni dalle Bande Nere und an Clemens VII., den zweiten Papst aus den Reihen der Medici. Alle Räume sind mit Fresken ausgestaltet, die Leben und Taten der entsprechenden Persönlichkeiten verherrlichen. Im zweiten Geschoss befindet sich das so genannte Quartiere degli Elementi mit fünf Räumen und zwei Loggien. Der große Saal hat die vier Elemente Feuer, Wasser, Luft und Erde zum Thema. Im westlichen Teil des Palazzo liegen die Apartements der Eleonora von Toledo mit dem Grünen Zimmer, das mit Groteskenmalereien aus der Ghirlandaio-Schule ausgeschmückt ist, sowie den Privatgemächern und der Kapelle der Herzogin. Den Salone dei Cinquecento ließen die Medici in einen Audienzsaal umwandeln. Das zentrale Gemälde der um sieben Meter erhöhten Decke zeigt die Verherrlichung Cosimos, die inhaltlich mit den beiden Wandfresken korrespondiert, die den Angriff auf Pisa und die Einnahme von Siena darstellen. Dem Podium gegenüber thront Michelangelos Statue *Der Sieg*, die ursprünglich für das Juliusgrab in Rom entstanden war und später Cosimo I. zum Geschenk gemacht worden war. Diese Statue wurde zum programmatischen Mittelpunkt für die Verherrlichung des Großherzogs, die jede

Das Fresko Triumph des Camillus *von Salviati an einer Wand der Sala dell'Udienza*

Doppelbildnis von Eleonora von Toledo, Gattin Cosimos I., mit dem Sohn Giovanni de' Medici. *Agnolo Bronzinos Tafelbild von 1544/45 befindet sich heute in den Uffizien.*

Blick in die Kapelle der Eleonora von Toledo mit Fresken aus den Jahren 1540–1546. Der kleine Raum wird von einer Decke überwölbt, auf der die Hl. Dreifaltigkeit dargestellt ist. Die Altartafel ist eine Kopie der Grablegung Christi *von Agnolo Bronzino. Die seitlichen Fresken von 1560 zeigen* Die Verkündigung, David *und* Die Erythreische Sybille.

Erinnerung an die Zeiten der Priori auslöschen sollte.

Das größte Ereignis, das in dem umgestalteten Palazzo gefeiert wurde, war 1565 die Hochzeit von Francesco de' Medici mit Johanna von Österreich. Für diese Feierlichkeiten wurde ein aufwändiges Freskenprogramm im Innenhof umgesetzt, dessen Säulen ebenfalls eine neue Verkleidung aus Stuck und Vergoldungen erhielten. Groteskenmalereien schmückten von da an die Gewölbe des Hofes. In diesem befinden sich auch das Porphyrbassin von Francesco del Tadda und der Brunnen mit dem geflügelten Putto von Verrocchio. Das andere große Werk, das anlässlich der Hochzeitsfeierlichkeiten geschaffen wurde, ist der so genannte Corridore, der Verbindungsgang zwischen Palazzo Vecchio und Palazzo Pitti. Er führt von den Boboli-Gärten aus über die Piazza di Santa Felicita durch die gleichnamige Kirche und verläuft weiter über die Strada de' Bardi und um die Torre dei Mannelli herum auf dem Ponte Vecchio über den Arno. Der Gang setzt sich entlang des Lungarno degli Archibusieri fort, durch die Uffizien hindurch und endet direkt am Palazzo Vecchio. So war es Cosimo de' Medici möglich, völlig unbemerkt die halbe Stadt zu durchqueren und das Treiben seiner Untertanen zu beobachten. Aus dem geheimnisvollen Bauwerk wurde ein Museum, als der Kardinal Leopold Mitte des 17. Jahrhunderts mit dem Aufbau einer Sammlung von Selbstporträts begann und diese Kunstschätze in dem Trakt über dem Ponte Vecchio ausgestellt wurden.

Während Cosimo im Palazzo Pitti residierte, wurde der alte Palast durch den Sohn Francesco, der dort mit seiner Frau lebte, um ein weiteres Kleinod bereichert. Er begeisterte sich für die Alchemie und die Naturwissenschaften und ließ von 1570 bis 1572 im Piano Nobile ein kleines Labor, das so genannte Studiolo, bauen. Der fensterlose Raum wurde lediglich mit einer kleinen Öllampe beleuchtet. Die Gestaltung mit Fresken zu allegorischen Themen aus Natur und Kunst oblag wiederum Vasari und dem Prior Vincenzo Borghini, die gemeinsam mit einer ganzen Schar von Malern und Bildhauern die insgesamt 40 Werke für dieses Privatmuseum schufen.

1587 schließlich wurde der Palast der Priori und des Großherzogs in Palazzo Vecchio umbenannt. Nach dem Tod des Großherzogs Francesco de' Medici trat 1587 dessen Bruder Ferdinando die Nachfolge an, der das Kardinalshabit ablegte, um Christina von Lothringen zu heiraten und mit ihr im Palazzo Pitti zu leben. Der alte Gebäudekomplex gelangte am 25. Oktober desselben Jahres zu neuen Ehren, als dort mit dem Senato de' Quarantotto (Senat der 48) und dem Consiglio dei Ducento (Rat der 200) die neue Regierung vereidigt wurde. Von da ab fungierte der Palazzo Vecchio nur mehr als Gebäude für Feierlichkeiten dieser Art. Das Studiolo wurde komplett zerstört und diente als Kohlenkeller, bis es 1910 in seinem Originalzustand wiederhergestellt werden konnte.

Auf gewisse Weise wurde der Palazzo Vecchio auch wieder zum öffentlichen Palast, da dem Volk von Florenz zugestanden wurde, dort die Feierlichkeiten zum Fest des Hl. Johannes abzuhalten. Der Salon, in dem einst die großen Bälle des Hofes stattgefunden hatten, wurde nun zum Tanzsaal für das dreitägige Gelage der Bauern und Handwerker. Der Großherzog stiftete Wein und Süßigkeiten und saß zum Abschluss dieses Festes unter einem

Bronzinos Fresko Der Durchzug Moses' durch das Rote Meer *in der Kapelle der Eleonora von Toledo*

Baldachin auf der Piazza, um die Huldigungen seiner Untertanen entgegenzunehmen. Nur selten fanden im Palast noch bedeutende Ereignisse statt, wie etwa im Oktober 1607 das prunkvolle Bankett für die Florentiner Aristokratie anlässlich der Hochzeit von Cosimo II. mit Maria Magdalena von Österreich.

Der Turm des Palastes erhielt 1615 eine neue Glocke und 1667 auch eine neue Turmuhr aus der Werkstatt Georg Lederle in Augsburg. 1690 brach ein großes Feuer aus und zerstörte 27 Räume, wobei auch Handschriften und Aufzeichnungen von Cosimo I. verbrannten, die niemand in Sicherheit gebracht hatte.

Am 12. Juli 1737 versammelten sich die Vertreter der Florentiner Bürgerschaft im Salone dei Cinquecento zum Treueschwur an Franz von Lothringen. Diese Vereidigung stellte das letzte große Ereignis in Verbindung mit dem Großherzogtum dar. Das höfische Leben hatte sich bereits vollständig in den Palazzo Pitti verlagert, und auch die restlichen Kunstschätze wurden, soweit sie nicht in die Uffizien aufgenommen wurden, in den Palazzo Pitti überführt.

Die 1792 von Ferdinand III. in Auftrag gegebenen Sanierungsarbeiten waren dem Erscheinungsbild eher abträglich, da die Steinquader von Galerie und Turm mit Verputz und einem Farbanstrich „verkleidet" wurden. Sinnvoller war 1809 die Renovierung unter der Leitung des Stadtbaumeisters Giuseppe Del Russo, der auch einige der weniger bedeutenden umliegenden Gebäude abreißen ließ.

Der Palast erhielt 1849 seine frühere Bestimmung als Ort der Bürgerschaft zurück, als dort das Parlament der Toskana tagte. Zehn Jahre später, am 14. August 1859, wurde hier der Anschluss der Toskana an das Königreich Italien ausgerufen, dessen Hauptstadt Florenz von 1865 bis 1870 war. Der Palazzo Vecchio wurde zum Sitz des Parlamentes. Das Abgeordnetenhaus versammelte sich nun im Salone dei Cinquecento, während in der Sala dei Duecento der Senat tagte. 1872 bezog die Kommune das Gebäude. Durch weitere umfassende Restaurierungsmaßnahmen konnte der Palast seine ursprüngliche Funktion als städtisches Verwaltungs- und Regierungsgebäude wieder aufnehmen. Mit seinen im Originalzustand wiederhergestellten und heute teilweise öffentlich zugänglichen Räumen zählt der Palazzo Vecchio zu den schönsten Stadtpalästen Italiens.

Die Geburt der Venus als Symbol für das Wasser ist eines der Fresken in der Sala degli Elementi (Saal der Elemente), deren Wände umlaufend mit Venusszenen bemalt sind. Daneben die Büste eines römischen Kaisers

Gegenüberliegende Seite: Blick auf die Wandfresken der Sala degli Elementi mit den allegorischen Darstellungen des Feuers in der Schmiede des Vulkan *und des Wassers mit der* Geburt der Venus

PALAZZO DEL COMUNE IN PISTOIA

Mächtig erhebt sich die Fassade des Palazzo del Comune auf dem Domplatz einer der ältesten Städte Italiens, gegenüber dem Palazzo Pretorio, der einst als Sitz des Podestà, des Stadtvogtes, diente und heute das Gericht beherbergt. Die Grundsteinlegung erfolgte inmitten der kriegerischen Auseinandersetzungen zwischen Guelfen und Ghibellinen, die ihren Höhepunkt 1294 erreichten, zu der Zeit, als der Florentiner Giano della Bella das Bürgermeisteramt innehatte.

Nachdem Ghibellinen und Guelfen verbannt worden waren, zerstörte man die von ihnen verlassenen Häuser, und der *palatium communis* wurde zum großen Teil über einer der so enstandenen Freiflächen errichtet. Die Bauarbeiten gerieten ins Stocken, als die Guelfen zurückkehrten und Castruccio Castracani die Herrschaft übernahm. Als Pistoia im Jahre 1324 dem Florentiner Protektorat unterstellt wurde, begann eine Zeit des Friedens, und die unterbrochenen Arbeiten wurden wieder aufgenommen. 1348 wurde das Gebäude unter der Leitung des Sienesen Michele di Memmio vergrößert. In diesem Zusammenhang wurde vermutlich auch der so genannte Kopf des

Der Palazzo del Comune am Domplatz von Pistoia

Gegenüberliegende Seite: Detail der Fassade. Das Gebäude ist an dieser Seite mit dem Dom verbunden.

Mohren an einem beschlagenen Stab neben dem großen Mittelfenster an der Hauptfassade angebracht. Er soll das Gesicht des Verräters Filippo Tedici zeigen, der die Stadt 1315 an Castruccio übergeben hatte. Es könnte sich jedoch auch um Grandone de' Ghisilieri handeln, der als Hauptmann der Stadtrepublik Pisa an der Eroberung der Balearen im Jahre 1114 teilgenommen hatte; ihm soll der beschlagene Stab gehört haben. Über lange Zeit wurden immer wieder Veränderungen und Umbauten vorgenommen, denen jedoch wohl kein zusammenhängendes Konzept zugrunde lag.

Im 15. Jahrhundert begann man mit der Gestaltung der Innenräume. Unter den beiden Medici-Päpsten Leo X. und Clemens VII. wurden größere Arbeiten durchgeführt, wovon nicht zuletzt ihre 1513 bzw. 1529 angebrachten Wappen zeugen. Besonders dekorativ sind jene Ausschmückungen, die von der Mitte des 16. Jahrhunderts bis in das 17. Jahrhundert ausgeführt wurden, darunter das Fresko im Hof, das drei Ritter zeigt. Der mittlere stellt Cino da Pistoia (1270–1336) dar, einen Dichter des Dolce Stil Nuovo, der sich auch politisch engagierte. Wie Dante setzte er seine Hoffnungen auf Kaiser Heinrich VII., dessen Tod er in der Kanzone *Da poi che la natura ha fine posto* (Seitdem die Natur ein Ende gesetzt hat) beklagte. Dem Lager der Guelfen zugehörig, kehrte er nach seiner Verbannung, die von 1303 bis 1306 dauerte, nach Pistoia zurück und wurde als Beisitzer für Zivilprozesse eingesetzt.

Die Räume im oberen Stockwerk sind besonders kostbar ausgestattet, vom Sala Maggiore (Großer Saal), mit dem Prunkstuhl aus geschnitztem und vergoldetem Holz von Giovanni Mati und seinem Sohn Bartolomeo (1536), bis zu den

*Gegenüberliegende Seite:
Detail der Außenfassade mit ihrem kompakten Sandsteinmauerwerk
Unten:
Blick in den Hof mit den weiten Bogenstellungen und der Bronzeskulptur* Das Wunder *von Marino Marini aus dem Jahr 1953
Links:
Steinerner Löwe eines unbekannten Künstlers, Anfang des 15. Jahrhunderts*

Blick in den Hof mit den typischen Triforien und der Bronzestatue Herodes von Iorio Vivarelli (1970–1971) im ersten Geschoss des Palastes

Fresken von Giuseppe Naini in der der Hl. Agathe geweihten Kapelle; von der Sala Ghibellina (Ghibellinensaal), dem heutigen Ratssaal, mit der *Maestà* von Benozzo Gozzoli bis zur Sala Guelfa (Guelfensaal), dem heutigen Bürgermeisteramt, mit dem *Letzten Abendmahl* von Giacinto Gimignani. Im ersten Stock befinden sich zudem der Sala dei Donzelli (Donzellisaal) mit seiner schönen hölzernen Kassettendecke und der Sala dei Priori (Priorisaal); beide gehören zum städtischen Museum, das seit 1922 in dem Palast untergebracht ist. Es verfügt über eine bemerkenswerte Sammlung von Stücken aus Klöstern und anderen religiösen Einrichtungen, die im 18. und 19. Jahrhundert aufgelöst wurden. Nachdem das Museum zwei Jahre nach seiner Neuordnung im Jahre 1956 ausgelagert worden war, kehrte es 1982 mit einem umfangreichen Dokumentationszentrum in seine ursprünglichen Räumlichkeiten zurück, so dass der Palast nicht mehr nur Sitz der Gemeindeverwaltung ist, sondern auch als kulturelle Institution gilt.

PALAZZO PANNOCCHIESCHI D'ELCI IN SIENA

Nirgendwo kann man den Start des Palio besser verfolgen als von den Fenstern des Palazzo Pannocchieschi. Da eine gute Ausgangsposition schon oft über den Sieg entschieden hat, ist der Start sozusagen ein Ereignis im Ereignis, und es ist für Sienesen wie Auswärtige ein begehrtes Privileg, von den Eigentümern, den Grafen Pannocchieschi d'Elci, eingeladen zu werden, dort dem Rennen beizuwohnen. Meist sind es berühmte Persönlichkeiten, denen diese Ehre zukommt.

Die Ursprünge des Palastes gehen auf das 12. Jahrhundert zurück. Damals noch im Besitz der Familie Alessi, verfügte er bereits über die mit rechteckigen Zinnen geschmückte Anlage aus Haus und Turm, heute wie damals ihr unverwechselbares Kennzeichen. Den namentlich nicht bekannten Architekten des Palazzo Pubblico soll sie als Modell für den Regierungssitz gedient haben, der später den Campo dominieren sollte. Das Interesse der Stadt am Palazzo Alessi beweist die Tatsache, dass der Hauptturm ab 1291 einer der Sitze des Obersten Richters der Signoria wurde und ein weiterer Teil des Gebäudes den Capitano del Popolo (Stadtherren) und andere Beamte

Als erster Palast am Campo von Siena wurde 1180 der Palazzo Pannocchieschi d'Elci errichtet.

Campo der Palazzo Pubblico erbaut worden war. Bis zum Ende des 18. Jahrhunderts blieben die Cerretani im Besitz des Palastes; keine andere Familie hat er länger beheimatet. Lediglich im Jahr 1361 wurde ein Teil des Hauses verkauft, ein Handel, der 20 Jahre später wieder rückgängig gemacht wurde.

Die Cerretani hatten besonderen Anteil an der Geschichte des Palastes und des Stadtteils, des *Contrada della Selva* (Stadtteil des Waldes), als dessen Vertreter sie in der städtischen Politik auftraten. Ihren Wohnsitz bereicherten sie in der Renaissance um eine geschlossene Ausstattung. Dies geschah zu einer Zeit, da beinahe alle Palazzi entlang der Via di Città einer kompletten Erneuerung unterzogen wurden.

Zu Beginn des 18. Jahrhunderts verkauften die Cerretani einen Teil des Palastes an die Familie der Cioni, die ihn wiederum nach einigen Jahren den Pannocchieschi d'Elci überließen, die später den gesamten Wohnsitz übernehmen sollten. Der Palazzo war aber noch im Besitz der Cerretani, als 1798 ein besonders starker Erdstoß den Hauptturm beschädigte und die oberen beiden Stockwerke des Palastes zerstörte. Die Cerretani beließen es bei der Wiederherstellung des Außenbaus. Der Zinnen-

Dieser Raum trägt den Namen Sala di Passo (Durchgangssaal). Die beiden Sessel im Empire-Stil wurden von einer Sieneser Manufaktur gefertigt, während die Türdraperien von Agostino Fantastici stammen.

Die heute als Gästezimmer genutzte Sala Gialla (Gelber Saal) wurde 1899 anlässlich der Hochzeit von Nello Pannocchieschi d'Elci mit Marina Bindi Sergardi dekoriert. Das große Porträt zeigt ein prominentes Mitglied der Familie Pannocchieschi d'Elci, das als Botschafter an den Spanischen Hof gesandt worden war.

beherbergte, während in den Kellern und im Erdgeschoss Gefängnisse eingerichtet wurden. Über 40 Jahre wurde der Palazzo auf diese Art genutzt, weshalb er eine Zeit lang als *Bargello* (Stadtgefängnis) bezeichnet wurde.

1297 erwarb Giacoppo Signieri Gallerani den Palazzo. Er erreichte zwar eine Räumung der oberen Zimmer, doch behielt sich die Stadtregierung die Nutzung von Erdgeschoss und Keller als Waffenlager bzw. Kerker weiterhin vor. Gallerani ließ den Palazzo restaurieren und auch die Räumlichkeiten zu Wohnzwecken instand setzen, die zuvor eine wehrtechnische Bestimmung hatten. Allerdings zog er selbst niemals dort ein. Er schenkte den Palast Musciatto Franzesi und dessen Gattin Contessa Rinaldini. Doch bereits 1308 bemächtigte sich die Gemeinde aufgrund gewisser Zollforderungen erneut des gesamten Palastes, räumte aber ein, dass das Gebäude zurückgegeben werden sollte, wenn die Schulden getilgt würden. Da die Familie Franzesi dazu nicht in der Lage war, beglich die Bruderschaft Compagnia dei Peruzzi aus Florenz 1309 die Verbindlichkeiten und übernahm den Besitz. Die Gemeinde zahlte von da an Miete für Waffenlager und Kerker an die Compagnia.

Im Jahre 1318 kehrten die Franzesi schließlich zurück, um wieder im Palazzo zu wohnen, ohne dass sich ihre finanziellen Verhältnisse gebessert hätten. Sogar bei der Römischen Kurie hatten sie Schulden, deshalb verkauften sie den Palazzo 1326 an die Cerretani, die von 1330 an auch Keller und Erdgeschoss selbst nutzen konnten, da in der Zwischenzeit auf der gegenüberliegenden Seite des

Der große Spiegel steht auf einem Konsoltischchen im Stil Louis' XVI. im großen Salon des Palastes.

Der große Ballsaal dient heute als Empfangsraum. Bei den Gefäßen auf dem Tisch zwischen den beiden grauen Diwanen handelt es sich um etruskische Buccherovasen.

kranz wurde restauriert und das Mauerwerk verputzt, wobei die Steine aufgemalt wurden.

Für die Wiederinstandsetzung der Innenräume sorgten von 1814 an die Pannocchieschi d'Elci, die Ende des 18. Jahrhunderts den gesamten Palazzo erwarben. Ursprünglich aus Volterra stammend, zählten sie seit dem 14. Jahrhundert zu den großen Familien Sienas. Ihre Bekanntheit verdankten sie nicht zuletzt ihrem Vorfahren Nello, Fürst von Pietra, von dem es heißt, er habe seine Gattin Pia de' Tolomei umbringen lassen und Dante habe ihr Schicksal in *Die Göttliche Komödie* wieder aufleben lassen. In jedem Fall bekleidete Nello wichtige politische Ämter und blieb nach seinem Tod im Jahre 1322 als Capitano (Oberster Heerführer) von Siena wie auch als Capitano Generale der guelfischen Liga in Erinnerung. Zu den Zweigen der Pannocchieschi gehört auch jener der Grafen d'Elci, der drei berühmte Kardinäle hervorgebracht hat: Scipione (ca.1600–1670), Apostolischer Nuntius in Wien, Raniero (1670–1761), Apostolischer Nuntius in Paris, und Francesco (1707–1787). Alle drei wurden in der Familienkapelle in Santa Sabina in Rom bestattet. Indessen zeigte sich der Ruhm der weltlichen Adelsherrn im

Auf dem großen Familienstammbaum sind die 36 Schlösser in den Maremmen erkennbar, die der Familie Pannocchieschi d'Elci gehörten.

Im großzügigen Speisesaal kann ein komplettes Ginori-Service von 1756 mit vergoldetem Silberbesteck und Murano-Gläsern eingedeckt werden.

Der Salotto Rosso (Rote Salon) wurde 1866 anlässlich der Hochzeit von Achille Pannocchieschi d'Elci mit Elena Pucci neu ausgestaltet. Dabei wurde die ganze Decke mit Fresken bemalt, in denen die Wappen der beiden Familien ein Hauptmotiv darstellen.

Glanz der Räumlichkeiten des Palastes in Siena. Der Architekt Agostino Fantastici schuf die neue Prachttreppe, das Schlafzimmer mit dem Säulen-Alkoven, die neuen Portale und die Türen des Piano Nobile. Mitte des 19. Jahrhunderts wurde der Salotto Rosso (Roter Salon) neu ausgestattet und anlässlich der Hochzeit von Achille d'Elci und Elena Pucci Sansedoni feierlich eingeweiht.

Gleichfalls mit einer Vermählung wurde 1899 die restaurierte Camera Gialla (Gelbes Zimmer) eröffnet: In einer prunkvollen Zeremonie heiratete Emanuello d'Elci Marina Bindi Sergardi.

Heute wird im Palazzo Pannocchieschi d'Elci unter anderem das Archivio d'Elci verwahrt. Es ist von außerordentlicher Bedeutung für die Rekonstruktion der Geschichte des vornehmen Wohn-

116

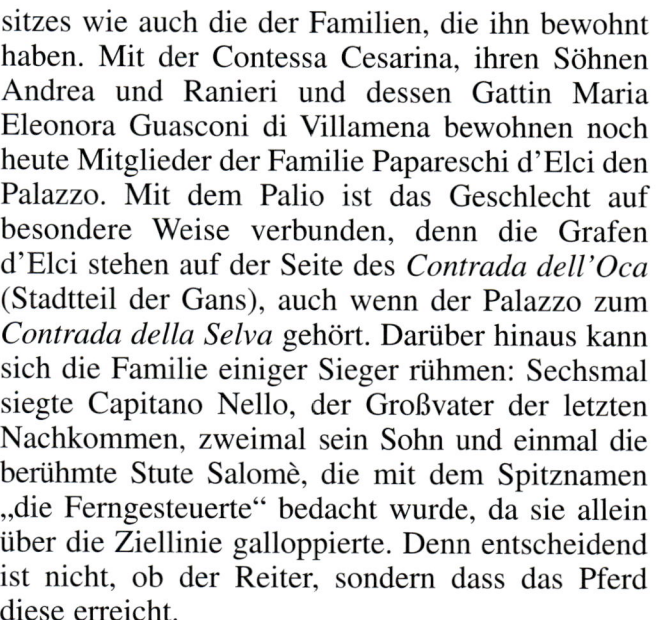

Deckenfresko in der Salotto Rosso

sitzes wie auch die der Familien, die ihn bewohnt haben. Mit der Contessa Cesarina, ihren Söhnen Andrea und Ranieri und dessen Gattin Maria Eleonora Guasconi di Villamena bewohnen noch heute Mitglieder der Familie Papareschi d'Elci den Palazzo. Mit dem Palio ist das Geschlecht auf besondere Weise verbunden, denn die Grafen d'Elci stehen auf der Seite des *Contrada dell'Oca* (Stadtteil der Gans), auch wenn der Palazzo zum *Contrada della Selva* gehört. Darüber hinaus kann sich die Familie einiger Sieger rühmen: Sechsmal siegte Capitano Nello, der Großvater der letzten Nachkommen, zweimal sein Sohn und einmal die berühmte Stute Salomè, die mit dem Spitznamen „die Ferngesteuerte" bedacht wurde, da sie allein über die Ziellinie galoppierte. Denn entscheidend ist nicht, ob der Reiter, sondern dass das Pferd diese erreicht.

Ein Prunkstück der Palastkapelle ist das Antependium in Silber und Vermeil, das aus dem späten 18. Jahrhundert stammt und Giuseppe Valadier zugeschrieben wird.

PALAZZO DELLA FRATERNITA DEI LAICI IN AREZZO

Die Fraternita dei Laici, die Aretiner Laienbruderschaft, gab es schon lange, bevor der Palazzo errichtet wurde. Sie war 1261 im Zeichen der christlichen Nächstenliebe von einer Gruppe von Laienbrüdern gegründet worden, die in enger Verbindung zu den Dominikanern stand. Bereits im darauf folgenden Jahr erkannte Bischof Guglielmo degli Ubertini das Statut der Kongregation an, die sich fortan „Bruderschaft der Heiligen Maria der Barmherzigkeit" nannte. Durch diesen Namen war der Gründungszweck der Gemeinschaft, die Unterstützung von Armen, Kranken und Bedürftigen, klar umrissen.

Schließlich wurde ein Wappen entworfen, das ein verschlungenes kalligrafisches Motiv ziert: ein „M" für Maria, aber auch für *misericordia* (Barmherzigkeit), und ein „F" für *fraternita* (Bruderschaft).

Zum damaligen Zeitpunkt erschien die Errichtung eines Stammhauses nicht notwendig, da die Aktivitäten des Ordens vornehmlich darin bestanden, in der Stadt um Almosen zu bitten und diese an Bedürftige zu verteilen. Diese Aufgabe wurde zweimal wöchentlich von den Vorstehern der Bruderschaft übernommen, die von den Vertretern der verschiedenen Stadtviertel gewählt wurden. Bei ihren Bittgängen führten sie ein hölzernes Tablett mit sich, auf dem das zu verteilende Brot gesammelt wurde, sowie eine Umhängetasche für das gespendete Geld.

Fassade des Palazzo della Fraternita dei Laici in Arezzo, links daneben der Palazzo del Tribunale

Im Laufe der Zeit bedachten verdienstvolle Aretiner Bürger die Bruderschaft immer wieder mit größeren Schenkungen und Hinterlassenschaften. Die Spenden wurden so umfangreich, dass die Almosensammlungen auf der Straße überflüssig wurden und das erhaltene Geld und Gut Gewinn bringend verwaltet werden musste. Dafür brauchte man Amtszimmer, ein Archiv für das Spendenregister und ein Lebensmittellager. So kam es zum Bau des Palazzo della Fraternita. Der Entwurf entstand zum 100-jährigen Bestehen der Kongregation im Jahre 1363, und sogleich wurde von der Stadt ein Grundstück an der Piazza Grande erworben. Zum damaligen Zeitpunkt war der Platz deutlich größer als heute: Im oberen Bereich wurde er nur vom Palazzo del Comune und dem Palazzo del Popolo begrenzt, während das Krankenhaus Santa Maria de Platea und der *petrone* den unteren Abschluss bildeten. Bei Letzterem handelte es sich um eine Art Pranger, an dem aber auch öffentliche Mitteilungen ausgehängt wurden. Der Platz galt als Mittelpunkt des politischen Lebens und als Handels-

Fassade des Palazzo del Tribunale, links daneben die Apsis der Pfarrkirche, die auf die Piazza Grande geht

zentrum. Deshalb betrachtete man ihn als geeigneten Standort für den Sitz einer Bruderschaft, die sich an die Allgemeinheit wandte. Die Aretiner dürften sich stark mit ihr verbunden gefühlt haben, entweder als Spender oder als Empfänger der Almosen. Außerdem verwaltete die Kongregation das Tauf- und Sterberegister der Stadt.

Die Bauarbeiten begannen mit der Fassade, die 1375 von den florentinischen Steinmetzen Niccolò di Francesco und Baldino di Cino gestaltet wurde. Die Arbeiten mussten jedoch unterbrochen werden, weil Arezzo zwischen 1380 und 1384 im Laufe heftiger Machtkämpfe zwischen Guelfen und Ghibellinen dreimal geplündert wurde und schließlich seine Unabhängigkeit verlor. Natürlich war auch die Bruderschaft von den Plünderungen betroffen, wie etwa in der Nacht vom 17. auf den 18. November 1381, als Alberico da Barbiano mit seinem Tross die Stadt überfiel, wie der Chronist Giovanni Sercambi berichtet: „Die gesamte Stadt Arezzo wurde beraubt, viele Ghibellinen wurden gefangen genommen, und alle Frauen, ob sie nun zu den Guelfen oder zu den Ghibellinen gehörten, entehrt – in so großer Zahl, dass es einen dauert. Dieser Stadt wurde so zugesetzt, dass, wer es mit ansehen musste, Mitleid empfand, wie hartherzig er auch sein mochte; so viele edle Damen, Jungfrauen und Nonnen zu sehen, die entehrt und in den Augen der Welt Huren wurden, so viele Kinder, die Hungers starben oder aus Hunger die fast rohen Innereien verwesender Pferde aßen."

Vermutlich verfügte die Bruderschaft danach nicht mehr über jene finanziellen Ressourcen, die ihr einst gestattet hatten, eine Verwaltung zu unterhalten bzw. einen Palast zu errichten, so dass die Fassade des Gebäudes zunächst nur bis zum ersten Sims über den Bögen hochgezogen wurde. Auch nach 1384 wurden die Arbeiten nicht fortgesetzt. Spinellos 1395 geschaffene *Pietà* in der Lünette über dem Portal blieb zunächst der einzige Schmuck. Die Maurerarbeiten wurden erst 1433 wieder aufgenommen, vermutlich nachdem es der Bruderschaft gelungen war, wieder zu Vermögen zu gelangen. Eine Schenkung von Lazzaro di Giovanni di Feo Bracci, genannt „Lazzaro der Reiche", erwies sich für die Kongregation als segensreich. Nun konnte man es sich leisten, Bernardo Rosselino mit der Fertigstellung der Fassade zu beauftragen. Sie wurde im Renaissancestil weitergebaut und passt wunderbar zu dem gotischen Erdgeschoss.

Die Fassade wurde mit einem Flachrelief dekoriert, das die Muttergottes mit dem Kind zeigt, zu deren Seiten die Heiligen Lorentino und Pergentino knien. Die Vollendung des Reliefs wurde am 30. Juni 1434 mit einem großen Fest gefeiert, bei der sich die Bevölkerung singend und tanzend auf der Piazza Grande drängte. 1460 schließlich konstruierten Giuliano und Algozzo, die wie Rossellino aus Settignano stammten, den prächtigen Balkon. Damit schien der Palast endgültig fertig gestellt zu sein, aber in Wirklichkeit stand der krönende Abschluss noch aus.

Allerdings mussten noch einmal 100 Jahre vergehen, bevor dieser architektonische Höhepunkt dank der Schenkungen von Francesco und Jacopo Viviani, Mariotto Cofani und Angiolo Gambiglioni realisiert werden konnte. Es handelte sich um einen kleinen Campanile, den Vasari entworfen hatte. An diesem Turm wurde eine 1552 von Felice da Fossato angefertigte Uhr angebracht. Der Überlieferung zufolge erblindete der Künstler, nachdem

120

er sein Werk vollendet hatte, weil das Schicksal verhindern wollte, dass er andere Uhren nach dem gleichen Modell baute. Unter dem Zifferblatt dreht sich eine eiserne Scheibe mit den Zahlen von eins bis 29, die den Tagen des Mondmonats entsprechen. Der ausgeklügelte Mechanismus, welcher die Konstruktion bewegt, ist beeindruckend.

Dank des ununterbrochenen Spendenflusses konnten die Laienbrüder ihre Arbeit bis zum Anfang des 20. Jahrhunderts fortsetzen. Dabei verwalteten die acht Vorsteher des Ordens, die aus Aretiner Adelsfamilien stammten, ein riesiges Vermögen. Die Ordensvorsteher waren mit der Erfüllung testamentarischer Verfügungen von Stiftern betraut; so hatten beispielsweise im Jahre 1583 560 Personen ihr Erbe ganz oder teilweise der Bruderschaft vermacht. Es galt, jährliche Einnahmen in Höhe von 200 Goldscudi und 10 000 Scheffel Korn

Blick auf die Westseite der Piazza Grande mit der Apsis der Pfarrkirche links, dem Palazzo del Tribunale und dem Palazzo della Fraternita dei Laici. Sein wunderschönes Portal zwischen den beiden gotischen Spitzbogenfenstern ist ein Werk der Künstler Balduccio di Cino und Niccolò di Francesco.

121

Detail der Fassade des Palazzo della Fraternita dei Laici. Bemerkenswert sind die Lünette über dem Hauptportal mit der Pietà von Spinello Aretino aus dem Jahr 1395 sowie das Relief in dem mehrfach profilierten Rahmen mit einer Darstellung der Madonna mit dem Kind. *In den Seitennischen stehen Statuen des* Hl. Donatus *und des* Seligen Gregorius *von Bernardo Rossellino.*

zu verwalten, wobei sämtliche Gaben übersichtlich Monat für Monat in einem Kalender verzeichnet wurden. Das Geld wurde für Obdachlosenunterkünfte, Krankenbehandlungen, Beerdigungen und die Restaurierung von Kirchen ausgegeben. Außerdem finanzierte man auch den Bau öffentlicher Gebäude, wie etwa den des von Vasari entworfenen Palazzo delle Logge, der seit 1595 neben dem Palazzo della Fraternita an der Piazza Grande steht. Hinzu kamen kulturelle Initiativen, wie etwa 14 Universitätsstipendien für junge Aretiner. Schließlich sorgte man gegen Ende des 18. Jahrhunderts für die Anlage des Städtischen Friedhofs und die Einrichtung des Waisenhauses Ninci. Auch der eigene Palast musste instand gehalten werden und wurde 1780 mit einer Prunktreppe nach Zeichnungen des Aretiner Angiolo Lorenzo de' Giudici ausgestattet.

1786 wurde die Bruderschaft durch Großherzog Leopold I. verpflichtet, den Palast an das Zivilgericht zu vermieten. Die Kongregation war gezwungen, ihre Verwaltung in den Palazzo del Comune zu

Das Fresko von Parri di Spinello in der Sala delle Udienze (Audienzsaal) zeigt die Barmherzige Muttergottes.

verlegen, und konnte in ihrem ehemaligen Stammhaus nur noch die Bibliothek und das Museum unterhalten, zwei Institutionen, die sich sowohl um die Dokumentation der Geschichte der Bruderschaft verdient gemacht haben als auch um die der Stadt. Ungeachtet dieser Einschränkungen bestand die Bruderschaft weiter und veranlasste sogar die Restaurierung des Palastes. Dies war möglich, weil die Kongregation weiterhin über ausreichende finanzielle Mittel verfügte: So konnte sie um 1882 mit jährlichen Einnahmen in Höhe von 80 000 Lire rechnen. Später verlor die Organisation jedoch nach und nach ihre karitativen Aufgaben. Dies spiegelt sich nicht zuletzt in dem langsamen Verfall des Palastes wider. Das Bauwerk als Ganzes fügt sich indes immer noch harmonisch in seine prächtige Umgebung, einen der schönsten Plätze Italiens.

PALAZZO MEDICI-RICCARDI IN FLORENZ

Unten:
Der Palazzo Medici-Riccardi an der Ecke der Via Cavour der Via de' Gori mit dem Wappen der Familie an der Ecke

Rechts:
Biforiumfenster an der Südseite des Hofes

Einen Palast zu errichten, der als Familienwohnsitz dienen und gleichzeitig die einzigartige Macht und den Reichtum der Medici repräsentieren sollte – so lautete die Absicht Cosimos des Älteren (1429–1464), der großen Einfluss auf das öffentliche Leben von Florenz besaß, wenn auch als Privatmann. Der Palast sollte entsprechend unauffällig

und schlicht gestaltet werden. Filippo Brunelleschis Pläne für ein prunkvolles Anwesen lehnte Cosimo sofort als unangemessen ab, und „zwar eher um Missgunst, als um Kosten zu vermeiden". Michelozzos Entwurf für einen eleganten Palast, dessen Fassade ausgewogene Proportionen zeigte, war wesentlich geeigneter. Auch die Innenraumgestaltung entsprach den Wünschen des Auftraggebers. Die Bauarbeiten begannen Anfang des Jahres 1444. Es entstand ein annähernd kubischer Baukörper mit zehn Fensterachsen zur Via Larga hin und mit einer Loggia, die die mächtige Erscheinung des Baus etwas auflockerte. Eine gewisse Strenge vermittelte auch das Bossenwerk der Fassade, das im unteren Bereich weit vorkragt.

Der Westflügel des Palasthofes mit dem Orpheus von Baccio Bandinelli aus dem 16. Jahrhundert

*Folgende Seiten:
Der Hof des Palazzo mit seinen Arkaden und Dekorationselementen ist ein Werk von Michelozzo. Die Säulen im Erdgeschoss folgen der korinthischen, die der Loggia im zweiten Geschoss der ionischen Ordnung. Die Graffiti stammen von Maso di Bartolomeo, während die Medaillons im Architrav über den Bögen Bertoldo zugeschrieben werden.
Rechts:
Die Statue des* Orpheus *von Bandinelli weist den Weg in den kleinen Garten.*

Gegenüberliegende Seite: Der Schild mit dem Wappen der Medici und dem päpstlichen Wappen von Leo X. am Marmorpostament von Bandinellis Orpheus *ist ein Werk von Benedetto da Rovezzano.*

Detail im Säulengang des Hofes

Dieser äußeren Form steht die Atmosphäre des weitläufigen Innenhofes gegenüber, der die Räume mit Licht und Luft versorgt. Erdgeschoss und Loggia dienten als Geschäftsräume, während sich im Piano Nobile die herrschaftlichen Gemächer befanden, die über ein monumentales Treppenhaus erreichbar waren. Im zweiten Obergeschoss befanden sich weniger wichtige Wohnräume und Kammern für die Dienstboten.

Das Juwel dieses Anwesens ist die berühmte Kapelle, deren Ausmalung mit dem *Zug der Hl. drei Könige* Benozzo Gozzoli 1459 unternahm. Dabei handelt es sich um eine Darstellung der Medici, deren persönliches Andachtsthema hier dargestellt ist. Cosimo der Ältere, sein Sohn Piero Il Gottoso (der Gichtige) und der Neffe Lorenzo Il Magnifico (der Prächtige) waren Präsidenten der Florentiner Bruderschaft der Heiligen Drei Könige, einer religiösen Vereinigung, der auch Humanisten angehörten. Es handelt sich bei diesen Fresken um eine Apotheose der Medici nach höfischem Geschmack. Der Maler versetzte die Ereignisse in eine stilisierte toskanische Landschaft und verknüpfte die Erzählung mit einer Darstellung der drei Lebensalter. Sie werden symbolisiert durch die drei prunkvoll gekleideten Könige, die zugleich Porträts berühmter Persönlichkeiten der damaligen Zeit sind, wie André Chastel herausgefunden hat: „Der älteste Mann ist der Patriarch Josephus von Konstantinopel, der nach dem berühmten Konzil 1439 in Florenz starb. Der König mit den schwermütigen Zügen steht für Johannes VIII. Palaiologos, der sich auf diesem Konzil für ein Bündnis der west- und der oströmischen Kirche gegen die Osmanen ausgesprochen hatte. [...] Der Maler fügte noch einen florentinischen König hinzu, der Lorenzo darstellen sollte, in einer Tracht, in der er sich bei einem orientalischen Fest zeigte, das 1459 auf der Piazza della Signoria veranstaltet worden war. Er trug dabei denselben, mit türkischen Halbmonden geschmückten Turban wie der Palaiologos."

In diesem Jahr, 1459, fungierte der Palast erstmals auch als Repräsentationsgebäude. Er beherbergte Galeazzo Maria Sforza, den Erstgeborenen des Herzogs von Mailand, während dieser zusammen mit Papst Pius II. Florenz besuchte. Er zeigte sich sehr beeindruckt von den florentinischen Festen, und in einem Brief an den Vater schwärmt er von dem Ball auf der Piazza von Santa Croce, von einem Jagdfest auf der Piazza della Signoria und ganz besonders von den unermesslichen Kunstschätzen der Medici und deren noblem Anwesen.

Für den Palast und seinen Hausherrn sollten jedoch auch weniger fröhliche Zeiten kommen.

Blick von Süden über den geschlossenen Garten, den Michelozzo gestaltete, auf die gartenseitige Fassade des Palastes

Ebenfalls 1459 starb der von Cosimo heiß geliebte Neffe Cosimino, der nur drei Jahre alt wurde. Cosimos Erstgeborener Piero war kränklich und litt an der Gicht, und Cosimo hielt ihn nicht für den richtigen Nachfolger. Der Zweitgeborene, Giovanni, in den Cosimo der Ältere all seine Hoffnungen gesetzt hatte, starb 1463. Cosimo sprach von einem Fluch, der auf dem Palast liege, den er mit so viel Liebe hatte gestalten lassen. Das Anwesen war ihm auch bald „viel zu groß für eine so klein gewordene Familie". Der „Vater des Vaterlandes", wie ihn die Inschrift auf seinem Grabmal in San Lorenzo bezeichnet, starb im darauf folgenden Jahr. Machiavelli schrieb: „Sein Tod schmerzte Freunde wie Feinde."

In der Tat zeigte sich sein Sohn Piero nicht in der Lage, die Position der Familie zu sichern, zumal sich bereits eine politische Opposition zu bilden begann. Als Piero im August 1466 aus der Villa in Careggi nach Florenz zurückkehrte, erwartete ihn am Weg ein Hinterhalt. Nur die Geistesgegenwart von Pieros Sohn Lorenzo vermochte das Unglück abzuwenden. Die Gefahr witternd, ritt der Junge dem Zug voraus. Den auflauernden Meuchelmördern sagte er, der Vater sei zurückgeblieben, und schickte diesem unterdessen einen Boten, damit er einen anderen Weg einschlage. Er selbst begab sich umgehend in den Palast, den er in eine Festung verwandelte. Im Hof versammelte er eine Schar schwer bewaffneter Wachen für den Fall, dass die Verschwörer ihrer Enttäuschung über das fehlgeschlagene Attentat auf Piero mit einem Sturm auf den Palast Luft machten. Doch die an dem Handstreich beteiligten Familien, darunter die Pitti, ließen die Aktion abbrechen und ersuchten den Gonfaloniere um Unterstützung bei ihren Bemühungen, die Macht der Medici zu brechen. Doch das florentinische Volk selbst rief Piero zum Herrscher aus und bestätigte seine Macht für weitere zehn Jahre. Die Reaktion der Medici auf die Verschwörung zeugt von Diplomatie und politischem Geschick, denn keines der in diesem Zusammenhang von der Signoria verhängten Todesurteile wurde vollstreckt. Der Medici-Palast und seine Bewohner gewannen durch diese edelmütige Haltung umso mehr an Ansehen in der Bevölkerung.

Am 4. Juni 1469 wurde im Palast die Hochzeit von Lorenzo und Clarice Orsini mit einem großen Fest begangen. Aber auch vor dem Palast wurde in der Via Larga ein drei Tage dauerndes Gelage abgehalten, während dessen 5000 Pfund an Süßigkeiten verzehrt wurden, im Palastgarten kam eine Komödie zur Aufführung, und durch die Straßen rollten Wagen voller Blumen und Geschenke für das Volk von Florenz. Es war dies die erste große Propagandakampagne, mit der der Grundstein für die spätere Macht Lorenzos gelegt werden sollte.

Der Gesundheitszustand von Piero verschlechterte sich zusehends. Doch von seinem Krankenbett aus vermochte er ein letztes Zeugnis von seinem politischen Einfluss zu geben. Er rief einige seiner Gefolgsleute zu sich, die ihre Macht missbrauchten und die Bürgerschaft in Angst und Schrecken versetzten. Ihnen drohte er damit, die feindlichen Familien aus dem Exil zurückzurufen und diese zu rehabilitieren. Danach starb er am 2. Dezember 1469 im Palast.

Galeazzo Maria Sforza kehrte zurück nach Florenz und brachte seine Frau, Bona von Savoyen, mit, die eine prachtvolle Garderobe, „Kleider aus fein mit Gold und Silber besticktem Tuch", mitführte, um sich dem luxuriösen und kunstsinnigen Ambiente im Haus ihrer Gastgeber anzupassen. Sforza, der den Palast ja bereits kannte, zeigte sich höchst erstaunt über die Fortschritte, die bei der Ausgestaltung des Anwesens in den vergangenen zwölf Jahren dank Lorenzo gemacht worden waren, was Scipione Ammanati folgendermaßen überliefert: „Als großer Kunstliebhaber stand er voller Bewunderung vor den hervorragenden

*Folgende Seiten:
Blick in den Salone di Carlo VIII. (Saal Karls VIII.) und in eine Ecke eines ausgemalten Zimmers im ersten Geschoss des Palazzo Medici-Riccardi*

Gartenbrunnen mit einer Herkules-Statue

Lesesaal der Biblioteca Riccardiana. Das Holz der Bücherschränke ist mit vergoldetem Stuck überzogen. Das von Luca Giordano gestaltete Fresko des Deckengewölbes zeigt eine Allegorie der göttlichen Weisheit.

Gemälden der großen Meister im Medici-Palast, die ihresgleichen in ganz Italien suchen. Dasselbe gilt für die Zeichnungen, die modernen und antiken Statuen und die anderen Kunstwerke aus Marmor, die Münzen, Juwelen, Bücher sowie all die anderen einzigartigen Preziosen."

Der Palast wurde auch zu einem Zentrum des Geisteslebens, dessen Vertreter sich um Lorenzo versammelten. Zu diesem Zirkel gehörten Künstler wie Benozzo Gozzoli, Sandro Botticelli, Andrea Verrocchio und Domenico Ghirlandaio, die Dichter Poliziano und Luigi Pulci wie auch die Philosophen Marsilio Ficino und Pico della Mirandola. Dichterwettbewerbe wurden abgehalten, Gedichte rezitiert und höfische Stücke aufgeführt. Im Palastgarten zeigte man Komödien, und im Fackelschein wurden heitere Musikstücke gespielt.

Durch die zahlreichen Kinder von Lorenzo und Clarice wurde der Palast auch endlich wieder mit fröhlichem Leben erfüllt. Den beiden Jungen Piero (1472) und Giovanni (1475) und den drei Mädchen Lucrezia (1470), Maddalena (1473) und Lucia (1477) folgten 1478 noch Guiliano und Contessina. In dieses Jahr fiel auch die Pazzi-Verschwörung. Der nach einem Überfall verletzte Lorenzo wurde in den Palast zurückgebracht. Doch noch am selben Tag zeigte er sich am Fenster des Palastes, um das Volk zu grüßen, das nach ihm rief und über sein Befinden informiert werden wollte. Lorenzo gebot der Menge Ruhe und setzte mit solchen Gesten ein weiteres Zeichen auf seinem Weg zur absoluten Macht als Lorenzo Il Magnifico. Wenige Tage danach hatte Lorenzo seine Frau und die Kinder nach Pistoia gebracht. Und auch nach ihrer Rückkehr Ende des Jahres 1479 bewohnte die Familie nicht mehr den Palast, sondern die Villa in Cafaggiolo. Der Palast wurde immer mehr zum reinen Repräsentationsgebäude, in dem unter anderem am 9. März 1492 die Festlichkeiten zur Kardinalsweihe des erst 17-jährigen Giovanni abgehalten wurden.

Der Tod von Lorenzo Il Magnifico einen Monat später markierte den Beginn einer Krisenzeit. Der Sohn Piero, als Erstgeborener Lorenzos Nachfolger, wurde ein politisches Opfer der radikalen Predigten Savonarolas und geriet bei der Ankunft Karls VIII. am 17. November 1494 in die Rolle eines Verräters. Er musste aus Florenz fliehen, und der Palast wurde geplündert. Dabei gingen viele der Kunstwerke verloren, während einige der Einrichtungsgegenstände und Juwelen bei öffentlichen Auktionen versteigert wurden. Das seiner Kunstwerke beraubte Gebäude sah für ungefähr zehn Tage den französischen König als neuen Hausherrn und bildete auch die Kulisse für die be-wegten Friedensverhandlungen. Diese waren geprägt vom bedrohlichen Schlachtruf des neuen Herrschers angesichts seiner nicht erfüllten Geldforderungen: „Ich werde meine Trompeten erschallen lassen!" Pier Capponi, der Vertreter der florentinischen Republik, soll ihm voller Stolz entgegnet haben: „Und wir werden unsere Glocken läuten!" Dabei zerriss er sein Vertragsexemplar und „ging die Treppen hinunter, wobei der König zuerst hinter

Die Deckenfresken mit der Apotheose des Hauses Medici in der Galerie des Palazzo Medici-Riccardi schuf Luca Giordano 1682–1685. Die Wände sind mit vergoldetem Stuck und Spiegeln gestaltet.

ihm her schrie", wie Jacopo Nardi in seinen *Istorie della citta di Firenze* (1582, Geschichte der Stadt Florenz) schrieb, „und dann lächelnd sagte: ‚Ach, Capponi, Capponi, Sie sind einfach fürchterlich!' So friedfertig und heiter wurde in Florenz der Frieden eingeläutet."

Als die Medici 1512 nach Florenz zurückkehrten, nahmen sie ihren Palast wieder in Besitz und veranlassten die Rückführung der Einrichtungsgegenstände und Kunstwerke. Ein Jahr später sollte die Familie ungemein an Ansehen gewinnen, als Giovanni de' Medici als Leo X. den Heiligen Stuhl bestieg. Anlässlich seiner Wahl warfen laut Scipione Ammirato Bruder Guiliano und Neffe Lorenzo am 11. März 1513 der applaudierenden Menge aus den Fenstern des Palastes „verschiedene Kleidungsstücke sowie Gold- und Silbermünzen zu". Am 30. November 1515 kehrte der Papst für einen längeren Aufenthalt in seine Heimatstadt zurück. Er wünschte, dass der Palast unter der Ägide von Lorenzo wieder zum Symbol für die Macht der Medici würde, und wählte mit Madeleine de la Tour d'Auvergne eine Gattin von entsprechender Abstammung für seinen Neffen. Die Hochzeit

wurde 1518 in Frankreich gefeiert, und unmittelbar darauf kehrte das Paar nach Florenz zurück, um dort im Familienpalast der Medici zu leben. Hier wurde am 13. April 1519 Caterina, die letzte direkt von Cosimo dem Älteren abstammende Medici und zukünftige Königin von Frankreich, geboren.

Noch im selben Jahr starb das junge Paar, und die Verantwortung für den Palast überließ Leo X. seinem Cousin, Kardinal Giulio. Als dieser 1523 als Clemens VII. selbst zum Papst gewählt wurde, ging die Prokura auf Silvio Passerini über, da die letzten beiden Neffen des Magnifico, der vierzehnjährige Ippolito und der zwölfjährige Alessandro, noch zu jung waren.

Als die neue Republik ausgerufen wurde, mussten die Medici ihren Palast wieder verlassen, auch wenn es dieses Mal nur für kurze Zeit war. 1531 übergab Karl V. die Macht wieder an die Medici, und Alessandro wurde zum „Oberhaupt des Staates und des Königreiches" gewählt, das in Wirklichkeit ein Großherzogtum war. Um der neuen Dynastie noch mehr Einfluss zu verleihen, beabsichtigte der Kaiser, seine uneheliche Tochter Margarita mit Alessandro zu verheiraten und so

Detailansicht des großen Deckenfreskos mit der Apotheose des Hauses Medici in der Galerie

eine dynastische Allianz zwischen den Medici und dem Haus Habsburg zu schaffen. Mit ihren zwölf Jahren war Margarita zwar noch zu jung, doch wurde sie dem Großherzog am 16. April 1532 zumindest vorgestellt. Bei ihrem Besuch im Palazzo Medici wurde sie mit allen Ehren empfangen, und auf der Via Larga fanden zahlreiche Festlichkeiten, darunter ein Sarazenen-Turnier, statt. Am 26. April 1536 kam auch Karl V. nach Florenz. Er zog mit seinem Gefolge durch alle Straßen der Stadt und die eigens errichteten Ehrenbögen bis zum Palazzo Medici. Dort residierte der Kaiser für eine Woche, und so lange dauerten auch die Feierlichkeiten zu seinen Ehren. Über dem Portal prangt seitdem eine Inschrift mit den Worten „Ave Magne Hospes Auguste" (Sei gegrüßt, hoher kaiserlicher Gast).

Alessandro und Margarita de' Medici heirateten am 31. Mai 1536 in Neapel, wobei die Hochzeitsfeier in Florenz stattfand. Im Palast wurde ein grandioses Bankett für die Florentiner Adelsfamilien ausgerichtet. Man gab große Bälle, und im Hof kam mit *L'Aridiosa* (Die Dürre) ein Stück von Lorenzino de' Medici zur Aufführung. Er war

Gegenüberliegende Seite:
Minerva übergibt an Geist und Handwerk Schlüssel und Werkzeuge. *Ausschnitt aus dem Fresko von Luca Giordano in der Galerie*

Blick in die Räumlichkeiten der Präfektur, die heute im Palazzo Medici-Riccardi ihren Sitz hat

Folgende Seiten:
Blick auf die Wände der Cappella dei Magi mit dem Freskenzyklus Zug der Hl. Drei Könige *von Benozzo Gozzoli aus den Jahren 1459–1461*

Links:
Ausschnitt aus dem Zug Melchiors, *der sich an der Rückwand der Cappella dei Magi befindet. Der König soll ein Porträt des byzantinischen Kaisers Johannes VIII. Palaiologos sein.*

Rechts:
Die Hirten auf dem Felde

ein Cousin Alessandros, den er im Januar des darauf folgenden Jahres in seinem eigenen, an den Palast angrenzenden Haus heimtückisch ermordete. Zunächst befürchtete man Unruhen, aber die Situation beruhigte sich schnell wieder, nachdem der neue Großherzog Cosimo di Giovanni die Residenz bezogen hatte. Lorenzino flüchtete nach Venedig, und sein Haus wurde abgerissen. Margarita verließ Florenz und ging nach Rom, wo sie Ottavio Farnese heiratete, nachdem sie sich dem neuen Großherzog verweigert hatte. Dieser heiratete später mit Eleonora von Toledo, der Tochter des neapolitanischen Vizekönigs Don Pedro, eine Frau von nahezu ebenso hohem Adel.

Am 6. Juli 1539 wurde im Palast eine so prunkvolle Hochzeit gefeiert, wie sie das Haus noch nicht gesehen hatte. Das Bankett wurde im Garten abgehalten. Drei Tage später wurden die Feierlichkeiten mit einem weiteren Festmahl fortgesetzt, zu dem musikalische Darbietungen und die Aufführung von Antonio Landis Komödie *Il Commodo* (Der Faulpelz) gehörten. Ein mythologischer Tanz unter Beteiligung aller Gäste stellte eine Art

Gegenüberliegende Seite: Der Zug Caspars befindet sich an der linken Wand der Cappella dei Magi.

Details aus dem Fresko auf der gegenüberliegenden Seite. Einige Mitglieder der Familie Medici und andere Florentiner grüßen den vorüberreitenden Zug Caspars.

Der Zug Balthasars befindet sich auf der rechten Wand der Cappella dei Magi.

Bacchanal dar, mit dem die Festveranstaltung schloss. Es sollte das letzte feierliche Ereignis sein, das von einem Medici in diesem Palast ausgerichtet wurde, da Cosimo seinen Wohnsitz 1540 in den Palazzo Vecchio verlegte, um dadurch seiner politischen Macht höchsten Ausdruck zu verleihen. In der Folgezeit wurde der Palast von mehr oder weniger nahen Verwandten des großen Adelsgeschlechtes bewohnt und verlor ein wenig an Glanz. Pietro di Cosimo (1554–1604) und die beiden Kardinäle Ferdinando und Carlo lebten dort, bis der Großherzog Ferdinando II. im März 1659 beschloss, das Gebäude für 40 000 Scudi an den Marchese Gabriello Riccardi zu verkaufen.

Die Riccardi stammten ursprünglich aus Deutschland und waren seit dem 14. Jahrhundert in Florenz als Schneider und Tuchhändler ansässig. Sie blieben jedoch lange im Schatten der großen Florentiner Familien, bis sie unter dem Protektorat der Medici an Einfluss gewinnen konnten. Ein Francesco Riccardi wurde 1569 Senator, und Cosimo wurde 1648 von Ferdinando II. zum Gouverneur von Livorno ernannt. Später adelte der Großherzog das Geschlecht der Riccardi mit dem Titel der Markgrafen von Chienna, Rivalto und Montevaso. Mit dieser Nobilitierung wurde vor allem sichergestellt, dass der Palast nach seinem Verkauf weiterhin von einer aristokratischen Familie bewohnt werden würde.

Die Riccardi waren unermesslich reich und wollten den Palast so luxuriös ausstatten, wie es der neu verliehene Status gebot. Sie gaben eine Reihe von Arbeiten in Auftrag, die am Ende dreimal so viel kosteten wie seinerzeit der Bau des Palazzo durch die Medici. Die Fassade wurde verlängert, bis sie sich auch über das ehemals separate Grundstück erstreckte, auf dem Lorenzinos Haus gestanden hatte. Damit nahm das Gebäude die gesamte Länge der Via Larga ein, die heute Via Cavour heißt. An der Rückseite des Ensembles wurde zur heutigen Via Ginori hin noch ein Anbau angefügt. Die Pläne für diese Bauten stammten von den beiden Architekten Giovanni Battista Foggini und Pier Maria Baldi. Das Palastinnere erfuhr in Teilen ebenfalls eine Umgestaltung. So wurden die Treppen zwischen den einzelnen Stockwerken umgebaut und einige Räume renoviert. Luca Giordano schuf die Fresken der neuen und weitläufigen Galerie, die als Galerie für Gemmen und Bronzen konzipiert war. Auch das Deckenfresko der neu angelegten Bibliothek stammt von ihm. Mit ihren Handschriften, Inkunabeln und Grafiken dehnte sich die Biblioteca Riccardiana im Verlauf der nächsten Jahrhunderthälfte auf die anliegenden Räume aus und wurde der Lehre zur Verfügung gestellt.

Die Riccardi öffneten ihre Salons für prunkvolle Feste und Zeremonien, denen die Medici immer als Ehrengäste beiwohnten. Im Rahmen der Festlichkeiten anlässlich der Hochzeit von Ferdinando, dem Sohn von Cosimo III., mit Violante Beatrix von Bayern, 1689, wurden auch

*Gegenüberliegende Seite:
König Balthasar soll ein idealisierendes Porträt des damals 20-jährigen Lorenzo Il Magnifico sein.*

Detail: Die Bogenschützen im Zug Caspars

Anbetende Engel *von Benozzo Gozzoli, Fresko an der Wand links vom Opferstock in der Cappella dei Magi*

die Fresken von Luca Giordano offiziell eingeweiht. Die Riccardi ließen keine Gelegenheit für ein Fest ungenutzt und taten dies aus reinem Genuss an der Zurschaustellung ihres Luxus. Im März 1709 war Frederik IV., König von Dänemark und Norwegen, zu Gast, und es wurde wiederum ein Empfang gegeben. Die 28 Räume des Palastes mit ihren kostbaren Teppichen und Damastdecken erstrahlten in hellstem Glanz. Wie Giovanni Battista Casotti in seinem Tagebuch festhielt, wurden 80 Fässer mit kandiertem Konfekt verzehrt, und auch das Volk in den Straßen wurde mit Konfekt, Schokolade und Kaffee im Überfluss bedacht. Am 2. Oktober 1720 beging man in Anwesenheit von Gian Gastone de' Medici und Violante Beatrix von Bayern feierlich den Eintritt Maria Maddalena Riccardis ins Kloster.

Prunk und Pracht dieses Palastes endeten keineswegs mit der Ankunft der Lothringer, zu denen die Riccardi beste Beziehungen pflegten, wie unter anderem der Umstand beweist, dass die Marchesa Maria Maddalena 1765 als Gesellschaftsdame für den Großherzog Leopold I. ausgewählt wurde. Ein geschichtsträchtiges Ereignis war die Feier für Erzherzog Ferdinand von Habsburg und Maria Beatrice d'Este am 21. Mai 1784. Zwei große Räume dienten als Ballsaal, in dem ein zwanzigköpfiges Orchester aufspielte. 4000 Gäste feierten in den 32 Räumen bis zum Morgengrauen.

Mit jedem Fest verloren die Riccardi jedoch mehr von ihrem Vermögen, was nach dem völligen finanziellen Zusammenbruch zum Verkauf des Palazzo führte. Auch die wertvollen Sammlungen und die wunderbare Bibliothek mussten veräußert werden. Der Bestand der Bibliothek wurde 1813 von der Stadt erworben und ging in der Folge, ebenso wie der Palast, in staatlichen Besitz über. Von nun an sollte er eine Reihe sehr verschiedener Funktionen erfüllen. Er beherbergte unter anderem die Zentrale der Sparkasse von Florenz und den Sitz Accademia della Crusca. Nach der Einigung Italiens zog das Innenministerium ein. 1874 wurde er von der Provinz Toskana erworben und fungiert bis heute als Sitz der Provinzverwaltung und der Präfektur. Die Bibliothek wurde der Direktion der Nationalbibliothek unterstellt.

Detail aus der unteren Zone des Freskos auf der gegenüberliegenden Seite

PALAZZO PICCOLOMINI IN PIENZA

*Gegenüberliegende Seite, oben:
Detailansicht der für die Fassade so charakteristischen Biforienfenster, die mit Lisenen alternieren
Unten:
Vor dem Palast steht der so genannte Hundebrunnen aus Travertin, der 1462 nach den Entwürfen von Bernardo Rossellino geschaffen wurde.*

Zwischen 1459 und 1462 wurde aus dem mittelalterlichen Ort Corsignano die Stadt Pienza. Sie ist das früheste Beispiel für die Verwirklichung der so genannten Idealstadt. Es handelt sich dabei um ein Architekturideal der Renaissance: Die vollkommene Stadt war nach der Vorstellung der Humanisten eine gleichmäßige und geschlossene Anlage. Das auf einem symmetrischen Raster angelegte Straßennetz gruppiert sich um einen zentralen Platz, an dem die wichtigsten Gebäude einer Stadt, die Kirche und die Gemeindeverwaltung, liegen. Die Gebäude selber folgen wiederum idealtypischen Konstruktionen, ihre Fassaden sind geometrisch gegliedert, während die gesamte Siedlung harmonisch eingebettet sein soll in die sie umgebende Natur. Mit diesem Entwurf verband sich auch eine gesellschaftliche Utopie: In solcher Art konstruierten Städten sollten die Menschen, von göttlicher Vollkommenheit umfangen, in Harmonie und Frieden leben. Entwürfe eines solchen der

Neben der Kathedrale zur Piazza Pio II. liegt der Palazzo Piccolomini, dessen Fassade in Sandstein gebaut und mit Travertin verkleidet wurde.

Wirklichkeit entfremdeten Idealbildes gab es seit der Antike, doch erst in der Renaissance wurde bei der Neugründung von Städten bzw. der Umgestaltung bestehender Städte und Stadtteile der Versuch unternommen, solche tatsächlich in die Tat umzusetzen.

Papst Pius II. war einer der Ersten, der über genügend Macht und Einfluss verfügen sollte. Seine Wahl fiel auf Corsignano, den Ort, in dem er 1405 geboren worden war. Die neue Stadt nannte er Pienza, „Piusstadt". Ihre Geschichte ist wie die des Palastes untrennbar mit seiner Person verbunden, weshalb der 22. Februar 1459, der Tag, an dem Enea Silvio Piccolomini als Papst Pius II. in seinen Heimatort zurückkehrte, als der *dies natalis*, als ihr Geburtstag bezeichnet wurde.

Die Piccolomini residierten dort seit dem 12. Jahrhundert, ohne jedoch ein repräsentatives Anwesen zu besitzen. Die Familie lebte von den Erträgen aus ihren Besitztümern in der Umgebung. Enea Silvio Piccolomini verbrachte eine unbeschwerte Jugend, erfüllt von der Liebe zu einer Frau, die er unter dem Namen Cinthia besang. Er studierte in Siena Rechtswissenschaften und stand anschließend bis zu seinem 40. Lebensjahr als Sekretär im Dienst verschiedener Kardinäle. Es war die Zeit des großen Schisma; Enea Silvio Piccolomini stand auf Seiten der Reformer und unterstützte den Gegenpapst Felix V. Er führte ein Leben voller pikanter Abenteuer und betätigte sich als Schriftsteller. Seine literarische Arbeit war durchdrungen vom Gedankengut der Humanisten und gipfelte in der freizügigen *Historia de duobus amantibus* (Geschichte der zwei Liebenden). Schließlich schloss er jedoch mit der Römischen Kirche Frieden und wandelte sich zum Verteidiger der päpstlichen Autorität. Ehrgeizig und klug genug zu sehen, dass dies der Weg in eine erfolgreiche Zukunft war, nahm er die heiligen Ordensregeln an und wurde innerhalb eines Jahres Subdiakon, Diakon, Priester und im April 1447 Bischof von Trieste. Diese Karriere hinderte ihn nicht daran, seine diplomatische Tätigkeit für Kaiser Friedrich III. fortzusetzen, der ihm und seinem Geschlecht 1448 den Titel eines Pfalzgrafen verlieh. Doch noch im selben Jahr wurde Enea Silvio Piccolomini zum Papst gewählt.

Als solcher duldete er keine möglichen Rivalen in seiner Nähe. Fähige Kardinäle schickte er auf dauerhafte Missionen ins Ausland, weniger qualifizierte kritisierte und verspottete er in aller Öffentlichkeit. Er vermied es aber auch, bedeutende Humanisten an seinen Hof zu berufen, und unterband jede Art von Vergleich bzw. Konkurrenz. Sich selbst maßlos überschätzend, kam er nicht auf den Gedanken, andere als Mäzen zu fördern. Stattdessen betrieb er einen schamlosen Nepotismus, das heißt, er besetzte alle Posten in seiner Umgebung mit Familienmitgliedern und Parteigängern.

Mit der Gründung einer eigenen Stadt bzw. der Verwandlung von Corsignano in Pienza beabsichtigte er, sich und seiner Familie das denkbar

Die grandiose Loggia mit den drei Säulenordnungen an der Gartenseite des Palastes

größte Denkmal zu setzen. Anstelle des alten Hauses der Piccolomini ließ er einen vornehmen Palast errichten.

Bernardo Gambarelli, genannt Rossellino, war der ausführende Architekt, doch arbeitete er nach strenger Anweisung Pius II. Die Residenz sollte seinem Status als Papst entsprechen, den Hausherren zugleich als ideale und vollkommene Verkörperung menschlicher Tugenden zeigen, denn als solche empfand sich Enea Silvio Piccolomini, dessen Personenkult als überzogener Narzissmus bezeichnet werden muss. Den Palast fasste er als Spiegel auf, in dem er sich betrachten konnte, während er seine Macht ausübte, in dem er sich hören konnte, während er sprach, und mit dessen Hilfe er sein Bild von sich selbst nach außen vermitteln konnte. Dabei hatte er weniger Interesse, die eigenen Zeitgenossen von seiner Größe zu überzeugen, als vielmehr den Wunsch, der Nachwelt ein Abbild der eigenen Bedeutung überliefern zu können.

Der Palazzo befindet sich am Domplatz. Die klassizistische Fassade der Kathedrale und die des angrenzenden Palastes bilden zusammen mit der Piazza ein geschlossenes Ensemble. Die perspektivischen Linien der Gliederung beider Fassaden setzen sich im Gittermuster des Pflasters der Piazza fort.

Der Palast selber, der eine gewisse Ähnlichkeit mit dem von Alberti geschaffenen Wohnsitz der Rucellai in Florenz besitzt, entspricht dem Architekturideal der Renaissance: Es handelt sich um einen frei stehenden kompakten Würfel, dessen das gesamte Gebäude umlaufende Fassade streng symmetrisch gegliedert ist. Die Ausführung ist einfach und auf das Wesentliche beschränkt. Den zentralen Hof im Erdgeschoss säumt ein Säulengang. Auf der Südseite gibt ein Durchgang den Blick auf den Garten frei, der sich in Richtung des Monte Amiata in die freie Landschaft öffnet. Von der über drei Stockwerke reichenden Loggia hat man einen einzigartigen Blick auf den Garten und das sich anschließende Tal. Die Form des Gartens basiert auf einem Quadrat, das wiederum in vier Quadrate untergliedert ist. Die Symmetrie der Anlage betonen die Alleen, die diese durchziehen. Der Garten symbolisiert das Paradies, den Ur-sprung, aus dem die Menschheit hervorgegangen ist. Hier sollen Körper und Geist Geborgenheit und Ruhe finden.

Die sechs Säle des Hauptgeschosses wurden extravagant ausgestattet. Den Musiksaal überspannt eine Kassettendecke, die das Wappen der Piccolomini krönt. Vier eingelassene Balken bilden vier „P": Papst, Pius, Piccolomini und Pienza. Das Prachtstück der Privatgemächer des Papstes ist ein drehbares Lesepult, auf dem vier Bücher gleichzeitig eingesehen werden können, eine einzigartige Konstruktion. Es steht vor einem Wandfresko, welches Pius II. zeigt. Hier wie in den anderen Bereichen des Palastes dient die Dekoration der Räumlichkeiten dem Andenken, ja der Mystifizierung des selbstherrlichen Papstes, welcher den Palast zwischen 1459, dem Jahr, in dem der Bau begonnen wurde, und 1462 sechsmal besuchte.

Die nachfolgenden Generationen der Piccolomini, denen der Papst den Palazzo bei seinem Ableben im Jahr 1464 vererbte, bereicherten diesen über fünf Jahrhunderte mit weiteren Raritäten, ohne dabei das ursprüngliche Erscheinungsbild dieses Wohnsitzes wesentlich zu verändern. Sie lebten dort bis 1962, als das letzte Familienmitglied, Graf Silvio Piccolomini, starb, ohne einen Erben zu hinterlassen. Damals ging der Komplex als Schenkung an die *Società di Pie Disposizioni* in Siena, die das Gebäude noch immer besitzt. Heute ist darin ein Museum untergebracht.

Die Loggia des Palastes mit ihrem atemberaubenden Ausblick wurde eigens angelegt als „Theater, in dem der Papst, die Gäste und die Kurienvertreter zu jeder Zeit und bei jedem Wetter das Schauspiel genießen können, das die Natur mit der prächtigen Kulisse der Valle dell'Orcia bietet".

PALAZZO ANTINORI IN FLORENZ

Rechts:
Giuliano da Maiano gilt als ausführender Architekt der strengen Fassade des Palazzo Antinori, die zur Via Tornabuoni hin zeigt.

Links:
Der elegant gestaltete Innenhof ist an drei Seiten von Säulengängen umschlossen.

„Ein Most so rein,/dass er im Glase sprüht,/ springt, schäumt und schimmert!" – so preist der Weinkenner Francesco Redi in seinem Werk *Bacchus in der Toskana*, das 1648 einen Überblick über die wichtigsten Weingüter der Gegend gab, den Wein der Antinori. Dass der Name Antinori damals der Inbegriff eines edlen Weines war, beweist auch ein Brief Redis vom 4. Januar 1656, diesmal mit leicht ironischem Unterton: „Der Wein in diesen Flaschen, die Euch verehrtem Herrn in meinem Namen der sehr geehrte Herr Vincenzo Antinori gab, soll so gut gewesen sein, dass er auch seinem Priester wohl schmeckte, was von nicht geringer Bedeutung ist. Gerade Priester sind Feinschmecker und haben einen sehr wählerischen Gaumen. Wie der Großherzog Ferdinando zu sagen pflegte, Priester, die sich nicht auf guten Wein verstehen, taugen nichts."

Die Geschichte des Weingutes Antinori lässt sich bis zum 19. Mai 1385 zurückverfolgen, als sich ein gewisser Giovanni di Piero Antinoro in die Winzerzunft einschrieb. Die Familie kam aus dem Mugello nach Florenz und bezog ein Haus jenseits des Arno. Filippo di Antinoro war das erste Familienmitglied, das die Bürgerschaft erhielt. Er war Mitglied der Seiden- und der Wollzunft und besaß eine Werkstatt im Stadtteil Porta Santa Maria. In diesen Geschäftsbereichen blieb die Familie auch weiterhin tätig. Sie konnte ihre Stellung im 14. Jahrhundert in allen drei Branchen ausbauen und gewann solches Ansehen, dass ihren Mitgliedern politische und administrative Ämter angetragen wurden. Der wirkliche Aufstieg in der Politik gelang den Antinori aber erst mit Tommaso, der mehrere Male zum Prior und 1488 sowie 1496 zum Gonfaloniere, dem obersten Ratsherren, gewählt worden, die sich damit aber übernommen hatte und die Immobilie schon 1475 an die ebenfalls als Kaufleute tätigen Carlo und Ugolino Martelli veräußern musste. Letztere zeigten wenig Interesse an dem Palast, der neben einigen anderen Häusern lediglich als Anlageobjekt erworben wurde. Nach dem Tode Ugolinos verkaufte Carlo Martelli das

Ein kleiner Gesellschaftsraum mit kostbaren Wandteppichen, die das Familienwappen der Antinori zeigen

wurde. Die Familie besaß zu dieser Zeit mehrere Häuser im Viertel Santo Spirito.

Auf dem Gipfel ihres wirtschaftlichen Erfolgs bestätigten die Antinori ihren gesellschaftlichen Aufstieg mit dem Erwerb eines repräsentativen und ihrem großen Namen angemessenen Anwesens. Im Jahr 1506 kauften sie einen Palast, der zwischen der Via delle Belle Donne und der Piazza San Michele Berteldi lag, die seitdem Piazza degli Antinori heißt. Er war 1461 von Giuliano da Maiano für die Kaufmannsfamilie Boni errichtet

Anwesen an Niccolò di Tommaso Antinori. Die Familie ließ den Komplex um einen Garten erweitern und beauftragte Baccio d'Agnolo mit der Gestaltung der gartenseitigen Fassade. Alessandro, der Sohn von Niccolò, erwarb einige Nachbarhäuser, um sie für eine Neugestaltung der Anlage abzureißen, so dass sich das Grundstück schließlich bis an die Via del Trebbio erstreckte.

Die Geschichte des Gebäudes spiegelt den rasanten politischen Aufstieg der Antinori wider: Alessandro wurde 1532 zum Senator gewählt und

wusste in diesem Amt seine Interessen als Weingroßhändler erfolgreich durchzusetzen, wie Roberto Ciabani anhand eines Briefes vom 28. April 1543 nachweist. In diesem bittet Alessandro „den Herzog Cosimo I. am Hofe Karl V. und den Fürsten Andrea Doria um angemessene Bezahlung, die in Folge der Beschlagnahmung eines mit Malvasierwein beladenen Schiffes der Antinori im Hafen von Messina noch nicht geleistet wurde".

Dreißig Jahre später wurde der Palast zum Schauplatz eines der schwärzesten Kapitel der Familiengeschichte. Alessandros Neffe Bernardo war der Geliebte von Eleonora von Toledo der Jüngeren geworden, der Gattin von Pietro de' Medici, dem Sohn des Großherzogs Cosimo I. Pietro, bekanntermaßen korrupt und gewalttätig, war der schönen Spanierin nicht gerade ein idealer Ehemann. Ihr Schwager Francesco, der sich als Cosimos Erstgeborener an der Spitze des Großherzogtums befand, brachte die Sache auf seine Weise wieder ins Lot. Er ließ die Sünderin beseitigen, ohne den Ehebruch öffentlich zu machen. Damit räumte er seinem Bruder die Möglichkeit ein, sich selbst Gerechtigkeit zu verschaffen. In der Nacht des 10. Juli 1576 erwürgte dieser seine Ehefrau in seinem Landhaus in Cafaggiolo. Bernardo Antinori wurde verhaftet und angeklagt, im Streit einen gewissen Francesco Ginori umgebracht zu haben. Die Angelegenheit wurde hochgespielt, Bernardo

Zwei bemerkenswerte Beispiele für die stilvolle Einrichtung der Räume mit Renaissance-Mobiliar, Familienporträts, prunkvollen Leuchtern und fein gearbeiteten Teppichen

im Kerker ermordet. Für die Beziehungen zwischen den Antinori und der Regierung blieb der Vorfall jedoch eher nebensächlich. Der Handel mit Wein, Seide und Wolle lief weiterhin äußerst erfolgreich. Mit den geschäftlichen gingen große politische Erfolge der Antinori einher, die dem Haus zusätzlichen Glanz verliehen. Allein zwischen 1559 und 1760 stellten sie zwölf Florentiner Senatoren, darunter Vincenzo di Lorenzo, der 1605 auch das Amt des Commissario (Beauftragter) von Arezzo bekleidete. 1631 übernahm Ludovico dasselbe Amt für Pistoia und Pisa. Nicola Francesco Vincenzo wurde 1700 Präsident der religiösen Gemeischaft von Santo Stefano, kurialer Lehrbeauftragter in Pisa und Florenz und darüber hinaus der persönliche Berater von Cosimo III. Es gehört zu den Verdiensten der Familie, politische Macht und wirtschaftliche Interessen eines Großunternehmens stets im Gleichgewicht gehalten zu haben.

Der Handel mit Wolle und Seide wurde schließlich aufgegeben, doch als Weinhändler waren die Antinori imstande, ihre dominierende Rolle beizubehalten. In der zweiten Hälfte des 20. Jahrhunderts brachte eine Renovierung des Palastes den alten Glanz zurück. Von der Weinkellerei „Cantinetta Antinori" im Erdgeschoss des Gebäudes aus wird der Wein auch heute noch in die ganze Welt verkauft.

Der Garten des Palazzo Antinori mit seinen geometrischen Beeten, die wohl im 16. Jahrhundert von Baccio d'Agnolo angelegt wurden

Zwischen Efeu und Magnolien der Venus-Brunnen im Garten des Palastes

159

PALAZZO PITTI IN FLORENZ

Gegenüberliegende Seite: Blick in eine Ecke des Palasthofes von Bartolomeo Ammannati. Der 1558–1570 gebaute Hof ist auf drei Seiten geschlossen und öffnet sich an der vierten Seite zu den Boboli-Gärten hin.

„Streift in der Süße eines Sonntagnachmittags umher, gebt Euch der tiefen Stille der verschatteten Wege hin, die Euch ins Unbekannte tragen, der verführerischen und unwiderstehlichen Mischung aus Kunst und Natur." Mit diesen Worten legte 1877 Henry James anderen Italien-Reisenden einen Besuch der Boboli-Gärten ans Herz, die sich hinter dem herrschaftlichen Anwesen des Palazzo Pitti erstrecken. Angesichts des Gebäudes empfand der amerikanische Schriftsteller „eine Ahnung von Geschichte, die einem den Atem raubt", eine romantische Empfindung, der sich auch der heutige Besucher nicht ganz entziehen kann, wenn er die seit 1919 als Museum zugängliche, prachtvolle Residenz der Herzöge, Großherzöge, Prinzen und Könige erblickt.

Die Geschichte des auf der südlichen Seite des Arno gelegenen Bauwerks begann 1418. In diesem Jahr erwarb der schwer reiche Bankier Luca Pitti Häuser und Liegenschaften in Boboli und beschloss, ein prächtiges Gebäude zu errichten, das demjenigen der Medici in der Via Larga in nichts nachstehen sollte. Die ersten Planungen hatte er möglicherweise Filippo Brunelleschi

Fassade des Palazzo Pitti mit umlaufender Rustika-Verkleidung. Der Palast wurde 1458–1466 erbaut und von Bartolomeo Ammannati in den Jahren 1560–1577 schrittweise erweitert.

anvertraut, doch der Baumeister starb 1446, und die Arbeiten begannen 1458 unter der Leitung von Luca Fancelli, einem Schüler Brunelleschis. Das Ergebnis dieser ersten Bauphase war der Mittelteil des heutigen Gebäudes, der bereits damals zweistöckig und mit sieben Fensterachsen konstruiert war. Niccolò Machiavelli kommentiert das Erscheinungsbild der monumentalen Residenz in seiner *Geschichte von Florenz*: „Sie übertrifft alles, was ein Privatmann bislang je errichtet hat."

Das Bauwerk war Ausdruck der politischen Macht Luca Pittis, der als Gonfaloniere di Giustizia 1458 vermutlich einen durch Girolamo Machiavelli und andere Bürger angezettelten Staatsstreich vereitelte. Der Eindruck einer architektonischen Machtdemonstration wurde noch verstärkt durch den Abbruch einiger Wohnhäuser vor der Fassade des Palastes, den sich Pitti 1461 von der Florentiner Stadtregierung genehmigen ließ. Auf diese Weise erhielt der Palast als einzige Privatresidenz in Florenz einen Vorplatz, was seine Bedeutung noch steigerte. Hinter dem Palazzo wurde ein Wein- und Obstgarten angelegt, welcher dem Komplex nicht zuletzt durch die ihn umgebende Mauer den Charakter eines aristokratischen Anwesens verlieh.

Doch sah sich Luca Pitti 1466 plötzlich in einer politisch heiklen Lage, als er in das Komplott gegen Piero de' Medici Il Gottoso, den gichtkranken Sohn Cosimos des Älteren, verwickelt wurde. Obwohl er nicht ins Exil gehen musste, verlor er doch seine Vertrauensstellung bei den Mächtigen, was vor allem finanzielle Schwierigkeiten nach sich zog. Bei seinem Tod 1472 ließ er den Palast, der eigentlich Ausdruck seines Reichtums und politischen Einflusses hätte werden sollen, unvollendet zurück. Seine Nachfahren führten die begonnenen Arbeiten nicht fort, zumal bei der Belagerung von Florenz 1530 und während des Krieges gegen Siena die Anlagen um den Palast herum aus strategischen Gründen abgerissen wurden, sodass die Umgebung ihre Attraktivät verlor. Durch die Wirtschaftskrise war Buonaccorso Pitti schließlich gezwungen, die gesamte Anlage 1549 an Eleonora von Toledo, die Frau des Herzogs Cosimo I. de' Medici, zu verkaufen. Das herzogliche Paar residierte damals im Palazzo Vecchio, der von Vasari aufwändig renoviert worden war. Die Herzogin machte aus dem Palazzo Pitti eine noch prachtvollere Residenz und schuf eine der großzügigsten Anlagen der Stadt, deren Luxus in der Wiederherstellung der Gartenanlagen mitten in der Stadt gipfelte.

Vermutlich begann die Neuanlage des Gartens mit umfangreichen Erdbewegungsarbeiten zur Modellierung des Terrains. Der Bepflanzungsplan geht auf Niccolò Pericoli, genannt Il Tribolo, zurück, der Boskette, Wege, einen Obstgarten und den Bau eines Amphitheaters vorsah. Baccio Bandinelli und Giovanni Fancelli installierten ein Kanalisationssystem für die Wasserversorgung der Springbrunnen und der zentralen Rasenfläche.

Nach dem Tode Tribolos ging die Leitung des Projekts 1550 auf Bartolomeo Ammannati über, der durch die Gestaltung des Hofes, der von drei Seiten durch den Palast begrenzt wird und sich an der vierten zu den Boboli-Gärten hin öffnet, eine enge Verbindung zwischen Palast und Gärten schuf.

Im Zuge dieser Arbeiten wurde auch der Palast vergrößert, und seine Räume wurden mit zahlreichen Kunstwerken verschönert. Cosimo de' Medici gab bei Bronzino eine ganze Serie von Familienporträts in Auftrag. Zusätzlich wurden während der Abwesenheit der Medici von den Republikanern beschlagnahmte Kunstwerke in die neue Residenz gebracht. Sie lief dem Palazzo Vecchio bei offiziellen Festlichkeiten bald den Rang ab, und schon am 3. Juli 1558 wurde die Ehe zwischen Alfonso II. d'Este und Cosimos Tochter Lucrezia in der Kapelle des Palazzo Pitti geschlossen. Die Vermählung der zweiten Tochter Isabella mit Paolo Giordano Orsini fand am 3. September desselben Jahres statt.

Der seit 1562 verwitwete Cosimo nutzte den Palast bevorzugt für seine zahlreichen Liebesaffä-

Vorhergehende Doppelseite, links oben: Die große Nische im Hof mit der Statue Der Ruhende Herkules unten: Löwenbrunnen von Alfonso Parigi unter einem Erdgeschossfenster rechts: Die Fontana del Carciofo (Artischockenbrunnen) von Francesco del Tadda und Francesco Susini aus dem 17. Jahrhundert.

Im Museo degli Argenti befindet sich auch ein prachtvoller Schrank des pfälzischen Kurfürsten aus Ebenholz, Perlmutt, geschnittenen Steinen und Bronze. Er wurde 1707–1709 gefertigt. Die kleine Statue stellt den Kurfürsten Johann Wilhelm dar, den Gatten der Anna Maria Lodovica de' Medici, der Tochter Cosimos III.

Die Decke der Sala di Giovanni da Sangiovanni im Museo degli Argenti mit den Fresken, die 1635 bei Giovanni da Sangiovanni anlässlich der Hochzeit des Großherzogs Ferdinand II. mit Vittoria della Rovere in Auftrag gegeben wurden. Nach dem Tod des Künstlers wurden die Arbeiten 1638–1642 von Ottavio Vannini, Francesco Furini und Cecco Bravo zu Ende geführt.

Unten:
Statue im Museo degli Argenti

Gegenüberliegende Seite:
Das Wandfresko von Ottavio Vannini in der Sala di Giovanni da Sangiovanni mit der Darstellung von Michelangelo, der Lorenzo seinen Entwurf für einen Faunskopf präsentiert

ren und überließ wohl deshalb seinem Sohn Francesco nach dessen Heirat mit Johanna von Österreich den Palazzo Vecchio als Wohnsitz. Cosimo lebte bis 1567 mit Eleonora Albizi im Palazzo Pitti; später verheiratete er sie mit Carlo Panciatichi, um sich der jungen und schönen Camilla Martelli zuzuwenden. Seine Schwiegertochter appellierte an ihren Bruder, Kaiser Maximilian II., Cosimo de' Medici von dieser Liebesaffäre mit einer Frau abzubringen, die seine Tochter hätte sein können. Sie selbst musste erfahren, dass ihr Ehemann Francesco bereits ein Jahr vor ihrer Hochzeit ein Verhältnis mit der venezianischen Adligen Bianca Capello begonnen hatte, die wegen Beihilfe zum Mord an ihrem Mann verurteilt worden und von Venedig nach Florenz geflüchtet war. Cosimo beachtete die Klagen der Schwiegertochter und ihres Bruders nicht. Nachdem er 1569 zum Großherzog ernannt worden war, heiratete er seine Geliebte 1574 und starb noch im selben Jahr. Keine zwei Tage später wurde Camilla von einer bewaffneten Eskorte in das Kloster delle Murate und später in

*Gegenüberliegende Seite:
Ein weiteres Fresko der Sala di Giovanni da Sangiovanni verherrlicht Lorenzo il Magnifico*

die Clausura di Santa Monica verschleppt, wo man sie von da an gefangen hielt. Erst nach dem Tod Francescos kam sie frei und lebte bis zu ihrem Tode 1590 in der Medici-Villa in Lappeggi.

Im Palazzo Pitti regierte jetzt Johanna, die nach wie vor die Verbindung ihres Mannes zu Bianca Capello bekämpfte. Die Geburt des Stammhalters Filippo am 20. Mai 1577 im Palazzo Pitti bedeutete den Sieg der Großherzogin. Schon im folgenden Jahr starb sie und musste so den Tod des Sohnes 1582 nicht mehr erleben. Bereits zwei Wochen nach ihrem Tod, am 5. Juni 1578, heiratete Francesco seine Geliebte. Die Hochzeit fand im Geheimen statt, doch ließ Francesco sie wenig später offiziell bekannt geben, um seine Frau zu legitimieren. In Venedig hielt man es für angebracht, sich gegenüber der verfemten Bürgerin, die jetzt nicht mehr Geliebte, sondern Ehefrau des Großherzogs war, diplomatisch zu zeigen. Bianca deutete dem Dogen gegenüber an, dass sich mit ihr als neuer Großherzogin die Beziehungen zwischen Venedig und Florenz nur bessern könnten. Daraufhin ließ der Doge das Urteil annullieren und schickte eine Delegation venezianischer Adliger zu den Hochzeitsfeierlichkeiten, die im September 1578 im Palazzo Pitti nachgeholt wurden. Während der zwei Wochen andauernden prachtvollen Bankette, Theateraufführungen und Turniere im Hof und in den Räumen des Palastes hatte Bianca Capello genügend Gelegenheit, ihren prächtigen Schmuck vorzuführen, wie aus einem Brief der venezianischen Delegation an den Dogen hervorgeht: „...wunderschöne Perlenketten von zehn, zwölf oder mehr Karat, ein großes Paar anderer Edelsteine in Halsbändern und Ohrringen, aber vor allem drei prächtige Kolliers ganz aus Diamanten und Rubinen, und ganz besonders das von einem Portugiesen für 140 000 Scudi gekaufte

Lorenzo il Magnifico als Mäzen, umgeben von Künstlern und Dichtern seiner Zeit, in einem Fresko von Ottavio Vannini

Blick auf zwei Wände der Sala di Giovanni da Sangiovanni. An der linken Seite des Raums ist ein Fresko von Francesco Furini zu erkennen, das die Allegorie des Todes von Lorenzo il Magnifico zeigt.

Kollier, und inmitten all dieser Herrlichkeit die Krone, welche am Tag der Vermählung getragen wurde. Diejenigen, die etwas davon verstehen, versichern, es seien Edelsteine im Wert von fast zwei Millionen in Gold." Ein unglaublicher Schatz, der ein deutliches Licht auf die Verhältnisse im Palast wirft, auch wenn in Florenz der Vers kursierte „Il Granduca di Toscana/ha sposato un' puttana/gentilddonna veneziana", was so viel heißt wie „der Großherzog von Toskana/hat eine

Ausschnitt aus einem Fresko der Sala di Giovanni da Sangiovanni mit der Zerstörung der Bücher durch die Zeit und durch Satyrn

Hure geheiratet/mit dieser venezianischen Edelfrau".

Unter der Herrschaft von Francesco I. wurde der Garten durch Bernardo Buontalenti um eine weitere Kostbarkeit bereichert. 1583–1585 schuf er eine Grotte, die nach ihm benannt wurde, wenn auch die Fassade teilweise auf einen Entwurf von Vasari aus dem Jahr 1556 zurückgeht. Es handelt sich um eine fantastische Schöpfung aus Steinen, Schwämmen und Statuen. Die Höhle bildet zusam-

Die Kamee mit der Darstellung Cosimos I. de' Medici und seiner Familie *wurde von Giovanni Antonio de' Rossi nach einem Entwurf von Giorgio Vasari 1557–1562 aus schwarzem und weißem Onyx geschnitzt.*

Rechts:
Medici-Kamee im Museo degli Argenti

Die beiden Pokale in Perlmutt und Silber wurden vermutlich Ende des 16. Jahrhunderts in Flandern hergestellt.

men mit einer zweiten, in der die Marmorgruppe *Paris und Helena* von Vincenzo de' Rossi steht, und einer dritten, in der Giambolognas *Venus, dem Bade entsteigend* kaum noch sichtbar ist, ein ungewöhnliches Ensemble.

Immer wieder waren es große Hochzeiten, die den Maßstab für Feierlichkeiten setzten, wie auch diejenige von Ferdinando I. mit Maria Christina von Lothringen im Februar und März 1589. An den 40 Tage dauernden Festlichkeiten durfte auf der Piazza vor dem Palast auch das Volk teilnehmen. Im Palast selbst wurden zwei Feste gegeben: Das erste sollte die Belagerung einer Festung durch die Türken darstellen, während das zweite, im Innenhof, eine Seeschlacht nachstellte. Im Amphitheater

Links oben:
Spiegel, dessen Rückseite als Maske aus Türkisen, Diamanten, vergoldetem Silber und Email gestaltet ist
Unten:
Der Krug aus Perlmutt, vergoldetem Silber, Rubinen und Türkisen ist eine flämische Arbeit aus dem späten 16. Jahrhundert.

Die Vase aus Lapislazuli, Gold und vergoldetem Kupfer wurde 1583 von Bernardo Buontalenti und Jacques Bylivelt geschaffen. Die harpyenförmigen Henkel sind aus Gold und Email gearbeitet.

Das ovale Mosaik mit Goldarbeit zeigt eine Ansicht der Piazza Granducale

wurde die erste lyrische Oper Italiens aufgeführt, *La Pellegrina* (Die Pilgerin), mit der Musik von Giulio Caccini, Emilio de' Cavalieri und Jacopo Pieri. Das von Buontalenti und Giambologna entworfene Bühnenbild wurde 1600 auf der Hochzeit von Maria de' Medici mit Heinrich IV. von Frankreich wieder verwendet. Damals kam zu Ehren des Brautpaars *Euridice* (Euridike) zur Aufführung, eine Tragödie von Ottavio Rinuccini, vertont von Jacopo Peri. Dieses erste Melodram der Musikgeschichte sollte den anwesenden Herzog von Mantua dazu bewegen, bei seinem Lieblingskomponisten Claudio Monteverdi die Oper *Favola di Orfeo* (Orpheus) in Auftrag zu geben.

Der Palazzo Pitti wurde auf diese Weise zu einem der Geburtsorte der Oper und zu einem Zentrum der Musik. Der Florentiner Marco da Gagliano, Gründer der Accademia degli Elevati (Akademie der Erhabenen), initiierte eine Reihe musikalischer Uraufführungen im Palast. Mit der 1608 uraufgeführten *Dafne* (Daphne) wurde die Ouvertüre ins Musiktheater eingeführt. Auch alle weiteren Opernkompositionen der Komponistengruppe um Peri und Caccini kamen bis 1625 im Palazzo Pitti zur Aufführung. Da diese Musikstücke niemals in Druck gegeben wurden, sind sie heute verloren.

Unbestreitbar wurde das Hofleben mit diesen Festen und Aufführungen immer glanzvoller und aufwändiger, sodass der Palast für die Bewirtung der vielen Gäste bald nicht mehr ausreichte. Deshalb plante Cosimo II. eine Vergrößerung und ließ durch Giulio Parigi an jeder Seite des Palastes drei Fensterachsen anfügen, wodurch das Gebäude in etwa sein heutiges Äußeres erhielt. Im Zusammenhang mit dieser Erweiterung nahm 1620 auch die

Das mit Blattgold belegte Relief von Cesare Targone stellt die Florentiner Festung Belvedere *dar.*

Das Relief mit Blattgold zeigt Bernardo Buontalenti, der Franz Stephan I. das Holzmodell für die Fassade von Santa Maria del Fiore präsentiert.

175

Gegenüberliegende Seite:
Bildnis des Fürsten Waldemar Christian von Dänemark von Justus Sustermans in der Kunstsammlung der Galleria Palatina

Die erste Ebene im Treppenhaus der Galleria Palatina

Unten:
Der Iliassaal in der Galleria Palatina

Idee einer Kunstgalerie konkrete Formen an, die über die Porträtsammlung Cosimos I. weit hinausgehen sollte. Aus den von Pietro da Cortona, Ciro Ferri und Luigi Sabatelli mit Fresken ausgeschmückten Sälen des Piano Nobile wurde die Galleria Palatina (Palastgalerie), die durch die zukünftigen Großherzöge der Familie Medici weiter bestückt wurde. Hier sieht man in einer Zusammenstellung Werke der bedeutendsten Maler des 15. bis 17. Jahrhunderts: Sandro Botticelli, Luca Signorelli und Raffael Seite an Seite mit Peter Paul Rubens, Antonis van Dyck und Gaspar Dughet. Hinzu kommen Familienporträts der offiziellen Hofmaler, wie die des Flamen Justus Sustermans, der von 1619 bis zu seinem Tod 1681 im Palazzo Pitti lebte.

Die musikalische Tradition des Palazzo Pitti wurde ebenfalls lebendig gehalten. Anlässlich des Besuchs von Kardinal Francesco Barberini, dem Neffen Papst Urbans VIII., führte man 1626 *Giuditta* (Judith) von Salvatori auf. Aber die kulturellen Ambitionen des regierenden Großherzogs erstreckten sich auch auf andere Gebiete. Er nahm verschiedene Akademien, die kein eigenes Gebäude besaßen, in seinen Räumlichkeiten auf. 1654 versammelte sich im Palazzo Pitti die Accademia della Crusca, die es sich zur Aufgabe gemacht hatte, den toskanischen Dialekt als Hochsprache Italiens zu proklamieren.

In der Zwischenzeit wurde dem Palast ein letzter Bauteil angefügt. Ferdinando II. ließ um 1650 zu beiden Seiten des Hauptgebäudes von Alfonso Parigi jene niedrigen Flügel ansetzen, durch die die Fassade ihre monumentale Breite erhielt. Der Garten wurde um verschiedene Skulpturen bereichert, darunter die *Contadini* (Bauern) und die *Giochi* (Spiele) auf der *Viottolone* genannten Zypressenallee, die steil hinab führt zu der ovalförmigen Anlage des *Isolotto*. Dazu kamen Brunnenskulpturen wie der *Carciofo*, der Artischockenbrunnen, von Susini und Tadda (1639–1641) und Wasserspiele für die den Garten abschließende Terrasse.

Das Interesse der letzten Medici war ganz der Erweiterung der Kunstgalerie des Pallazo Pitti gewidmet, mit der sich hauptsächlich Kardinal Leopoldo, Cosimo III. und die letzte Großherzogin des Hauses, Anna Maria Luisa (1667–1743), befassten. Die Großherzogin und Kurfürstin von der Pfalz hinterließ in ihrem Testament alle gesammelten Schätze der Medici der Stadt Florenz.

Zu Lebzeiten ihres Bruders Gian Gastone (1671–1737) war der Palazzo dem Verfall ausgeliefert gewesen. Der Großfürst hatte unter dem Einfluss eines seiner engsten Vertrauten, Giuliano Dami, der Halbwelt von Florenz Tür und Tor geöffnet. Erst als Gian Gastone im Sterben lag, konnte sich Anna Maria Luisa am 9. Juli 1737 Zugang zum Palast verschaffen. Wie Marcello Vannucci schrieb, „sah sie sich einem Schwein gegenüber, das zur Brutstätte von Schmutz und Insekten geworden war". Dami und seine Kumpanen flüchteten, die Residenz war in einem beklagenswerten Zustand.

Der Palast sollte unter den Lothringern wieder zu Ehren kommen. Der erste Großherzog des neuen Hauses, Franz Stefan, trug diesen Titel jedoch lediglich pro forma; die Würde des herrschaftlichen Sitzes war nicht wiederherzustellen. Daher wurde der Palazzo Pitti nur noch einmal, 1738, zum Schauplatz einer glanzvollen Zeremonie, als der Fürst von Craon in sein Amt als Gouverneur eingesetzt wurde.

Auch Francescos Nachfolger, Leopold I., Großherzog seit 1765, lebte im Palazzo Pitti und führte zahlreiche Umgestaltungen sowie Restaurierungen durch. Zwischen 1774 und 1783 beauftragte er Giuseppe Ruggieri mit der Errichtung der beiden hervorspringenden Portiken auf der Seite des Platzes. Den Garten schmückte er mit Gewächshäusern von Gabinetto della Fisicas und dem

Der Marssaal in der Galleria Palatina mit den Fresken von Pietro da Cortona

Kaffeehaus, das auch im Italienischen so genannt wird und auf dem heute noch die Blitzableiter und Windrosen aus jener Zeit stehen. Aus der Medici-Villa in Pratolino ließ er eine Voliere mit Vögeln und raffinierten Wasserspielen kommen. Zwischen 1776 und 1780 ließ er durch Gaspare Maria Paoletti die Sala Bianca (Weißer Saal) im Palast umgestalten, wobei die Stuckdekorationen von den Brüdern Grato und Giocondo Albertolli ausgeführt wurden.

In dieser Zeit wurde der Palast auch wieder Schauplatz von Festlichkeiten, wenn auch ohne den übermäßigen Luxus der Medici. Leopold I. und seine Frau Maria Luisa verliehen ihren Empfängen ein eher bescheidenes und familiäres Gepräge ohne Zurschaustellung von Pracht und Macht. 1790 verließen sie Florenz, um in Wien den Kaiserthron zu besteigen. Doch nicht anders hielt es Ferdinand III., der nach der Eroberung der Toskana durch Napoleon von 1792 bis 1814 im Exil leben musste, während Napoleons Schwester Elisa und ihr Mann, Felice Baciocchi, das Land regierten. Im Palast gab man in dieser Zeit wieder

Zu den namhaften Meisterwerken der Sala di Apollo in der Galleria Palatina zählen die Pietà *von Andrea del Sarto, das* Bildnis Karls I. von England mit Henriette von Frankreich *von Van Dyck und Guido Renis* Kleopatra.

Auf den vorhergehenden Seiten:
Die vier Philosophen *von Peter Paul Rubens werden in die Jahre 1611/12 datiert. Im Jupitersaal hängt aus der Zeit von 1512–1516 Raffaels berühmtes Bildnis einer Frau,* die wegen ihres Schleiers als „Velata" in die Kunstgeschichte eingegangen ist.

große Bälle in der Sala Bianca. Das Mäzenatentum erlebte eine Blütezeit, und insbesondere der Bildhauer Lorenzo Bartolini wurde gefördert. Er verewigte die Großherzogin in den zwei Statuen *Elisa mit ihrem Hund* (1812) und *Elisa mit ihrer Tochter* (1813). Auch Canova hielt sich einige Male kurz am Hof auf und schuf mit der *Muse Polyhymnia* ein weiteres Bildnis von Elisa. Auf Initiative der Großherzogin wurde der Palast weiter ausgestaltet, sie ließ die Eingangshalle umbauen und eine monumentale Treppe errichten.

Unter Leopold II. gestaltete sich das Leben im Palazzo Pitti so häuslich, daß die Bevölkerung ihren seit 1824 regierenden Herrscher ganz familiär „unseren Hausherrn" nannte. Unter seiner Herrschaft wurde die letzte bauliche Veränderung am Palast vorgenommen. Die klassizistische Palazzina della Meridiana wurde von Gaspare Maria Paoletti begonnen und 1839 von Pasquale Poccianti vollendet.

Bei Ausbruch der Unruhen zu Beginn der Epoche des Risorgimento („Wiederauferstehung",

Das Schlafgemach ist mit einem prächtigen Baldachin und einem fein gearbeiteten Betstuhl ausgestattet.

Bewegung, die zur Einheit Italiens führte) flüchtete Leopold II. am 27. April 1859 aus dem Palast. Nachdem das Großherzogtum Toskana vom Königreich Italien annektiert worden war, ging das Anwesen in den Besitz des Königshauses Savoyen über.

König Vittorio Emmanuele II. hielt sich zwar am 16. April 1860 in Florenz auf, doch den Palazzo Pitti besuchte er bei dieser Gelegenheit nicht. Er übernachtete dort erstmals am 14. September des folgenden Jahres, als er sich anlässlich der „Ersten Italienischen Industrie- und Handwerksmesse" in Florenz aufhielt. Damals war Turin noch die Hauptstadt Italiens, und erst am 3. Februar 1865, als Florenz Hauptstadt wurde, zog er in den Palast ein, in dem er sich jedoch nie heimisch fühlte. Wohl schon nach wenigen Tagen schrieb er an seinen Premierminister Bettino Ricasoli, er halte es dort nicht aus und werde nach Turin zurückkehren. „Ich bin nicht gerne in Florenz, und die Luft macht mich krank", äußerte er gegenüber seinem Sohn Umberto. In Wirklichkeit wollte er damals wohl vermeiden, dass seine Geliebte Rosa Vercellana Guerrieri, die er 1867 zur Contessa di Mirafiori erhoben hatte, ihm nach Florenz folgte.

Auch später lehnte der König die königlichen Gemächer im Piano Nobile ab; sie wurden von Prinz Umberto und Prinzessin Margherita bewohnt. Er zog die Palazzina della Meridiana vor, die ihm intimer und daher geeigneter für seine Abenteuer erschien. Von ihr aus erreichte er in kurzer Zeit die Villa Petraia, in der er die schöne Rosina untergebracht hatte, die er schließlich im November 1869 in San Rossore heiratete. Da sie damals mit einer Lungenentzündung im Bett lag, konnte die Ehe jedoch erst 1877 standesgemäß geschlossen werden.

Nach der Verlegung der Hauptstadt nach Rom wurde der Palast von den Herrschern nur noch selten benutzt, zunächst von Umberto I. und Margherita, später von Vittorio Emmanuele III. und seiner Frau Elena. Doch war das Gebäude eher ein Quartier als ein wirklich geschätzter Aufenthaltsort der Bewohner, die es gewohnt waren, im römischen Quirinalspalast zu residieren. Daher übereignete der König den gesamten Palastkomplex 1919 dem Staat. Seitdem wird er vom Bildungsministerium verwaltet, das hier ein Museum einrichtete. Dem Königshaus blieben Räumlichkeiten im zweiten Stock sowie die Palazzina della Meridiana für eventuelle Besuche vorbehalten. Mit der Ausrufung der Republik wurden auch sie Teil des Museums. Seit den 1950er-Jahren des 20. Jahrhunderts wurde der Palast mit seinen berühmten Modeschauen in der Sala Bianca zu einem Synonym für die Modewelt Italiens.

Auf den folgenden Seiten: Die Gartenterrasse des Palazzo Pitti mit der Fontana del Carciofo und den Boboli-Gärten

Das prachtvolle Badezimmer besticht vor allem durch die Eleganz der klassizistischen Statuen und Stuckarbeiten von Giuseppe Cacialli.

*Gegenüberliegende Seite, rechts unten:
Das Porphyrbecken stammt ursprünglich aus den Caracalla-Thermen in Rom. Auch der ägyptische Obelisk stammt aus Rom und wurde Ende des 18. Jahrhunderts am Amphitheater aufgestellt.*

*Oben:
Das große Bassin der „Isolotto" genannten Teichinsel in den Boboli-Gärten ist von zahlreichen Statuen umgeben, zu denen auch der Okeanus von Giambologna auf der großen Granitschale und der Perseus auf dem Wasserspiegel gehören.*

Auf den folgenden Seiten: Statuen und Brunnen in den Boboli-Gärten folgen einem Skulpturenprogramm mit mythologischen Themen.

Auf dem Mittelfelsen des Fontana del Forcone genannten Neptunbrunnens sind Statuen von Sirenen und Tritonen zu erkennen sowie die Bronzefigur des Neptun mit Dreizack von Stoldo Lorenzi.

189

Statuen in den Boboli-Gärten

Rechts:
Antike Äskulapstatue

Links:
Die Allegorie des Überflusses von Bastiano Salvini wurde 1636 in den Boboli-Gärten aufgestellt.

Statuen in den Boboli-Gärten

Die Buontalenti-Grotte symbolisiert die Entstehung von belebten Wesen aus unbelebter Materie, was ein Blick von den Stalaktiten unten links über die sich aus der Materie formenden, monsterartigen Figuren rechts bis hin zu fein ausgearbeiteten Statuen wie der prachtvollen Venus zeigt. Der Realismus des gesamten Ensembles wird noch durch die Fresken von Bernardino Poccetti unterstrichen.

PALAZZO NOBILI-TARUGI IN MONTEPULCIANO

Gegenüberliegende Seite: Ansicht des Palastes, der auch die Kulisse für die jährlich stattfindenden mittelalterlichen Ritterspiele des „Bruscello Poliziano" auf der Piazza darstellt.

Die Travertinfassade des Palazzo Nobili-Tarugi blickt auf die Piazza Grande von Montepulciano und geht wahrscheinlich auf Tommaso Bosconi zurück, einen Schüler von Antonio da Sangallo.

Der Renaissance-Palast auf der Piazza Grande in Montepulciano soll aus einem Gebäude hervorgegangen sein, das „reich an gotischen Türmen" war. Es lag dem Dom und dem Palazzo Pubblico gegenüber, und Teile dieses Baus sind noch heute an der rechten Vorderseite des Palastes, entlang der Via di Tolosa, zu sehen. Sie lassen auf die bauliche Anordnung des Platzes um die Mitte des 15. Jahrhunderts schließen, als die Stadt in den Machtbereich von Florenz aufgenommen wurde, ohne ihren Rang als Handels- und Handwerksstadt zu verlieren. Damals ließ sich ein Guido di Giovanni der aus der Romagna stammenden Familie der de' Nobili in dem mittelalterlichen Wohnsitz nieder. Seine Nachfahren sollten in der Stadtgeschichte von Montepulciano eine wichtige Rolle spielen.

Etwa ein Jahrhundert später erhielt der Palazzo sein prächtiges „Travertinkleid" und wurde mit großartigen Dekorationen zwischen dem großen Portal und der Loggia im Erdgeschoss, an der Brüstung des Piano Nobile und an der ursprünglich offenen Eckloggia des Obergeschosses geschmückt.

Als der Palazzo nach einem Entwurf von Tommaso Boscoli, einem Schüler von Antonio da Sangallo dem Älteren, nach 1550 zu einem vornehmen Wohnsitz umgebaut wurde, war er in Besitz von Vincenzo de' Nobili, der mit Lodovica Del Monte vermählt war, der Schwester von Papst Julius III. Zu diesem Zeitpunkt waren die de' Nobili besonders hoch angesehen, da Vincenzo dank seines Schwagers Statthalter und Burgherr von Ancona sowie Capitano (Oberbefehlshaber) der päpstlichen Kavallerie geworden war. Sein Sohn Roberto wurde bereits im Alter von zehn Jahren zum Kardinal ernannt. Er wurde Apostolischer Bibliothekar und war aufgrund seiner wissenschaftlichen Tätigkeit und Rechtschaffenheit hoch geschätzt. Nicht umsonst trug er den Namen „Engel des Herrn". Als er 1559 mit nur 18 Jahren starb, wurde am Palazzo Pubblico in Montepulciano, der zu diesem Zeitpunkt bereits sein heutiges Aussehen besaß, eine Gedenkinschrift angebracht: „In ihm spiegelten sich in wunderbarer Weise alle moralischen und christlichen Tugenden wider, doch die Welt war solch etwas Reines nicht wert."

Der Ruf der de' Nobili wuchs mit einem weiteren Kirchenmann, der 1577 in die Familie geboren wurde. Der zweite Roberto war Jesuit, er ging als Missionar nach Indien und verfolgte dort die so genannte Methode der Anpassung: Er integrierte sich in die einheimische Bevölkerung, übernahm deren Bräuche und Sitten und kam so bei ihrer Bekehrung zu außergewöhnlichen Erfolgen. Sein Verhalten brachte ihm allerdings die Verurteilung durch die Inquisition von 1613 ein. Als aber ein berühmter Mitbürger, der Kardinal Bellarmino, zu seiner Verteidigung antrat, wurde Roberto 1623 freigesprochen, und sein Weg wurde anerkannt. Die Absolution glich dem Sieg in einer Schlacht, und es scheint daher kein Zufall zu sein, dass zur selben Zeit der Empfangssaal des Palastes von Montepulciano von Bartolomeo Barbiani mit Kriegsszenen freskiert wurde. Jene herrlichen Dekorationen, die das Geschlecht der de' Nobili rühmen sollten, fungierten später als Abbild der militärischen Tugenden der Familie Tarugi, die den

*Vorhergehende Seiten:
Die Fresken mit verschiedenen Kriegsszenen im Empfangssaal des Palazzo schuf Bartolomeo Barbiani.*

Zwei Räume im Piano Nobile des Palazzo Nobili-Tarugi

*Gegenüberliegende Seite, unten:
Detail aus den Fresken von Bartolomeo Barbiani*

Besitz 1713 übernahm und die Erinnerung an die Vorbesitzer aus den Gemälden tilgte.

Als eine der ältesten Geschlechter in Montepulciano hatten die Tarugi vom 14. Jahrhundert an bedeutende diplomatische Aufgaben inne. Jacopo und Giovanni di Francesco waren 1377 und 1392 die Fahnenträger der Stadt. 1494, im Jahr seines Todes, ehelichte Bernardino Tarugi die Schwester des großen Dichters Angelo Poliziano. Während er selbst am Hof der Medici in Florenz lebte, bevollmächtigte Poliziano seinen Schwager, seine Geschäfte in Montepulciano zu führen. In einem Brief legt er dar, dass er ihm mehr traue als dem Stiefvater.

Die Tarugi konnten unter ihren Vorfahren mit zwei Kardinälen und mit Francesco Maria Tarugi aufwarten, der Filippo Neri so eng verbunden war, dass er in der Kirche Santa Maria in Vallicella in Rom unter dem Grabmal des Heiligen beigesetzt wurde. Die Tarugi waren Ritter des Ordens des Heiligen Stefan. 1762 wurde ein Zweig der Familie in den Adelsstand erhoben.

Die Familie blieb der Stadt Montepulciano bis heute eng verbunden. Für den Palast war insbesondere die von Giovanangela Tarugi vorangetriebene Gründung des Centro di Studi Umanistici Secchi Tarugi (Zentrum für Humanistische Studien Secchi Tarugi) im Gedenken an Angelo Poliziano von Bedeutung. Ein weiteres Verdienst erwarb sich die Familie mit der Sammlung und Erhaltung der Originalkostüme aller „Bruscello Poliziano"-Spiele des Teatro alla Scala. Noch heute werden sie in den Aufführungen auf dem Platz vor dem Palast gezeigt.

CASA DEL VASARI IN AREZZO

Gegenüberliegende Seite: In der Mitte der Deckenbemalung des Apollosaals ist eine Darstellung des Gottes der Künste zu erkennen, flankiert von Pendentifs, auf denen zwei Musen abgebildet sind.

„Die Steine und Ziegel meines Hauses stehen stramm, wenn sie hören, dass ich zurückkomme; und die Kästen und Scheunen, die fast kein Hirn haben und eher leer als voll sind, fassen Mut, wenn sie wissen, dass derjenige zurückkommt, der sie mit ihren Wünschen füllt." So beschrieb Giorgio Vasari in einem Brief an seinen Freund Bernardo

Die schlichte Fassade der Casa del Vasari. Rechts die Porträtbüste von Giorgio Vasari in einem Tondo über einer Tür im Treppenhaus. Die einrahmenden Putti versinnbildlichen die Malerei und die Architektur.

Minerbetti, den Bischof von Arezzo, vom 18. November 1553 seine Verbundenheit mit seinem Haus. Er hatte das Gebäude und ein angrenzendes Grundstück, auf dem er Gärten anlegen lassen wollte, 1540 erworben. Die Gegend gefiel ihm besonders gut, und „die Luft [sollte] die beste in der ganzen Stadt" sein. Er wollte aus dem Haus ein wahres Schmuckstück machen und kümmerte sich von 1542 bis 1548 persönlich um die Dekoration im Piano Nobile, sofern seine Verpflichtungen dies zuließen.

1550 heiratete der Künstler und Künstlerbiograf Nicolosa Bacci, die er zärtlich „Cosina" nannte, und bestimmte das Haus zur gemeinsamen Residenz. Tatsächlich lebte die „teure Gefährtin" dann doch allein hier, da Vasari im März desselben Jahres nach Rom übersiedelte. Sein Freund Giovanni Maria Ciocchi di Monte war nämlich soeben unter dem Namen Julius III. Papst geworden und hatte Vasari mit zahlreichen Aufgaben in der heiligen Stadt betraut. Dies blieb so bis zum Jahre 1554, als Vasari Rom verließ und nach Florenz

ging, wo er sich zusammen mit seiner Frau niederließ. Das Haus in Arezzo diente fortan als Zweitwohnsitz, in dem Vasari Kunstwerke sammelte und gelegentlich Erholung suchte.

Nachdem die Familie Vasari im Jahre 1687 erloschen war, ging das Gebäude in den Besitz der Fraternita dei Laici, der Aretiner Laienbruderschaft, über, die es an Privatleute verkaufte. An dem Haus, das sich in der heutigen Via XX. Settembre befindet, wurden im Laufe der Jahrhunderte immer wieder Veränderungen vorgenommen; die privaten Besitzer verkauften einige der Gemälde, Skulpturen und Zeichnungen. Dann übernahm der italienische Staat die Residenz, die restauriert wurde, um das Vasari-Archiv und eine Gemäldesammlung aufzunehmen. Seit 1911 ist ein Museum darin untergebracht.

Nach wie vor ist der prägende Einfluss Vasaris und der seiner Ehefrau unübersehbar. So findet

Rechts:
Das Alessandro Allori zugeschriebene Gemälde verkörpert die Klugheit

Unten:
Die Musen Erato, Polyhymnia *und* Terpsichore *in einem Pendentif der Sala di Apollo*

sich im Kaminzimmer eine ironisch-allegorische Darstellung seiner Braut, mit der der Bräutigam sie 1548, als sie noch nicht verheiratet waren, „fast verspottete", hatte er sie doch „mit einer Harke in der Hand abgebildet, mit der sie offensichtlich so viel wie möglich aus dem Hause ihres Vaters zusammengeharkt und mitgebracht hatte; und in der Hand, die beim Eintritt in das Haus ihres Ehemanns nach vorne gestreckt ist, trägt sie eine brennende Fackel und zeigt damit, dass sie, wohin sie auch geht, das Feuer, das jede Sache verbrennt und zerstört, mitbringt".

Eine andere ironische Darstellung birgt das Achteck in der Mitte der Holzdecke: „die Tugend, die den Neid mit den Füßen tritt, während sie das Schicksal in Gestalt der Göttin Fortuna an den Haaren zieht und beide zusammen mit einem Stock schlägt". Bei diesem Motiv verwendete Vasari einen raffinierten Kunstgriff, sodass, wenn man im Saal herumgeht, „der Neid manchmal über Fortuna und der Tugend steht, manchmal aber auch das Schicksal über dem Neid und der Tugend, so wie es häufig im Leben ist".

Feiner Spott kennzeichnet auch die Dekoration in den beiden Schlafzimmern: In der Sala di Abramo (Saal des Abraham) wird die Fruchtbarkeit der Ehe illustriert. Nicolosa jedoch, so wie auch Abrahams Frau Sarah, schenkte ihrem Ehemann keine Kinder. Das andere, genannt Sala di Apollo (Saal des Apollo), ziert ein Bildnis des

Das achteckige Mittelfeld der Holzdecke in der Sala del Camino (Kaminsaal) zeigt die Tugend, *die den kopfüber stehenden* Neid *sowie die sie an den Haaren packende* Fortuna *mit einem Stock schlägt.*

Das Fresko im Kaminsaal stellt die Barmherzigkeit *dar, flankiert von zwei imaginären Veduten von Rom, links der* Campo Vaccino *und rechts der* Venustempel *mit der Göttin* Roma.

Blick in die von Vasari selbst ausgestaltete Sala del Camino mit der Statue einer Venus über dem Kamin. Die Wandfresken zeigen allegorische Figuren, Landschaften und Maler der Antike.

Gottes der Poesie mit den neun Musen, von denen eine – Erato, die Muse der Liebesdichtung – die Züge Nicolosas aufweist.

Auf dem Deckengemälde der Sala della Fama (Saal des Gerüchts), der zur „Verherrlichung aller Künste dienen sollte, die sich unter dem Gemälde befinden und von ihm abhängen, sitzt in der Mitte Fama auf den Schultern der Welt und bläst in eine goldene Trompete, während sie eine feuerspeiende Trompete – das Symbol der Lästersucht – weg-

wirft. Um sie herum stehen ordentlich aufgereiht all die genannten Künste mit ihren Instrumenten in der Hand, und weil ich nicht genug Zeit hatte, um das Bild fertig zu stellen, ließ ich einige Ovale für die Porträts unserer wichtigsten Künstler frei." Die später entstandenen Bildnisse zeigen Spinello, Luca Signorelli, Andrea del Sarto, Michelangelo Buonarotti, Bartolomeo della Scala, Lazzaro Vasari und, natürlich, Giorgio Vasari. Dass er die Verherrlichung der Kunst mit Liebe zur Natur ver-

Eine Wand am Eingang der Sala del Camino mit einem Gemälde der vielbrüstigen Diana von Ephesus *als einem Symbol der Fruchtbarkeit. Darunter eine Szene aus dem Jupiter-Mythos und rechts ein illusionistisches Gemälde, das durch die offene Tür den Blick auf eine an der Fensterbank lesende Frau freigibt*

band, zeigte sich in der Pflege des Gartens: „Mein Garten sehnt sich nach mir, ihn dürstet nach mir; wenn er hört, dass ich fortgehe, wirft er sein Laubwerk ab, das ohnehin schon aus Gram darüber vertrocknet ist, dass ich mich um anderer Leute Häuser mühe. Es schmerzt ihn, mit ansehen zu müssen, dass fremde Hände die Spitzen seiner Gräser schneiden und die dicht belaubten Büsche entwurzeln." Noch heute vermitteln die acht Räume einen Eindruck vom Privatleben des Renaissancekünstlers, der hier, wie Maetzke schreibt, „ermüdet von den unzähligen und dringenden Verpflichtungen eines Jahres Gefallen und Erholung dabei findet, sein Haus behaglich, friedlich, warm, elegant, angenehm und zwanglos einzurichten, wobei es nur seinem eigenen Geschmack entsprechen muss, damit er dort die intimsten Augenblicke des Familienlebens in aller Ruhe genießen kann."

PALAZZO DEI CAVALIERI IN PISA

Die Piazza dei Cavalieri di Pisa mit dem Brunnen des „Buckligen" in der Mitte und der Statue Cosimos I. von Pietro Francavilla vor dem Palazzo dei Cavalieri di Santo Stefano. Im Hintergrund der Palazzo dell'Orologio bzw. della Gherardesca

Die Ritter des Ordens des Heiligen Stefans waren „Ritter des Meeres". Zu Ruhm gelangten ihre Kriegsschiffe bei der Verteidigung Maltas 1565 gegen die türkische Flotte und bei der Schlacht von Lepanto 1571. Der Orden war 1562 von Cosimo I. gegründet worden, um die Christenheit vor den Türken und Barbaren zu verteidigen, die das Mittelmeer unsicher machten. Darüber hinaus sollte die Seehandelsflotte der Toskana geschützt werden, deren Heimathafen Livorno war. Also lagen auch die Schiffe des Ordens dort vor Anker, während die militärischen, religiösen und administrativen Abteilungen ihren Sitz in Pisa hatten. Sie verteilten sich auf eine Reihe von Gebäuden, die das eigenständige „Stadtviertel des Ordens des Heiligen Stefan" bildeten und bis heute erhalten sind. Die Mitglieder des Ordens waren Adelige, die sich mit einem Gelübde der Barmherzigkeit, der ehelichen Treue und dem Gehorsam verpflichtet hatten.

Unter Führung der Großherzöge Ferdinando I. und Cosimo II. entwickelte sich der Orden zum Instrument einer aggressiven Seepolitik, und seine Mitglieder erlangten traurigen Ruhm als Piraten, die venezianische Schiffe überfielen bzw. Umschlagplätze, die unter dem Schutz der Serenissima standen, bedrohten. Auf ihren Kaperzügen an der Küste des Mittelmeers hinterließen sie eine Spur

der Verwüstung, wie 1605 bei Prevesa, 1607 bei Bona und 1613 bei Achiman. In der zweiten Hälfte des 17. Jahrhunderts, als die Türken nach Europa vordrangen, richteten sich die Unternehmungen des Ordens – diesmal Seite an Seite mit der Serenissima – gegen das Osmanische Reich.

Später beschränkte sich die Aufgabe der Flotte auf den Transport von Seide und die Eskortierung hochrangiger Persönlichkeiten.

Unter dem Großherzog Leopold I. wurden die militärischen Aktivitäten schließlich ganz eingestellt. Stattdessen konzentrierte man sich auf neue Aufgaben, die der Großherzog 1775 genau umrissen hatte: Der Orden sollte an seinem Hauptstandort in Pisa die Heranwachsenden der toskanischen Führungsschicht auf wirtschaftlichen, politischen, wissenschaftlichen und künstlerischen Gebieten ausbilden. Doch dann wurde der Orden 1809 zunächst vorübergehend und 1859 endgültig aufgelöst.

Geblieben ist nur das Stadtviertel Santo Stefano um die mittelalterliche Piazza degli Anziani. Der Platz wurde nach Plänen Giorgio Vasaris vollständig restauriert, wobei der Baumeister 1562, also im Gründungsjahr des Ordens, den Beginn der Arbeiten persönlich betreute. Allerdings starb Vasari, bevor die Piazza im Jahre 1606 vollendet wurde. Es entstanden die Kirche Santo Stefano, der Palazzo dell'Orologio, in dem sich das Krankenhaus des Ordens befand, der Collegio Puteano mit der Kirche San Rocco, das eigentliche Stammhaus des Ordens mit den Unterkünften für die Kapläne und der nach dem Orden benannte Palazzo dei Cavalieri. Vor Letzterem wurde die Statue Cosimos I. aufgestellt, die die Macht der Medici zur See symbolisieren sollte.

Die Angehörigen des Ordens mussten eine mehrjährige Ausbildung durchlaufen, weshalb der Palast auch Palazzo della Carovana (Palast der Karawane) genannt wurde. Um aufgenommen zu

Im Vordergrund die Statue Cosimos I., dessen auf einen Delphin gestützte Haltung die Seemacht der Stadt Florenz unter der Führung der Medici symbolisiert. Im Hintergrund die in Graffito-Technik reich verzierte Fassade des Palastes mit Sternzeichen und allegorischen Darstellungen

Außenansicht des Palazzo dei Cavalieri di Santo Stefano mit der gleichnamigen Kirche

Gesamtansicht des Palazzo dei Cavalieri di Santo Stefano, auch Palazzo della Carovana genannt, vom gleichnamigen Platz aus gesehen

werden, musste man 17 Jahre alt und von adeliger Abstammung sein, über ein Vermögen verfügen, das dem Status eines Ordensritters entsprach, und die erforderlichen körperlichen Voraussetzungen mitbringen. Nachdem der Kandidat nachgewiesen hatte, dass er diese Vorgaben erfüllte, musste er eine Aufnahmegebühr in Höhe von 120 Goldscudi zahlen, 12 Goldscudi für die Waffen, mit denen er ausgestattet wurde, und 3 Goldscudi für die Anfertigung des eigenen Familienwappens, das im Inneren des Palastes angebracht wurde. Erst dann wurde der Anwärter in einer eindrucksvollen religiösen Zeremonie in der Kirche Santo Stefano zum Ordensritter ernannt.

Das Lehrprogramm der so genannten Karawane dauerte drei Jahre, in deren Verlauf die Ritter in Geometrie, Kosmografie, Arithmetik, Zeichnen, Kartografie und Geschichte unterrichtet wurden und sich im Gebrauch von Hieb- und Stichwaffen sowie von Gewehren übten. Jährlich fand unter der Leitung des Admirals eine Militärübung zur See statt. Die Manöver zu Land wurden vom Großen Konnetabel angeführt. Leiter der Karawane war der Oberste Komtur, also der Ordensvorsteher. Gegen Ende des 17. Jahrhunderts trat an seine Stelle der Oberste Prior, der dem gesamten Pisaner Ritterstand vorstand, währen die Verwaltung des Palastes einem Beauftragten des Konvents oblag.

Da das Innere des Palastes in erster Linie im Hinblick auf seinen praktischen Nutzen angelegt worden war, verzichtete man auf besondere Dekoration. Deshalb blieben die mittelalterlichen Gemäuer des Palazzo degli Anziani, den Vasari zum Palazzo dei Cavalieri ausbaute, weitgehend unverändert. Lediglich der Wappensaal im zweiten Stockwerk, dessen Name von den im Kranzgesims angebrachten Familienwappen der Ordensritter herrührt, und der Fechtsaal im dritten Stockwerk wurden mit Kassettendecken ausgestattet. Das übrige Gebäude, das in Unterkünfte zu je zwei Stuben eingeteilt war, wirkte hingegen wie eine große Kaserne. Die herrliche Prunktreppe im Inneren des Gebäudes, die sich zwischen dem zweiten und dritten Stockwerk in drei Läufe öffnet, stellte allerdings einen architektonischen Glanzpunkt dar.

Von außen wirkt der Bau jedoch ausgesprochen repräsentativ. Die monumentale zweiläufige Freitreppe erinnert an den prächtigen Aufgang zum Palazzo Senatorio auf dem Kapitol in Rom, der von Michelangelo geschaffen wurde. Auf der Fassade preisen zwischen den mit elegantem grauen

Detail der Palastfassade mit den Wandnischen und zwei der insgesamt sechs Porträtbüsten von Medici-Großherzögen, die alle in der Amtstracht eines Großmeisters des Ordens des Heiligen Stefan dargestellt sind

Stein eingefassten Fensterrahmen allegorische Darstellungen in zweifarbiger Sgraffitotechnik die Tugenden und Ideale des Kriegers, die damit gleichsam emblematisch die Charaktereigenschaften der Ordensritter darstellten. Eine aufwändige Dekoration, die Ewa Karwacka Codini zufolge „wie eine gemalte Festrede auf die zivilen, militärischen und religiösen Tugenden Cosimos I. und seiner Taten in seiner Rolle als Großherzog und Ritter des Stefanordens" wirkt. Cosimo I. wollte auf der Fläche zwischen dem zweiten und dritten Stock „die Köpfe der sechs Fürsten abbilden lassen, die die sechs Bruderschaften gegründet haben: den Malteserorden, den Orden von Portugal, Sankt Jakob in Spanien, Alcantara, Calantrave und Sankt Stefan". Sechs Ovale zwischen den Fenstern des obersten Stockwerks sollten „Personen [zeigen], die gut mit einer Inschrift religiösen Inhalts in Verbindung zu bringen waren". Der erste Vorschlag wurde jedoch nicht realisiert, stattdessen

Ein Saal im Archiv des Palazzo dei Cavalieri

wurden Porträts der sechs Großherzöge in ihrer Funktion als Großmeister des Ordens angebracht.

Architektonische Veränderungen von Bedeutung waren lediglich die Erneuerung der Außentreppe im klassizistischen Stil 1821 und der Anbau auf der Rückseite des Gebäudes, der zwischen 1928–1930 im Hinblick auf die Nutzung des Gebäudes als Hochschule vorgenommen wurde.

Napoleon hatte 1810 nach Auflösung des Ordens im Palast eine Oberschule nach dem Vorbild der französischen Collèges gegründet. Großherzog Ferdinand III. löste die napoleonische Institution auf und belebte den Orden wieder, aber dessen Funktion war nun nicht mehr klar umrissen, sodass er sich schließlich selbst zu einer Lehranstalt für junge Adelige entwickelte, die juristische, naturwissenschaftliche und mathematische Doktortitel verlieh. Auch wenn es sich eher um Ehrenwürden als um wissenschaftliche Auszeichnungen handelte, war damit eine Grundlage für die Neugründung einer Universität geschaffen, und Großherzog Leopold II. ließ die Ordensschule 1847 unter ihrem napoleonischen Namen wieder eröffnen. Allmählich entwickelte sie sich zu einer akademischen Institution und emanzipierte sich zunehmend vom Stefansorden. Schließlich erließ die provisorische Regierung der Toskana am 16. November 1859 das Verbot des Ordens, das später von der italienischen Regierung bestätigt wurde. Das war das endgültige Ende der Ordensritter in der Toskana und die Geburtsstunde der Universität im einstigen Palazzo dei Cavalieri, die unter anderem so illustre Persönlichkeiten zu ihren Studenten zählte wie die Lyriker Giosue Carducci und Giovanni Pascoli und die Physiker Enrico Fermi und Carlo Rubbia.

Die im Archiv bewahrten Schriften sind wertvolle Zeugnisse der Ordensgeschichte, die mit der Ordensgründung im Jahre 1562 begann.

PALAZZO DUCALE IN LUCCA

Das Gelände entlang der Stadtmauer zwischen der heutigen Via Vittorio Emanuele II. und der Via Vittorio Veneto dominierte einst die Fortezza Augusta, eine 1322 von Giotto fertig gestellte Festung zur Sicherung des darin liegenden Palastes. Der von innen befestigte, als uneinnehmbar geltende Wehrbau war von Castruccio Castracani, dem Führer der toskanischen Ghibellinen, der von 1320 bis 1328 in Lucca herrschte, in Auftrag gegeben worden. Der Palast war Schauplatz seiner größten Triumphe: Nach dem Sieg über die guelfischen Florentiner in Altopascio wurde er – ein Abkömmling der Familie Antelminelli – hier am 11. November 1325 von der Menge zum „Vater des Vaterlandes" ausgerufen. Zwei Jahre später, wiederum am 11. November, ernannte ihn Kaiser Ludwig der Bayer, der im selben Jahr in Mailand und später in Rom gekrönt wurde, zum Gonfaloniere des Reichs und zum Herzog von Lucca, Volterra, Pistoia, Luni und anderen Orten. Er krönte ihn, nachdem er ihn persönlich in das herzogliche Gewand gehüllt hatte.

Nach dem Tod Castracanis blieb der Palast unverändert, und der 1332 gewählte Ältestenrat der Stadtrepublik tagte dort, obwohl die Festung in der Hand der Pisaner war, denen die Stadt zu diesem Zeitpunkt unterworfen war. Als Kaiser Karl IV. Lucca 1369 wieder die Unabhängigkeit schenkte, wurde der Palast zum Freiheitssymbol, während die Fortezza Augusta von der aufgebrachten Bevölkerung zerstört wurde, weil sie an die Fremdherrschaft erinnerte. Der Ältestenrat öffnete die Tore des Stadtpalastes für die Öffentlichkeit, und das Volk strömte in die Höfe des bis dahin unzugänglichen Gebäudes, um einen Eid abzulegen.

30 Jahre später, zwischen 1401 und 1404, begann Engelhardt aus Franken mit dem Wiederaufbau der Fortezza Augusta, die nun als Zitadelle konstruiert wurde. Schließlich ließ Paolo Guinigi, von 1400 bis 1430 Herrscher von Lucca, den Palast renovieren, der jedoch nur wenig später der Schauplatz für Guinigis jähen Sturz wurde: Der in seinem Dienst stehende Söldnerführer Francesco Sforza brachte die Luccheser Bevölkerung gegen ihn auf. Das Volk, bereit zum „Tyrannenmord", stürmte den Palast und führte den Herrscher ab. Guinigi starb zwei Jahre später in der Gefangenschaft im Kastell von Pavia.

Der Komplex fiel wieder an die Kommune, die keine baulichen Veränderungen vornahm. 1532, so Giuseppe Civitali, „schlugen [die Stadtältesten] im Kommunalrat vor, die Festung angesichts der allgemeinen Ruhe und der neu gewonnenen Freiheit niederzureißen". Südlicher und westlicher Flügel wurden abgerissen, während im übrigen Gebäude öffentliche Ämter weiterhin ihren Sitz hatten.

In der Nacht vom 28. auf den 29. August 1576 schlug ein Blitz in das Pulvermagazin im Turm ein, und die Explosion zerstörte große Teile des Palastes. Man beschloss den Wiederaufbau und erteilte den Auftrag Vincenzo Civitali, doch seine Pläne verschwanden auf mysteriöse Weise. Die Vorschläge anderer Luccheser Architekten, die die

Die Loggia des Cortile degli Svizzeri im Inneren des Palazzo Ducale mit dem rustizierten Säulengang ist ein Werk von Bartolomeo Ammannati.

Schwester Elisa und ihrem Ehemann Pasquale Baciocchi zugesprochen, die den Palast zu ihrem Regierungssitz machten. Als die beiden Regenten am 14. Juli in Lucca eintrafen, wurden sie mit Festbeleuchtung und Salutschüssen empfangen. Der Fürstin erschien ihre neue Residenz allzu funktional und nüchtern, und so beschloss sie, die Architekten Bienaimé und Lazzarini mit der Einrichtung von Salons zu beauftragen. Die Dekoration der Räume und die künstlerische Gestaltung der kleinen Kamine führte die Akademie für Bildhauerei von Carrara aus. Die wichtigste Veränderung bestand jedoch darin, dass der Ostflügel des Palastes von nun als Vorderseite des Gebäudes zur Geltung kam und seine Fassade dementsprechend gestaltet wurde. In diesem Zusammenhang riss man den davor stehenden Turm ab und legte stattdessen einen großen Platz an, den Elisa nach ihrem Bruder Napoleon benannte. Diesen Namen trägt er heute noch.

Allerdings blieben die Baciocchi nur bis 1809 in Lucca. In diesem Jahr sprach ihnen der Kaiser das Goßherzogtum Toskana zu, und das Paar residierte fortan in Florenz. Immerhin konnte der

Detail der zur Piazza Napoleone gewandten Palastfassade

Blick in den Haupthof des Palazzo, dessen Fassade sich aus einem Arkadengang und zwei Geschossen mit zwei Pilasterordnungen zusammensetzt. In der Mitte des Hofes die Statue des Francesco Carrara, eines berühmten Strafverteidigers des 19. Jahrhunderts aus Lucca

noch bestehenden Teile des Bauwerks mit einbeziehen wollten, wurden abgelehnt. Man wollte einen neuen, funktionalen Palast und beauftragte schließlich im September 1577 Bartolomeo Ammannati: Bereits im November lag sein Entwurf eines viereckigen Gebäudes mit Innenhof vor, und das Projekt wurde angenommen. Nach Beginn der Bauarbeiten reiste Ammannati wegen anderer Verpflichtungen ab und überließ die Durchführung des Projekts dem Bauleiter Francesco di Larino, dem der Luccheser Benedetto Saminiati zur Seite gestellt wurde.

So entstand der Gebäudeteil zwischen dem Schweizer Hof und dem zweiten Hof. Ersterer wurde nach der im Dienst der Stadtrepublik stehenden Schweizer Garde benannt und war mit einer prächtigen Loggia ausgestattet. Im Erdgeschoss wurden die verschiedenen Ämter untergebracht, während das erste Stockwerk den Magistraten vorbehalten blieb: Hier befanden sich die Empfangssäle, Ratssäle und eine Kapelle.

Der Palast blieb jedoch zunächst unvollendet: Der Nord- und der Westflügel waren nicht gebaut worden, weil das notwendige Geld fehlte. Erst anderthalb Jahrhunderte später, im Jahr 1728, wurde ein Entwurf des Luccheser Architekten Francesco Prini umgesetzt, der dem Komplex durch die Anlage eines zweiten Hofes ein noch eindrucksvolleres Aussehen verlieh. Dessen ungeachtet blieb der Palast weiterhin ganz und gar auf bürgerliche und administrative Funktionen beschränkt.

Nach der Einnahme durch die napoleonischen Truppen am 22. Januar 1799 erlebte der Palast ab 1805 eine neue Blütezeit. Die Provinz Lucca wurde zum Fürstentum erklärt und Napoleons

*Gegenüberliegende Seite:
Die Skulpturengalerie ist mit von Carrareser Künstlern geschaffenen Kopien antiker Marmorstatuen und Stuckdekorationen ausgestattet.*

*Unten:
Die von Lorenzo Nottolini entworfene, monumentale Treppe des Palazzo führt zu den Empfangsräumen. Bemerkenswert ist das Tonnengewölbe mit den im Detail gezeigten Stuckarbeiten.*

Luccheser Torello Del Carlo 1877 berichten, dass „[Elisa] uns nie vergaß und mehrere Male zurückkehrte, um uns zu sehen", wobei sie natürlich im Palast wohnte. „Sie beliebte immer ein paar Tage zu verweilen, weil sie sich fühlte, als sei sie in den Schoß ihrer Familie zurückgekehrt."

Zu noch größeren Ehren kam der Palast mit dem Einzug von Maria Luise von Bourbon, die am 7. Dezember 1817 in Lucca eintraf. Der Wiener Kongress hatte im Zuge der Neuordnung und Restauration Napoleons zweiter Gattin, der Habsburgerin Marie Luise, auf Lebenszeit die Herzogtümer Parma, Piacenza und Guastalla übertragen und den Bourbonen, den Herrschern von Parma,

für diese Zeit das Herzogtum Lucca zugestanden. Maria Luise und ihr Hofstaat sollten dem gesellschaftlichen Leben der Stadt einen ungekannten Glanz verleihen.

Schöpfer der baulichen Veränderungen, die sie am Palast in Auftrag gab, war der Architekt Lorenzo Nottolini, der mit einer Reihe effektvoller Akzente eine neue Atmosphäre kreierte: So verband er die beiden Höfe mit einer Durchfahrt für die Kutschen, die von dorischen Säulen gesäumt und einem mit Kassetten versehenen Tonnengewölbe überspannt war. Darüber hinaus konstruierte er eine Prunktreppe, deren Gewölbedecke er im reinsten Rokokostil gestaltete. Der Korridor, auf den die Treppe führt, geht in eine Skulpturengalerie über, die mit Werken Carrareser Künstler bestückt ist. Hier beeindruckt die prächtige Dekoration mit Motiven aus dem Herakles- und dem Pallas-Mythos: Die Herrin der Weisheit präsentiert den Allegorien der Künste das Bildnis Maria Luises.

Die Prunksäle im Piano Nobile sind prachtvoll gestaltet, die Sala dei Ciamberlani (Saal der Kammerherren) schmückt der übergroße Namenszug der Regentin, dominierendes dekoratives Element sind die Lilien, das Wappenbild der Bourbonen. In der Sala del Trono (Thronsaal) befinden sich allegorische Darstellungen und ein Porträt Karls V. zu Ehren des Hauses Habsburg. Der hohe Adelsstand der neuen Souveränin spiegelte sich auch in den Festen wider, die in diesem Saal ausgerichtet wurden, sowie in dem gütigen und großzügigen Wesen, das die Herzogin den Lucchesern gegenüber an den Tag legte, um ihre Gunst zu gewinnen. Diesen Charakterzug besang die Hofpoetin Teresa Bandettini: „der Himmel/ rühmt sich keiner höheren Gabe/als die Milde auf

Diese und gegenüberliegende Seite:
Kostbare Einrichtungsgegenstände und klassizistische Statuen im Musiksaal des Appartamento del Re mit raffinierter Trompe-l'œil-Malerei, die den Blick aus einem Scheinfenster in ägyptische Landschaften zeigt

den Thron zu setzen". Die Veränderungen waren offensichtlich überwältigend, wie Tommaso Trenta in seinem 1820 veröffentlichten Reiseführer bemerkte: „Es ist kaum zu glauben, wie sich ein Palast, der für die Belange der Republik ausgerichtet war, in so kurzer Zeit in einen der elegantesten und herrschaftlichsten Königssitze Italiens verwandeln konnte. [Die Bourbonen trugen den Titel Könige von Etrurien.] Der Dank dafür gebührt der Erlauchtesten Majestät, die unserer Stadt damit neuen Glanz verleihen wollte, sowie dem tüchtigen jungen Architekten Lorenzo Nottolini und anderen, die wie er die königlichen Befehle so vortrefflich auszuführen wussten." Die Neugestaltung erstreckte sich auch auf die Privatgemächer der Fürstenfamilie: Acht Zimmer ließ Maria Luise für sich selbst, elf für ihren Sohn einrichten, der seiner Mutter im Jahre 1824 auf den Thron folgte.

Karl Ludwig von Bourbon residierte bis 1847 in Lucca, in diesem Jahr starb Marie Luise in Parma, und die Bourbonen erhielten das Herzogtum zurück, während Lucca, wie zuvor festgelegt, an das Großherzogtum Toskana fiel.

Die herrliche Einrichtung des Palastes wurde aufgelöst und nach der Einigung Italiens über die königlichen Residenzen der Savoyer – zunächst in Florenz und später in Rom – verteilt. Nach und nach verfiel das vornehme Gebäude, bis es aufgegeben wurde. So übernahm die Stadt Lucca 1866 im Grunde bloß eine architektonische Hülle.

Die Fresken der Sala degli Staffieri (Saal der Lakaien) von Luigi Ademollo stellen Szenen aus der Römischen Geschichte dar und zeigen Bauwerke des antiken Rom.

Oben:
Kaiserlicher Triumphzug

Unten:
Caracalla und Plautilla vor der Domus Aurea

Ausschnitt aus der Geschichte des Licinius Sura.

Von nun an diente der Palast wieder als öffentliches Gebäude, in dem die Präfektur, das Schwurgericht und auch die Provinzverwaltung ihren Sitz hatten, und erhielt damit in gewisser Weise seine ursprüngliche Funktion zurück. Hinzu kamen kulturelle Aufgaben: Seit 1875 war die Nationale Pinakothek in den Räumen des Bauwerks untergebracht. Nach mehrfacher Neugestaltung zog diese jedoch 1977 in den Palazzo Mansi um, denn damals wurde der Palast einer umfangreichen Restaurierung unterzogen, bei der die gesamte Dekoration des Bauwerks – von den Fresken bis zum Stuck – wieder freigelegt wurden. Auch das Fresko *Die Freiheit Luccas* von Pietro Testa, das sich über dem Eingangstor zum Schweizer Hof befindet, wurde wiederhergestellt und gilt seitdem als Emblem für den öffentlichen Charakter des Palastes.

PALAZZO INCONTRI VITI IN VOLTERRA

Gegenüberliegende Seite, oben: Alabastervasen und eine Venusstatue auf einem Absatz der großen Treppe

Unten: Der Rote Salon mit der Schlafenden Venus von Antonio Puccinelli da Castelfranco

Der Palazzo Incontri war erst wenige Jahre fertig gestellt, als Cosimo II. – seit 1609 Großherzog von Toskana – Volterra besuchte und dort residierte. Es war ein denkwürdiger Tag. Ein farbenreicher Zug begab sich zur Unterkunft des Großherzogs: Den Weg entlang der Via di Castello, die in Richtung des Zentrums ansteigt, wies der Hofmundschenk und Minister der Medici, Attilio Incontri, denn in eben seinem Palazzo in der von Fackeln „nach venezianischer Art" erleuchteten Via dei Sarti sollte der Souverän empfangen werden. Der von dem Florentiner Architekten Giovan Battista Caccini ausgeführte, prächtige Eingangssaal erwies sich für den bis in den großen Saal des Piano Nobile reichenden Zug wie eine prunkvolle Fortsetzung der Straße. Dort angekommen, zeigte sich der Großherzog auf dem Balkon, um von der Menschenmenge herzlich willkommen geheißen zu werden, und würdigte auf diese Weise den vornehmen Wohnsitz seines Ministers.

Die Familie kam zu weiteren Ehren, als Ferdinando II. Attilio Incontri 1622 den erblichen Titel des österreichischen Priorats verlieh, und auch danach boten derartige Auszeichnungen den Incontri immer wieder Anlass, ihren Wohnsitz auszubauen; zu diesen gehörte auch die Ritterwürde, die den Incontri 1637 verliehen wurde. Die möglicherweise von Bartolomeo Ammannati geschaffene Fassade und der Innenhof, wenngleich er unvollendet blieb, wurden sorgfältig gestaltet, doch der Einrichtung des Palastes widmete man lange keine besondere Aufmerksamkeit. Vielmehr wurde hier die alte Struktur soweit wie möglich beibehalten.

Im November 1816 wurde ein Teil des Erdgeschosses verkauft, auch der Innenhof, in dem nach dem Entwurf des Ingenieurs Luigi Campani ein Theater errichtet wurde. Es entstand „ein Schauspielhaus, das so reizvoll und wunderbar war, dass es das Staunen eines jeden Betrachters erzeugte. Zwar stand es zu den vielen anderen, die in allen Gegenden der Toskana zu zählen waren, in Konkurrenz, doch musste es kaum fürchten, in diesem Vergleich zu unterliegen." Hoch geschätzt war der Zuschauerraum, „der die anmutige Form der Ellipse mit dem für die Akustik notwendigen Gewölbe vereinte", wie *im Giornale del Commercio* vom 21. Februar 1838 zu lesen war. Darüber hinaus bestach er durch prächtige Dekorationen an den Brüstungen und durch die malerische Gestaltung des Vorhangs sowie des Gewölbes, die Niccolò Contestabile vorgenommen hatte. Um die Erhaltung des Theaters zu gewährleisten, wurde am 29. September 1819 die Accademia dei Riuniti gegründet, deren Mitglieder sich der „Bewahrung des Melodrams" verschrieben hatten. Einige Räume wurden vom Circolo delle Stanze genutzt, einer Art „familiärer Gemeinschaft", die sich, wie Carlo Pazzagli schreibt, „zu Konversation, Tanz und Vergnügen aus den Wohnzimmern in öffentliche Räume begeben hatte". Und der Kreis „schaffte es über lange Zeit, sich als Elitegesellschaft aufrechtzuerhalten". Aufgrund der Aufführungen großer musikalischer Werke und der mondänen Feste des Zirkels gewann das Gebäude eine gewisse künstlerische Bedeutung. Doch damit endet die Geschichte des Palastes noch lange nicht.

Als er 1850 von dem Alabasterhändler Benedetto Giuseppe Viti erworben wurde, erblühte der Gesamtkomplex wieder zu einem vornehmen Wohnsitz. Viti sorgte für eine komplette Restaurierung und benannte das Gebäude in Palazzo Viti um. Es wurde auch ein großes Wappen entworfen, das offenbar an einen Lebensbaum erinnern sollte, doch verzichtete man auf jeglichen Adelstitel. Ein solcher war von der Familie, die als Anhängerin Mazzinis und der Republikaner gelten kann, stets

Der Ballsaal mit den zwei großen Alabasterkandelabern, die ursprünglich dafür bestimmt waren, den herrschaftlichen Palast Maximilians von Österreich in Mexico City zu schmücken. An den Wänden des Saales vier Konsolen mit Vitrinen, in denen präparierte Vögel, chinesische Schachfiguren, die Reproduktion eines balinesischen Tempels aus Holz sowie eine chinesische Dschunke aus Elfenbein stehen, über denen jeweils Porträts aus der Hand von Mailänder Meistern des 17. Jahrhunderts zu sehen sind

zurückgewiesen worden, wenngleich sie nicht strikt antimonarchistisch gesinnt war. Den Viti war es wichtig, ihre Autonomie zu behaupten, die sich auch in der liberalen Führung ihres Unternehmens zeigte.

Und doch offenbart die Eleganz der Säle des Piano Nobile eine aristokratische Lebensweise. Dafür steht die Auskleidung mit herrlichem Alabaster ebenso wie die aus dem Orient und aus Südamerika importierten kunsthandwerklichen Gegenstände. Sie erzählen von den Reisen, die die Viti unternahmen, um ihr wertvolles Handelsgut zu vertreiben, wie die monumentalen Kandelaber – sie waren für Maximilian von Habsburg, Kaiser von Mexiko, hergestellt worden, der 1867 in Queretaro standrechtlich erschossen worden war. Oder die ausgestopften Vögel aus Neuguinea, die chinesischen Schachspiele aus Elfenbein, das balinesische Tempelmodell aus Balsaholz, die Elfenbeindschunke aus China sowie die golddurchwirkten Gewänder aus Indien, die Giuseppe Viti selbst trug. Oder die südamerikanischen Gemälde, die den Sonnentempel in Cuzco in Peru und den Hauptplatz von Quito in Ecuador zeigen. Und Giu-

seppe Viti, während er mit seinen Kisten voller Alabaster die Anden überquert. Neben einem weiteren Porträt von Giuseppe Viti, das ihn zeigt, nachdem er von einem indischen Radscha zum „Emir von Nepal" ernannt wurde, hängen ein Bildnis des Präsidenten von Kolumbien und Ecuador, General Andrea de Santa Cruz, sowie Stoffpaneele aus Japan, auf denen die Verarbeitung von Tee und Seide geschildert wird. Alle Stücke harmonieren vorzüglich mit den europäischen Gemälden aus der Zeit der Renaissance und des Barock. Die Wände der Säle sind mit aufgemalten Wandteppichen dekoriert. Sie stehen in Einklang mit den in zarten Farben freskierten Decken und den mosaikartigen Fußböden aus den verschiedenartigsten Alabastersteinchen. Alles zusammen schafft eine herrliche Atmosphäre. Die Einrichtung der Sala da Pranzo (Speisesaal), des Salotto Rosso (Roter Salon), des Salotto del Terrazzo (Balkonzimmer), der Camera Gialla (Gelber Salon) und des Salone da Ballo (Ballsaal) spiegeln den Abenteuergeist der Viti wider, die mindestens bis 1874 die Welt bereisten; in jenem Jahr nämlich schloss die Fabrik in Volterra.

Sehenswert ist auch das Zimmer, in dem am 2. Oktober 1861 König Vittorio Emanuele II. nächtigte. Baldachinbett, Vorhang und Wandverkleidung sind zeitgenössische Arbeiten. Der Raum ruft die Gastfreundschaft ins Gedächtnis, mit der zweieinhalb Jahrhunderte zuvor Cosimo II. aufgenommen worden war. Der Besuch des Königs, dessen mit einem Gedenkstein am Eingang des Palastes gedacht wird, zeigt die Haltung der republikanischen Viti: Sie nahmen den König Italiens in ihrem Haus auf, um mit dem erlauchten Gast im Namen der Gemeinde Volterra das Vaterland zu ehren. Die Einwohner Volterras hatten sich im Plebiszit für die Einigung unter einer konstitutionellen Monarchie ausgesprochen.

Die Räume des Palazzo Incontri Viti führen dem Besucher einprägsam Stil und Geschmack des 19. Jahrhunderts vor Augen. Der Traditionsverbundenheit der Viti ist zu verdanken, dass sich die Nachkommen jener reiselustigen Unternehmer – sie sind bis heute in Besitz des Gebäudes – weiterhin mit größter Sorgfalt um den wertvollen Wohnsitz kümmern. Das Hauptgeschoss wandelten sie in ein privates Museum um.

Der Reiz des Palazzo blieb erhalten, auch wenn das Theater, in dem heute Filmaufführungen stattfinden, etwas von seiner Aura verloren hat. Andererseits hat gerade die Filmkunst dazu beigetragen, den Glanz der Räumlichkeiten zu bannen: Luchino Visconti drehte seinen Film *Vaghe stelle dell'Orsa (Sandra – Die Triebhafte)* zum Teil in den Sälen des Palazzo. Der Goldene Löwe, der dem Film 1965 auf der Biennale in Venedig verliehen wurde, erwies sich in gewisser Hinsicht auch als Auszeichnung für den Palazzo Incontri Viti.

Das Schlafzimmer mit dem Himmelbett, in dem der italienische König Vittorio Emanuele II. 1861 schlief. In der Mitte ein prächtiger Tisch aus Alabaster und an der Wand rechts des Kamins die Madonna mit dem Kind *von Lucia Anguissola*

CASA BUONARROTI IN FLORENZ

Das Familienwappen der Nachfahren des berühmten Michelangelo

„Hier habe ich einen schönen Raum, wo zwanzig Skulpturen der Reihe nach aufgestellt werden können. Ich kann das Dach der Werkstatt jedoch nicht decken lassen, da hier in Florenz kein vernünftiges Holz zu bekommen ist. Jedenfalls kann kein Schaden entstehen, solange es nicht regnet." So Michelangelo Buonarroti am 21. Dezember 1518 an seinen „lieben Lionardo, Sattler, Borgerini, Rom". Der Künstler schrieb diesen Brief in seiner Wohnung in der Via Ghibellina in Florenz, die ihm zugleich als Werkstatt diente, in der er den Marmor zur Gestaltung der Fassade von San Lorenzo bearbeiten wollte.

Michelangelo hatte am 3. März 1508 für 1050 Florin insgesamt vier Häuser gekauft und teilweise bewohnt, bevor er im April 1514 ein weiteres kleineres Gebäude anbaute und danach drei von ihnen vermietete, während er die beiden größten ab 1516 selbst nutzte.

Der Hof der Casa Buonarroti

Er konnte seine Pläne für die Kirchenfassade nicht in die Tat umsetzen, da er einen neuen Auftrag des Medici-Papstes Leo X. erhielt. Nachdem innerhalb von drei Jahren dessen Bruder Giuliano sowie der Neffe Lorenzo gestorben waren, wurde der Künstler mit der Gestaltung der Neuen Sakristei betraut, mit dem Auftrag, den beiden jungen Medici eine würdige letzte Ruhestätte zu schaffen. Als dann auch Leo X. 1521 starb und Hadrian VI. zum Papst gewählt wurde, wollte Michelangelo die Arbeit am Grabmal Julius' II. in der Kirche San Pietro in Vincoli in Rom wieder aufnehmen. Doch als kurz darauf mit Clemens VII. erneut ein Medici zum Papst gewählt wurde, erneuerte dieser den Auftrag für die Medici-Gräber in der Sakristei von San Lorenzo und den Bau der Biblioteca Laurenziana.

Michelangelo zeigt Papst Paul IV. das Modell für den Petersdom *von Domenico Cresti, genannt Il Passignano.*

Die Camera degli Angioli (Engelskapelle) wurde von Jacopo Vignali und Michelangelo Cinganelli 1623 mit Darstellungen von Heiligen und Seligen aus Florenz und Umgebung ausgestaltet. Der Altar links besitzt eine kostbare Intarsienverzierung nach Entwürfen von Pietro da Cortona.

Sowohl das Holzmodell für die Fassade von San Lorenzo als auch die beiden Statuen *Abend* und *Morgenröte* für das Grab von Lorenzo de' Medici entstanden in der Atelierwohnung in der Via Ghibellina, wo Michelangelo auch die Entwürfe für die Fenster, die Decke und die Tische der Bibliothek anfertigte. Er verließ sie im Grunde nur, wenn er nach Carrara ging, um neuen Marmor zu

Der große Meister verließ den Komplex kurz vor Jahresende; er hätte gerne ein „respektables Stadthaus" daraus gemacht, konnte aber seine Pläne nicht verwirklichen, da er 1534 endgültig nach Rom ging.

Sein Neffe Leonardo, der einzige männliche Erbe, beschränkte sich entgegen den Empfehlungen Michelangelos auf eine Renovierung des

Gegenüberliegende Seite: Decke und Wände der Kuppel mit den Fresken von Cinganelli, die den Erzengel Michael mit musizierenden Engeln *darstellen und dem Raum seinen Namen gaben*

brechen, oder wenn ein Freund ihn besuchte, um ihn zu kleinen Zerstreuungen nach draußen zu locken, wie er im Mai 1525 an Sebastiano del Piombo schrieb: „Gestern Abend brachten mich unser Freund Capitano Cuio und andere Herren dazu, dass ich mit ihnen zum Essen ausging; für dieses große Vergnügen bin ich ihnen sehr dankbar, da ich so ein wenig aus meiner Melancholie und meinem Wahnsinn herauskam."

Gebäudekomplexes und vermietete die Häuser an der Via Ghibellina. Michelangelos Baupläne wurden erst durch einen Sohn Leonardos, Michelangelo Buonarroti den Jüngeren, realisiert. Der Schriftsteller ließ zwischen 1612 und 1643 auf dem ererbten Gelände einen großen Palast mit vier monumentalen Sälen im Hauptgeschoss errichten. „Ihm ist der Erwerb von Familienporträts und antiken Skulpturen zu verdanken, und er war es

Detailansicht einer Wand in der Camera degli Angioli mit der Marmorbüste Michelangelos des Jüngeren von Giuliano Finelli

Wand in der Bibliothek der Casa Buonarroti mit Fresken von Cecco Bravo, Matteo Rosselli und Domenico Pugliani. Unter den dargestellten Persönlichkeiten befinden sich Geschichtsschreiber, Chronisten, Dichter, Literaten, Philosophen und andere Berühmtheiten der Toskana.

Links:
Marmorstatue Apoll aus dem 1. Jahrhundert n. Chr., die Michelangelo der Jüngere 1620 in Rom erwarb

Rechts:
Das Porträt Michelangelos von Giuliano Bugiardini zeigt diesen mit einem Turban im Alter von 47 Jahren.

Detailansicht der Fresken, die bekannte Persönlichkeiten aus der Toskana zeigen

Die Stanza della Notte e del Dì (Kammer der Nacht und des Tages) mit der von Jacopo Vignali ausgemalten Decke. Die Wandmalereien schufen Pietro da Cortona, Baccio di Bianco und Domenico Pugliani.

Rechts:
Die Detailansicht der Fresken auf dieser und der gegenüberliegenden Seite zeigt einen Schrank, dessen Fächer eine Sammlung antiker Keramik enthalten.

auch, der an prominenter Stelle im ersten großen Saal die *Kentaurenschlacht* ausstellen wollte. Mit dem Sakristan von Santa Croce schloss er den Kaufvertrag über die *Predella* von Giovanni di Francesco mit den Geschichten aus dem Leben des Hl. Nikolaus. Er konnte für die Casa Buonarroti auch die *Madonna della Scala* und zahlreiche signierte Skizzen Michelangelos zurückgewinnen, die Leonardo Buonarotti 1566 den Medici-Sammlungen hatte überlassen müssen", wie Giovanna Ragionieris Forschungen ergaben.

Der Palast wurde damit zum Zentrum des Andenkens an Michelangelo, das von seinen Erben mit unterschiedlicher Sorgfalt gepflegt wurde. Filippo Buonarroti (1661–1733) öffnete die Casa Buonarroti erstmals für das Publikum. Als Führer für die Besucher wurde erstmals eine Inventarliste angelegt, die Ende des 17. Jahrhunderts unter dem Namen *Descrizione buonarrotiana* veröffentlicht wurde.

Für die Casa Buonarroti brachen finstere Zeiten an, als 1799 zur Zeit der napoleonischen Regierung in Florenz das Erbe der Buonarroti konfisziert und dem Ospedale Santa Maria Nuova zugesprochen wurde. Mit der Enteignung begann der Verfall des Gebäudes; in einem Gutachten von 1823 lässt sich nachlesen: „Die Casa Buonarroti in der Via Ghibellina wurde 1820 zur heruntergekommenen Wohnstätte der Ärmsten der Bevölkerung."

Nach der Rückübereignung des Anwesens an Cosimo Buonarroti (1790–1858) leitete dieser in seiner Eigenschaft als Kultusminister des Großherzogtums eine komplette Sanierung des Gebäudekomplexes in die Wege. Cosimo und seine Frau Rosina Vendramin blieben kinderlos und waren damit die letzten Buonarroti, die das Vermächtnis Michelangelos bewohnten. Nach ihrem Tod gelangte das Haus in den Besitz der öffentlichen Hand und wurde schließlich zum Museum. Doch

Diese und gegenüberliegende Seite:
Detailansicht der Stanza della Notte e del Dì. Auf den Türen befinden sich Bilder, auf denen vor dem Hintergrund einer eindrucksvollen Landschaft musizierende, tanzende und ins Gespräch vertiefte Menschen dargestellt sind.

die Casa Buonarroti ist mehr als ein Museum, sie ist ein Ort der Wissenschaft und Forschung mit einer bemerkenswerten Bibliothek, die allen Forschern offen steht. Der Schwerpunkt des Bestandes liegt dabei auf Veröffentlichungen und Bibliografien zu Michelangelo und der Kunstgeschichte des 16. und 17. Jahrhunderts. Auch das bedeutende Buonarroti-Archiv, das bis dato in der Biblioteca Laurenziana lagerte, konnte zurückerworben werden. Es besteht aus 169 Bänden, die Geschichte und Kunst von den Vorfahren Michelangelos bis in die erste Hälfte des 19. Jahrhunderts abhandeln.

PALAZZO CORSINI IN FLORENZ

Die Fassade des Palazzo Corsini wurde im 17. Jahrhundert vermutlich nach Plänen von Antonio Ferri errichtet und entfaltet ihre ganze barocke Pracht auf der zum Arno gelegenen Seite.

„Die geräumigen Säle rufen Erinnerungen an Frieden und Wohlstand wach. Einer ist ganz besonders vollendet ausgeschmückt mit bewegten roten Draperien, die beeindruckend wirken und dennoch dem Auge gefällig sind. Die Wände sind bedeckt mit dunklen Bildern. Das in den warmen Tönen der Morgendämmerung gehaltene Deckengewölbe ist mit Fresken und Skulpturen verziert. Ein halbes Dutzend Fenster blickt nach Süden zum Arno hin, dessen reißende, gelbliche Strömung das Licht mit schönem Glitzern reflektiert." So beschrieb der amerikanische Schriftsteller Henry James 1909 in seinem Reisebericht *Italian Hours* (Italienische Stunden) seinen Eindruck vom Palazzo Corsini am Ufer des Arno.

Der Schriftsteller begeisterte sich vor allem für die Sala del Trono (Thronsaal), deren Deckenfresko (1695, von Antonio Domenico Gabbiani) die Verherrlichung des Hauses Corsini darstellt. Es zeigt gewissermaßen die Apotheose des Palastes selbst, einer wunderbaren Barockarchitektur, die die Kulisse für das luxuriöse Leben der Fürsten Corsini bildete, die den Palast 1650–1700 errichten ließen.

Die für den Palast typische Wand- und Deckengestaltung mit Grotesken von Andrea Landini und floralen Motiven von Andrea Scacciati

Diese und gegenüberliegende Seite:
Die prunkvolle Ausgestaltung der Raumfluchten des Palastes mit Trompe-l'œil-Fresken an den Wänden und – wie auf dem Deckenfresko auf der gegenüberliegenden Seite – mit Fantasielandschaften und mythologischen Darstellungen

Schon im 15. Jahrhundert hatte auf dem Grundstück ein kleinerer Palast gestanden, der Casino di Parione genannt wurde und anstelle noch älterer Gebäude errichtet worden war, in denen sich im Mittelalter die Ardinghelli und später die Alberteschi niedergelassen hatten. Letztere hatten unter der Herrschaft der Medici kein leichtes Leben gehabt und waren wie viele andere florentinische Adelshäuser entmachtet worden. Der gesamte Familienbesitz war konfisziert und zum Eigentum des Staates erklärt worden, das in diesem Falle dem Medici-Großherzog zufiel.

Ab 1610 bewohnte ein Sohn Cosimos I. den Casino di Parione. Giovanni (1567–1621), ein illegitimer Sprössling aus der Verbindung des Großherzogs mit Eleonora Albizi, prägte das Gebäude auf seine Weise. Er begann mit einer Vergrößerung des Gebäudes, das zusätzlich eine Gartenanlage zum Arno hin erhielt. Dort empfing der als „Bastard" verschriene Medici-Abkömmling seine Freunde und angesehene Künstler der Zeit. Seine Aktivitäten waren jedoch nicht nur künstlerischer Natur; die Chroniken bezeugen auch seine lebenslustige Ader und sprechen von Orgien, die dort stattgefunden haben sollen. 1615 begegnete Giovanni Livia Vernazza, einer Prostituierten, die im

Gegenüberliegende Seite: Die große Eingangstreppe des Palazzo mit Skulpturen, die nach antiken Vorbildern geschaffen wurden

Libro dell'honestà (Buch der Ehre), in welchem die Kurtisanen nach hohem oder niedrigem Rang sowie nach Herkunft aus Florenz oder von außerhalb aufgeführt waren, als reisende Kurtisane verzeichnet war. Die 20-jährige Schönheit bezauberte den fast 50-jährigen Giovanni und avancierte bald zur Dame des Hauses.

Ein Aufschrei ging durch die bigotte Florentiner Aristokratie am Hofe Cosimos II. Dem 25-jährigen Großherzog gelang es nicht, den doppelt so alten Giovanni, den Bruder seines Vaters Ferdinando I., zur Vernunft zu bringen. Er erreichte nichts mit seiner Aufforderung, die skandalöse Verbindung abzubrechen. Livia hatte bereits eine in zartestem Alter geschlossene Ehe mit einem Polsterer hinter sich und hatte zudem eine Gefängnisstrafe verbüßt, nachdem sie den Gatten verlassen hatte. Daher war sie keinesfalls bereit, auf die gute Partie zu verzichten, die sich ihr hier bot.

Das Paar beschloss, Florenz den Rücken zu kehren und sich in Venedig niederzulassen. Ihre Geschichte ist von da an nicht mehr mit dem Casino di Parione verbunden, wohin sie niemals zurückkehrten. In Florenz wurden jedoch weitere Ränke geschmiedet, denn es drang der Ruf dorthin, dass es Giovanni gelungen sei, Livias erste Ehe

Einige Gemälde der renommierten Kunstsammlung in der Galerie des Palazzo Corsini. Die Räume, die im Laufe der Zeit von den berühmtesten Vertretern des Florentiner Adelsgeschlechtes bewohnt wurden, beherbergen eine der umfangreichsten Privatsammlungen der Stadt mit Kunstwerken aus dem 15. bis 18. Jahrhundert.

Gegenüberliegende Seite: Nischen, Säulen und der Deckenspiegel des Salone del Trono (Thronsaal) sind reich dekoriert. Der prunkvolle Raum ist mit hölzernen Leuchtern ausgestattet und von einer umlaufenden Galerie umgeben. Das Deckenfresko von Antonio Domenico Gabbiani stellt eine Verherrlichung des Hauses Corsini dar.

Die kleine Loggia im Piano Nobile ist mit Deckenfresken und mit Büsten an den Wänden ausgestaltet.

durch die Genueser Kurie annullieren zu lassen, so dass die beiden heiraten konnten. Giovanni starb 1621 und ließ Livia schwanger zurück. Der Sohn sollte niemals ein Medici werden. Die Großherzogin Maria Magdalena, Witwe von Cosimo II. und Erzieherin von dessen jüngstem Sohn Ferdinando II., erreichte beim Papst, dass die Annullierung der ersten Ehe Livias zurückgenommen wurde.

Der Casino di Parione war wie ein Schandfleck für die Medici, dessen sie sich zu entledigen trachteten, bis er schließlich 1649 für 14 000 Scudi zusammen mit den umliegenden Grundstücken von Maria Maddalena Machiavelli Corsini als Geschenk für ihren Sohn Bartolomeo erworben wurde. Die Corsini pflegten bereits beste gesellschaftliche und geschäftliche Kontakte zu den Medici, seit Marias inzwischen verstorbener Gatte Filippo mit diesen ein Bankhaus in Rom gegründet hatte. Ferdinando II. verlieh Bartolomeo als treuem Anhänger des Großherzogs 1644 den Titel eines Marchese di Laiatico. Es handelte sich bei der Transaktion um eine gute Gelegenheit, die hervorragenden Beziehungen der beiden Familien in Politik und Finanzwelt abermals zu stärken. So wurde aus dem Casino di Parione der Palazzo Corsini.

Gegenüberliegende Seite: Die mit prächtigen Stuckdekorationen ausgestattete Grotte im Erdgeschoss verbindet auf ungewöhnliche Weise Natur und Kunst miteinander.

Eine Wand des so genannten Thronsaals mit Büsten in den Rundnischen über der Tür, antiken Statuen und Wandteppichen, die das Wappen der Corsini zeigen

Der Palast entwickelte sich in mehreren Phasen zum architektonischen Schmuckstück. Zwischen 1650 und 1671 waren die Architekten Alfonso Parigi der Jüngere und Ferdinando Tacca mit dem Bau des Flügels zur Via del Parione hin betraut. Die Arbeiten wurden in aller Ruhe durchgeführt, denn Bartolomeo Corsini lebte mit seiner Frau Isabella Strozzi in einem Palazzo am Prato di Ognissanti, den die Corsini 1621 von der Familie Acciaiuoli erworben hatten. Dieses Gebäude sollte auch zum Wohnsitz der Familie werden, während der Palazzo Corsini ausschließlich repräsentativen Zwecken diente. Das Hauptgebäude des Palazzo Corsini wurde von Bernardo Buontalenti begonnen und von Gherardo Silvani fertig gestellt.

Ein zweite Bauphase begann unter Bartolomeos Sohn Filippo Corsini, einem Mann von Welt, der unter anderem für seine interessanten Reiseberichte bekannt war. 1680 beauftragte Filippo Pier Francesco Silvani mit der Realisierung der Pläne für den Gebäudeteil am Ufer des Arno. Die prächtige flussseitige Fassade bildete die Krönung der Umbauten, bei denen die beiden vorgezogenen Seitenflügel und der quadratische Ehrenhof mit Skulpturen entstanden. Eine elegant geschwungene Wendeltreppe erschließt die rechte Seite des Haupteingangs. Die Innenhalle wird durch eine monumentale, doppelläufige Ehrentreppe dominiert, deren Läufe zusammengeführt werden und dann parallel aufsteigen. Der Skulpturenschmuck des Treppenhauses ist von antiken Vorbildern inspiriert. Silvani erlebte nur noch den Beginn der Bauarbeiten, er starb 1685. Zehn Jahre später setzte Antonio Maria Ferri sie fort. Aus dieser Zeit stammen die neun prunkvollen Räume des Untergeschosses, die mit Fresken, Stuck, Büsten und Statuen ausgeschmückt sind, während im Piano Nobile eine weiträumige, luftigere Raumgestaltung vorherrscht. Dazu kommen noch die 100 qm große Loggia, der Thronsaal mit 320 qm sowie der Ballsaal mit mythologischen Figuren und einer Ausstattung, die vom erlesenen Geschmack und der Genussfreudigkeit des Hauses Corsini zeugt. Geflügelte Putten raffen im Alkoven die girlanden-

artigen Vorhänge, ein prächtig gestaltetes Corsini-Wappen prangt vor der barocken Kulisse einer geheimnisvollen Grotte mit wundervollen Aktfiguren.

Während Filippo Corsini in seiner Eigenschaft als Bauherr seiner Familie so einen klangvollen Namen machte, wurde der Bruder Lorenzo zum Botschafter der Corsini in Rom. 1696 wurde er Schatzmeister der Apostolischen Kammer, 1706 Kardinal und Bischof von Frascati. 1730 bestieg er den Heiligen Stuhl als Papst Clemens XII. Dieses Amt war die ruhmvolle Krönung des Geschlechts der Corsini.

Lorenzos Neffe Neri, auch er ein Kardinal, ließ zwischen 1732 und 1736 auch in Rom einen Palazzo Corsini errichten, der bis auf die von 1740 bis 1770 gebaute Bibliothek und die Galerie ein genaues Pendant zum Florentiner Palast bildete. Zeitgleich ließ 1765 der andere Neffe Lorenzos in Florenz eine Galerie bauen.

Das 19. Jahrhundert stand ganz im Zeichen des Erwerbs von Werken großer Meister und des Aufbaus einer Kunstsammlung. Mit florentinischen Gemälden des 15. und 16. Jahrhunderts sowie italienischen und ausländischen Werken des 17. Jahrhunderts und ihren antiken Stücken wurde die Galleria Corsini zu einer der wertvollsten Privatsammlungen Italiens. Der Palast am Arno galt als Stätte der Künste, die den idealen Hintergrund für prunkvolle Zeremonien und große Empfänge darstellte. Als Wohnsitz behielten die Corsini über die Jahrhunderte den Palazzo am Prato d'Ognissanti bei.

Die Familie war bis in das 20. Jahrhundert hinein am politischen Geschehen in Italien beteiligt. Neri Corsini (1771–1845) verteidigte als bevollmächtigter Minister Ferdinands III. die Unabhängigkeit des Großherzogtums Toskana gegenüber den österreichischen Großherzögen und wurde 1844 Ratspräsident. Sein Neffe Neri (1805–1859) wurde 1840 Gouverneur von Livorno und unterstützte als Außenminister der Toskana die Einigung Italiens. Tommaso (1835–1919) wirkte als Senator in der Florentiner Politik, war Präsident der Heraldischen Kommission der Toskana und von 1880 bis 1886 Bürgermeister von Florenz. Ihm verdankt der italienische Staat die noble Schenkung der Bibliothek und der Kunstsammlung des Palazzo Corsini in Rom, nachdem das Gebäude bereits vom Staat gekauft worden war. Das prachtvolle Florentiner Anwesen der Corsini, das im Wesentlichen als Kunstmuseum fungiert, wurde 1944 bei Kriegsangriffen schwer beschädigt, und im Jahr 1966 richtete ein Hochwasser weitere Schäden an, die sich teilweise als irreparabel erweisen sollten. Nichtsdestoweniger erstrahlt der Palast bis heute in aristokratischem Glanz.

CASA GUICCIARDINI IN FLORENZ

Diese und gegenüberliegende Seite:
Der mannigfaltige und mit reichem Skulpturenschmuck versehene Garten der Casa Guicciardini erstreckt sich in einer eindrucksvollen Abfolge von gewundenen Pfaden und Blumenbeeten bis hin zu den Boboli-Gärten.

Auf der Höhe des Palazzo Guicciardini trug die Via Guicciardini bis zum Ende des 12. Jahrhunderts den Namen Via di Piazza. Hier ließ sich Mercante di Guicciardino, der aus Poppiano im Val di Pesa stammte, als Kaufmann nieder. Seine Geschäfte gingen gut, und so konnte bereits sein Neffe Tuccio einen Geschlechterturm errichten lassen, auch wenn nach den Ausführungen seines berühmten Nachfahren, des Politikers und Historiografen Francesco, die Guicciardini zu dieser Zeit „in Ansehen und Reichtum als eher mittelmäßige, brave Bürger einzustufen waren".

Die Familie wuchs, und so wurde auch das Quartier in der Via di Piazza zusehends größer. Sie war auch in die Machtkämpfe zwischen Guelfen und Ghibellinen verwickelt, Rinuccio Guicciardini nahm an der Schlacht von Montaperti (1260) teil. Bezeichnender war für das Geschlecht der Guicciardini jedoch das politische Engagement. In seinen Aufzeichnungen zur Familiengeschichte hielt

Francesco Guicciardini fest: „Um 1300 wurde das Priorat eingeführt, und die Ersten der Familie, die die Ehre dieses Amtes hatten, waren Simone und Lione, die später auch noch zum Gonfaloniere di Giustizia gewählt wurden." Das hohe Ansehen der Familie sollte bis über das 16. Jahrhundert hinaus vor allem mit den hohen politischen Ämtern verbunden sein, die sie bekleidete. In der Anfangszeit jedoch wirkte sich ihre Beteiligung an der Kommunalpolitik eher negativ auf die Familie und ihren Besitz aus, wie das Schicksal von Francescos Vorfahren Luigi zeigt. Sein Haus wurde während des Ciompi-Aufstandes 1378 angegriffen und niedergebrannt, und das Volk vertrieb ihn in seiner Eigenschaft als Gonfaloniere (Vorsitzender der Stadtregierung) aus Florenz. Drei Tage später wurde er aus seinem Verbannungsort Poppiano zurückgerufen und zum Cavaliere ernannt. Der Palazzo in der Via di Piazza wurde wiederhergestellt.

Zu Beginn des 15. Jahrhunderts hatte Luigis Sohn Piero Guicciardini den Familienbesitz innerhalb weniger Jahre heruntergewirtschaftet und war gezwungen, einen Teil des Besitzes zu veräußern, wie Francesco berichtet. Als er auch das Haus seiner Ehefrau Agnola Buondelmonti verkaufen wollte, widersetzte sich die resolute Frau und „jagte Notar und Käufer davon". Dieser Besitz sollte den Grundstein für den späteren Palast bilden.

Die politische und wirtschaftliche Blütezeit der Guicciardini begann mit den Söhnen von Piero, die im Dunstkreis der Medici einen sagenhaften Aufstieg erlebten. Der Erstgeborene Luigi war Botschafter für drei Generationen von Medici, nämlich von Cosimo dem Älteren über Pietro bis hin zu Lorenzo. Zwischen diesen Amtsperioden übernahm er 1449 das Amt des Podestà (Stadtvogts) in Mailand, war 1459 Capitano (Oberbefehlshaber) von Pistoia und 1466 Capitano von Pisa, im selben Jahr wurde er Vikar von Certaldo. Der dritte Sohn Jacopo war als Botschafter tätig und wurde 1477 Gonfaloniere und engster Berater Lorenzos de' Medici. Er gilt als Bewahrer des Familienerbes. Durch die Hochzeit mit Guglielmetta de Nerli konnte er deren reichliche Mitgift mit seiner Erbschaft vereinen und ein Unternehmen aufbauen, mit dem er bald hohe Gewinne erwirtschaftete. Was der Vater einst zu verkaufen gezwungen war, wurde wieder zurückerworben. Ende des 15. Jahrhunderts standen sich in der Via di Piazza zwei respektable Stadthäuser gegenüber, errichtet auf den Fundamenten der Bauten aus dem 14. Jahrhundert, beide im Besitz der Familie Guicciardini.

Dieses Erbe trat Jacopos einziger Sohn Piero an, der Botschafter Lorenzos in Neapel und Konsul von Pisa war, bis er unter Piero de' Medici zum Botschafter in Mailand ernannt wurde und dort all die „Not erlebte, die damals Italien erschütterte", wie sein berühmter Sohn Francesco (1483–1540) in der letzten Zeile seiner Familiengeschichte schrieb. In seinen Erinnerungen erzählt er von seiner Kindheit und Ausbildung im Familienpalast an der Via di Piazza: „Mein Vater Piero ließ seinen

Im Doppelhof der Casa Guicciardini ist diese Stuckarbeit mit Herkules und Cacus *nach einem Werk von Antonio del Pollaiolo über einem Sarkophag mit Löwenkopf angebracht, der einst als Brunnen fungierte.*

*Rechts:
Dieser Innenraum weist typische Stilelemente der Renaissancearchitektur auf.*

Söhnen eine hervorragende Erziehung angedeihen. So hieß er mich bereits in zartestem Alter humanistische Studien betreiben. Neben der lateinischen Sprache studierte ich auch ein wenig Griechisch, das ich jedoch im Verlauf der nächsten Lehrjahre wieder vergessen sollte. Ich erlernte recht trefflich Algebra und beschäftigte mich auch ein wenig mit Logik, bis ich das Studium der Jurisprudenz aufnahm."

Francesco wurde der neue Hausherr in der Via di Piazza. Seine Hochzeit mit Maria Salviati 1508 wurde kaum gefeiert: „Meine Frau Maria kam zu ihrem Gatten ins Haus. Sie kam spät abends und ohne Licht zu Pferde. Am nächsten Morgen gaben wir ein Essen für die engsten Verwandten. Wir wollten kein großes Fest veranstalten und konnten dies auch vertreten. Denn zu dieser Zeit herrschten derartige Unwetter, dass kein rechtschaffener Mensch daran dachte, ein Fest zu feiern." Im selben Jahr begann er mit der Arbeit an der *Geschichte von*

Florenz, seinem berühmtesten Werk, und dem Schreiben seiner Erinnerungen sowie ab 1510 seiner Familiengeschichte.

Zu dieser Zeit wurde die Via di Piazza in Via Guicciardini umbenannt, und Francesco begann seine politische Karriere. 1514 und 1515 gehörte er verschiedenen Stadträten an. Nach der Vertreibung der Medici musste der wegen seiner Nähe zu der Familie bei den Florentinern nunmehr verhasste Guicciardini sich für einige Monate in seine Villa in Finocchieto zurückziehen. Bei der Rückkehr der Medici trug Francesco wesentlich zur Ernennung Cosimos I. zum Herzog bei und wurde später Mitglied des Justizapparates. Als dieser entmachtet wurde, kehrte Francesco wieder in sein Landhaus zurück.

Damals bildeten die beiden Häuser an der Via Guicciardini zusammen einen Palastkomplex. Sie waren durch einen doppelten Hof miteinander verbunden, der als charakteristisches Element das Ensemble bestimmen sollte. Der Hof im „römischen Stil" von Baccio d'Agnolo erscheint heute als eine Einheit mit dem Palast, der Mitte des 17. Jahrhunderts von Gherardo Silvani errichtet wurde. Die 300 Jahre alte, vielteilige Familienresidenz der Guicciardini jenseits des Arno wurde zu einem kompakten Baukomplex zusammengefasst und in einen städtebaulichen Zusammenhang mit den umliegenden Gebäuden gebracht. Dazu gehörten auch die an der Piazza Pitti gelegenen Häuser, die den Benizzi gehörten und im 18. Jahrhundert zugunsten einer Erweiterung des Platzes abgerissen wurden. Nach dieser Veränderung trat der Palazzo Guicciardini noch prominenter hervor.

Als letztes Element des Ensembles wurde der Garten erworben, der zwar nicht groß, aber abwechslungsreich gestaltet und mit reichem Skulpturenschmuck ausgestattet war. Er erstreckte sich von der Kirche Santa Felicita bis hin zum Palazzo Pitti und grenzte an die Boboli-Gärten. Das Innere des Palastes wurde durch eine imposante Treppenanlage aufgewertet, und die neuen Räume des Piano Nobile entsprachen dem hohen Prestige, das die Familie Guicciardini bis heute genießt. Die interessante Familiengeschichte lässt sich nachlesen in den Bänden der reichhaltigen Bibliothek und den Dokumenten des Archivs, das der Palazzo beherbergt.

Die Familie Guicciardini hat das politische und kulturelle Geschehen bis in die heutige Zeit mitbestimmt. Zu nennen wären in diesen Zusammenhang der Pädagoge und Reformtheologe Piero Guicciardini (1808–1886) und vor allem Francesco Guicciardini (1851–1915), der von 1889 bis 1890 Bürgermeister von Florenz war und 1896/97 Landwirtschaftsminister der Regierung Di Rudinì sowie in den Jahren von 1906 bis 1909 und 1910 Außenminister der Regierung Sonnino.

Dank der Pflege und der sorgfältigen Restaurierungsarbeiten durch die Besitzer blieb das vornehme Äußere des Palastes unverändert erhalten. An der Wende vom 19. zum 20. Jahrhundert wurde unter anderem die Fassade zur Piazza Pitti hin restauriert. Die in der Nacht vom 4. August 1944 beim Angriff der Deutschen entstandenen Schäden machten umfangreiche Erneuerungen erforderlich, doch schon 1950 erstrahlte der Palazzo in altem Glanz.

Das raffinierte Zusammenspiel von Säulen, Bögen und Gewölben im Säulengang sowie die rhythmische Betonung der Achsen durch die klassischen Statuen verrät das Streben der Renaissancearchitektur nach ausgewogenen Proportionen.

Gegenüberliegende Seite: Die Innenräume des Palastes bestechen durch ein strenge und gleichzeitig sehr harmonische Ausstattung, die auch Kunstgegenstände von beträchtlichem Wert umfasst wie etwa die Skulpturensammlung oder verschiedene archäologische Funde.

Bücher und Gemälde in der Bibliothek der Casa Guicciardini zeichnen ein lebhaftes Bild der über fünfhundertjährigen Geschichte des Palastes. Der großzügige Saal wird architektonisch mit einer dreifachen Bogenstellung untergliedert.

PALAZZO DUCALE IN MASSA

Ansicht des Palazzo Ducale in Massa mit seiner beeindruckenden Fassade, die durch Fensterachsen und Skulpturenschmuck vor rotem Hintergrund akzentuiert wird. Die Detailansicht zeigt zwei der französischen Fenster, die von Büsten bekrönt werden.

Noch bevor Alberico I. Cybo Malaspina am 11. Juni 1557 die Stadt Massa gründete, besaßen die Marchesen Malaspina ein Haus in der Ortschaft Bagnara. Dieses Haus bildete den Nucleus für den Palast, mit dessen Bau der erste Fürst von Massa den Bauleiter Rocco Fattore di Suvigo 1563 beauftragte. Zuerst wurde ein Anbau errichtet, der ent-

lang der heutigen Via Gerolamo Guidoni im rechten Winkel zu dem kleinen Gebäude stand. Der Komplex, in den das ursprüngliche Haus integriert wurde, war außen schlicht gehalten, wirkte aber in seinem klassischen Aufbau sehr harmonisch. Allerdings waren die Innenräume zu diesem Zeitpunkt noch verhältnismäßig klein.

Bis zum Tode Albericos II. im Jahre 1623 und noch einige Jahre danach wurden keine weiteren baulichen Veränderungen vorgenommen. Die Hochzeitsfeierlichkeiten für Veronica Cybo, die Tochter Carlos I., des neuen Fürsten von Massa, und Herzog Jacopo Salviati im Jahr 1628 fanden dennoch in diesen Räumlichkeiten statt. Der große Ball wurde in einem Saal veranstaltet, an dessen Wänden sich eine vierstufige Treppe entlangzog, und „alle Damen fanden dort ohne Gedränge Platz und alles spielte sich ausgesprochen ruhig und anmutig ab", so der Chronist Orazio Beggi. Nur wenig später ließ Carlo I. das Gebäude um einen riesigen Saal von 24 Metern Länge und 11,5 Metern Breite verlängern, so dass die Fassade um das Doppelte erweitert werden musste. Damit schuf er ein fürstliches Bauwerk, auf dessen Portalen er sich mit den Lettern CAROLUS I. verewigen ließ. Wie es dem Rang einer Adelsresidenz gebührte, wurde eine Kapelle aus kostbarem Marmor eingerichtet, die mit einer Vielzahl von Bronzen, Statuen und Gemälden Carrareser Künstler ausgestattet wurde.

Der Ausbau des Palastes wurde nicht zuletzt deshalb vorangetrieben, weil die herzoglichen Gemächer der außergewöhnlich großen Familie Cybo Malaspina nicht genug Platz boten. Carlos Sohn, Alberico II., erweiterte das Gebäude auch auf der Rückseite um das Doppelte, so dass der Palast schließlich aus drei miteinander verbundenen Teilen bestand, die jeweils im rechten Winkel zueinander standen. Zwar war diese Anordnung eher ungewöhnlich, aber die Loggia, die sich über alle drei Seiten zog, verlieh dem Innenhof einen harmonischen Zusammenhang, der den ästhetischen Ansprüchen der Renaissance durchaus entsprach. Darüber hinaus fügten sich die Loggia im

Blick vom Eingangstor in den Hof mit der großen Loggia, die sich über zwei Etagen des Palastes erstreckt

Die große Loggia zeichnet sich besonders durch die harmonischen Proportionen von Säulen und Bögen aus.

Blick auf die großartige, über zwei Etagen geführte Loggia des Palastes mit Rundbögen und einer dicht gestellten Säulenreihe

Hof, die großartige Loggia auf der Meerseite und die herrschaftliche Treppe zu einem traumhaften Marmorensemble zusammen. Die Arbeiten wurden um 1664 bzw. 1665 fertig gestellt, also noch unter Alberico II., der die Inschrift ALBERICUS II MDCLXIIII. auf dem Eckportal im Hof anbringen ließ. Finanziert wurden die Baumaßnahmen von seinem Bruder Alderano, Kardinal und Bischof von Ostia, der auch für die Innenausstattung des Palastes aufkam. Diese bestand aus Wandteppichen und Elfenbeingegenständen sowie aus Bildern, die den Grundstock für eine umfangreiche Gemäldesammlung bildeten. Zudem ließ er aus seinem Bistum archäologische Fundstücke kommen.

Niccolò Margaritoni besang das Bauwerk 1664 in dem Gedichtzyklus *Anfiteatro d'eroi Cybo* (Amphitheater der Helden aus der Familie Cybo) als „Königspalast".

Ein Juwel barocker Innenraumgestaltung im Sinne Berninis ist das von Alessandro Bergamini gestaltete Schlafgemach. Die Putti raffen die Scheindraperie und sind harmonisch auf das Farbspiel des Marmors abgestimmt.

Aber die Ausschmückung des Palastes war noch längst nicht vollendet. Um das Bauwerk noch prächtiger erscheinen zu lassen, beauftragte Teresa Pamphilj, die Ehefrau des neuen Herzogs Carlo II., im Jahre 1701 Alessandro Bergamini mit der Aufstockung des niedrigen Palastes. Er sollte „die Wohnräume vergrößern und die Seitenmauern des Gebäudes mit wunderschönen, marmorgeschmückten Fassaden versehen, deren anmutige Stuckelemente in edler Symmetrie erstrahlen sollten". So entstand der überwältigende Eindruck, den der Palast noch heute beim Betrachter hinterlässt. Verstärkt wird dieser Effekt durch den Rhythmus der regelmäßigen alternierenden Fenster und Büsten sowie den kräftigen Rotton der Fassade.

Schließlich wurde noch ein Theater eingerichtet und von Stefano Lemmi dekoriert. Dieser schuf auch die Fresken im großen Saal, der mit Marmor-

Einer der Putti, welche die Draperien am Eingang des Alkoven raffen. Die insgesamt vier Figuren von Alessandro Bergamini stellen ein Meisterwerk der Bildhauerkunst des Barock dar.

Gegenüberliegende Seite: Das Nymphäum in zwei Detailansichten. In der Neptungrotte ist der Meeresgott mit zwei Najaden dargestellt, an den Wänden finden sich allegorische Stuckfiguren und Karyatiden.

Rechts: Das sorgfältig gearbeitete Marmorrelief in der Kapelle des Palazzo zeigt die Geburt Christi.

Der prunkvolle Salone degli Svizzeri (Schweizersaal) mit seiner aufwändigen Kassettendecke und einer Wandgliederung aus horizontalen Profilleisten und Lisenen

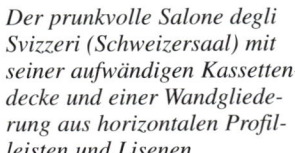

statuen und Gemälden aus dem Nachlass des Kardinals Alderano geschmückt war. Eine Groteske im Hof stellt den inmitten von Satyren und Nymphen auf einer Muschel sitzenden Neptun dar, der von Tritonen gezogen wird. Die Gemälde in den den Hof umgebenden Räumen verherrlichen die vier Päpste, die aus den Familien Cybo und Pamphilj hervorgegangen sind. Darüber hinaus fanden sich hier allegorische Darstellungen der Wissenschaften und verschiedener Künste, was darauf hindeuten sollte, dass die Accademia dei Derelitti (Akademie der Verlassenen), die später den etwas schmeichelhafteren Namen Accademia dei Rinnovati (Akademie der Erneuerten) bekam, in diesen Räumen ihren Sitz hatte.

Damit befand sich der Palast auf dem Höhepunkt seiner Prachtentfaltung, aber seine Ruhmeszeit neigte sich schon bald ihrem Ende zu. Nach dem Tode von Carlo II. und Teresa Pamphilj plünderten die Nachkommen den Palast und nahmen die Kunstschätze an sich, um damit entweder ihre eigenen Häuser zu schmücken oder sie zu verkaufen. Was an Kostbarkeiten noch im Palast verblieben war, ging bei der Besetzung von Florenz durch

Napoleon verloren: Vom 25. Juni bis zum 6. Juli schaffte General Lannes, der den Palast in Besitz genommen hatte, Gemälde und Zierrat nach Frankreich; mit einem zweiten Transport ließen die Franzosen weitere Bilder und die gesamte Bibliothek mit zahlreichen Inkunabeln exportieren. 1797 fiel der Palast wieder an die Stadt, und die Plünderungen hatten ein Ende. Dafür wurde er jetzt als eine Art Kaserne genutzt, in der sich Amtsstuben und Lagerräume befanden und gelegentlich Militärkorps untergebracht waren.

1806 erwachte das Bauwerk zu neuem Leben und diente wieder als Fürstensitz: Elisa, Schwester Napoleons, wählte ihn als Residenz. Öffentliche Verwaltung und Militär wurden ausquartiert und das Piano Nobile wieder mit kostbaren Einrichtungsgegenständen bestückt. Die neue Hausherrin ließ sämtliche Bilder aus der Karmeliterkirche in Carrara kommen und orderte die Kisten mit dem zehn Jahre zuvor geraubten Beutegut aus Paris zurück. Nun wurden wieder Bälle ausgerichtet, und das Theater wurde bespielt. Leider war die Episode nur von kurzer Dauer und fand mit dem Sturz Napoleons 1814 ihr Ende.

Bei der Rückkehr der letzten Vertreterin der Familie Cybo, der Erzherzogin Maria Beatrice d'Este, wurden erneut Renovierungsarbeiten durchgeführt, allerdings beschränkte man sich dabei auf das unbedingt Notwendige, wie etwa die Reparatur der Saaldecke und die Einrichtung von Zimmern für die Kinder des Herzogspaars. Die wichtigste Veränderung bestand in der neuen Dekoration des Saals, der nun von einer Kassettendecke überspannt wurde, während die Wände aus durch Lisenen abgeteilten Feldern bestanden und mit Ornamentfriesen verziert waren.

Unter den Bewohnern aus der Familie d'Este wurde das Gebäude nicht weiter ausgebaut, so dass der Komplex allmählich zu einem Baudenkmal erstarrte. Nur gelegentlich belebte er sich, wenn etwa einer der seltenen Bälle stattfand oder prominente Gäste hier residierten. Die Kaiserin Maria Anna und die Herzogin von Parma, Maria Teresa, – die Töchter von König Vittorio Emanuele I. – hielten sich sogar zweimal, nämlich 1851 und 1853, eine längere Zeit in dem Palast auf.

Nach der Einigung Italiens überließ man den Palast der Provinzverwaltung, die ihn zum Sitz der Präfektur machte. Die Bühne wurde abgerissen und der Raum zur öffentlichen Versammlungsstätte umgebaut. Auch wenn das Gebäude heute noch zu Repräsentationszwecken und für kulturelle Veranstaltungen genutzt wird, hat es seinen aristokratischen Charakter inzwischen verloren. Nach Restaurierungsarbeiten in jüngerer Zeit finden gelegentlich archäologische Ausstellungen statt. Vor allem aber handelt es sich bei diesem Bau heute um einen steinernen Zeugen der Geschichte des Herzogtums Massa.

PALAZZO MANSI IN LUCCA

Die Fassade des im 17. Jahrhundert erbauten Palazzo Mansi di San Pellegrino in der Via Galli Tassi und eine Detailansicht des Hauptportals aus dem 19. Jahrhundert

Die Mansi waren ursprünglich Großgrundbesitzer und lebten in der Umgebung Luccas auf dem Land, wandten sich aber im 14. Jahrhundert dem Handel zu und zogen in die Stadt. 1502 erwarb Nicolao Mansi ein Haus neben der Kirche von San Pellegrino in der Via Galli Tassi, das später als „altes Haus" der Familie bezeichnet wurde oder, genauer, jenes Zweigs, der die „Mansetti" genannt wurde und im 18. Jahrhundert erlosch. Das Haus befindet sich direkt gegenüber des so genannten neuen Hauses, welches gewissermaßen den Grundstock für den eigentlichen Palazzo Mansi an der Ecke der Via San Paolino bildete. Isabella Mansi, die Witwe von Agostino Sinibaldi Mansi, hatte das Gebäude 1616 gekauft und 1641 ihren drei Enkeln Cipriano, Agostino und Raffaello hinterlassen. Letzterer wurde zum Alleineigentümer, nachdem er seine Cousins ausbezahlt hatte.

Raffaello kann als der eigentliche Erbauer des Palastes bezeichnet werden, erwarb er doch zwischen 1648 und 1686 sieben weitere Häuser, die sich zu einem größeren Komplex zusammenfügen ließen. Die Häuser waren alle miteinander verbunden, aber es wurde noch kein einheitlicher Innenausbau veranlasst. Erst sein Sohn, Marchese Ottavio Mansi, bemühte sich um Geschlossenheit. Er verband die bereits im Familienbesitz befind-

*Folgende Seiten:
Marco Antonio Chiarini kombinierte für die Wandfresken des geräumigen Musiksalons im Hauptwohnbereich die Szene der* Flucht des Äneas aus Troja *mit einer eindrucksvollen Landschaftsdarstellung. Das große Deckenfresko von 1688 ist ein Werk des Künstlers Giovan Gioseffo Dal Sole.*

Im Piano Nobile befindet sich der Hauptwohnbereich des Palastes mit verschiedenen Sälen, unter denen besonders der Spiegelsaal mit seiner prachtvollen Ausstattung hervorsticht.

*Diese und die vorhergehenden Seiten:
Die Sala dell'Alcova mit dem Himmelbett, das ein geschnitzter und vergoldeter Holzbogen abschließt, den Karyatiden tragen. Bemerkenswert ist auch die Wandbespannung aus Atlasseide mit Blumen- und Vogeldekor.*

lichen Bauten mit fünf weiteren Häusern, die er in den Jahren 1687–1689 kaufte. Drei Viertel der Anlage zog sich an der Via Galli Tassi entlang, der Rest befand sich in der Via San Paolino.

Durch die nun begonnenen Umbauten, die sowohl die Fassaden als auch die Innenräume betrafen, nahm der Palast Gestalt an. Aus dieser Zeit datiert auch das Familienwappen der Mansi mit dem Wahlspruch „Omnes redierunt. Ego solus mansi" (Alle sind gegangen, ich allein bin geblieben), das verschiedene Räume schmückte. Zu Ehren seiner Ehefrau Anna Maria Arnolfini ließ Ottavio auch das Wappen ihrer Familie anbringen. Giovan Dal Sole, Marco Chiarini und Giovanni Ciocchi wurden damit beauftragt, die Räume mit Fresken auszustatten, während sich Raffaello Mazzanti von 1687 bis 1691 der Inneneinrichtung zuwandte: Damals entstand der legendäre Musiksaal mit einer festeingebauten Orchesterbühne. Ihn überwölbt eine eindrucks-

volle Decke, die mit Motiven aus der griechischen Mythologie bemalt ist. Mazzanti konstruierte auch die breite Freitreppe, die sich über die gesamte Länge der Innenfassade erstreckt und in Höhe des Piano Nobile auf eine offene Laube mit Blick auf den Garten führt. Die Wände des Sala dell'Alcova (Schlafgemach) wurden mit Atlastapeten bespannt, die mit Blumen- und Vogelmotiven bestickt sind, während das Himmelbett vom übrigen Raum durch einen geschnitzten Bogen aus vergoldetem Holz abgetrennt ist, der von Karyatiden getragen wird. Darüber hinaus befanden sich in den drei mit Fresken geschmückten Räumen im Piano Nobile Bilder und Gobelins, die den Anfang einer beachtlichen Gemälde- und Teppichsammlung bilden sollten.

In diesem „neuen" Palast gab es Säle für Feste und Zeremonien, unter denen die Hochzeitsfeierlichkeiten Carlo Mansis, Sohn Ottavios, und Eleonora Pepolis 1688 besonders hervorstechen.

Einer der drei Räume, deren Wände vollständig mit flämischen Bildteppichen aus dem Jahr 1665 bedeckt sind, die in der Manufaktur Gerard Poemans' nach Entwürfen von Juste d'Egmont gefertigt wurden

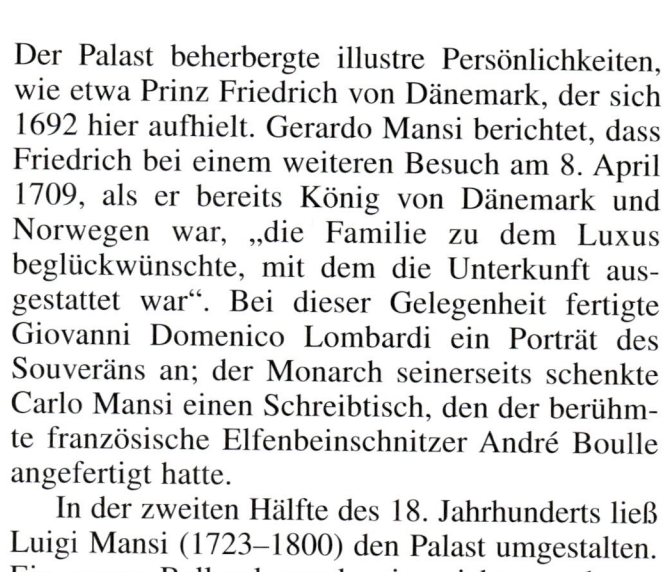

Der Palast beherbergte illustre Persönlichkeiten, wie etwa Prinz Friedrich von Dänemark, der sich 1692 hier aufhielt. Gerardo Mansi berichtet, dass Friedrich bei einem weiteren Besuch am 8. April 1709, als er bereits König von Dänemark und Norwegen war, „die Familie zu dem Luxus beglückwünschte, mit dem die Unterkunft ausgestattet war". Bei dieser Gelegenheit fertigte Giovanni Domenico Lombardi ein Porträt des Souveräns an; der Monarch seinerseits schenkte Carlo Mansi einen Schreibtisch, den der berühmte französische Elfenbeinschnitzer André Boulle angefertigt hatte.

In der zweiten Hälfte des 18. Jahrhunderts ließ Luigi Mansi (1723–1800) den Palast umgestalten. Ein neuer Ballsaal wurde eingerichtet und von Stefanio Tofanelli und Domenico del Frate mit Fresken ausgestattet, während die Dekoration im Alkovenzimmer von Francesco Cecchi ausgeführt wurde. Als Luigi Mansi 1791 das Haus der Ordensschwestern von Santa Giustina in der Via Galli Tassi kaufte, das als Unterkunft für das Personal diente, wurden die Schlafzimmer im Piano Nobile mit blauen Tapeten und der kleine Salon mit hellen Tapeten versehen. Erst jetzt galt der Palast als vollständig fertig gestellt. Die fürstlich ausgestattete Residenz entsprach nun auch der gesellschaftlichen Position, die der nachfolgende Eigentümer des Palastes, Raffaelle Mansi (1766–1839), innehatte: Er war der Kammerherr der Fürstin von Lucca, Elisa Baciocchi.

Nach der Hochzeit von Raffaelle Mansi mit Camilla Parenzi wurde die Bildersammlung ganz erheblich erweitert, da die Braut als Mitgift etwa 70 Gemälde erhielt. Ihr Sohn Girolamo stellte ab 1840 im ersten Stockwerk des Palastes eine bedeutende Sammlung flämischer und holländischer Meister aus. Um diesen Schatz besser präsentieren zu können, ließ Girolamo die Galerie ausbauen. Fertig gestellt wurde sie im Jahre 1896 durch seinen Enkel Raffaello Orsetti (1866–1956), der unter der Auflage, den Namen Mansi anzunehmen, als Erbe eingesetzt worden war. Zur gleichen Zeit fanden auch jene flämischen Gobelins, die von Gerard Poemans nach Zeichnungen von Juste d'Egmont gefertigt worden waren, einen angemessenen Platz in den drei mittleren Salons des Piano Nobile. Zu Lebzeiten Raffaello Mansis – insbesondere zwischen den beiden Weltkriegen – fanden im Palast die letzten großen privaten Feierlichkeiten, Bälle und Empfänge, statt.

Nach seinem Tod verkauften seine Kinder den Palast 1963 an den Staat. Seit 1977 ist der Komplex Sitz des Nationalmuseums, das vorher im Palazzo Ducale untergebracht war. Die Pinakothek umfasst allerdings heute nicht mehr die vollständige Sammlung Mansi, da diese bei der Aufteilung des Erbes auseinander gerissen wurde.

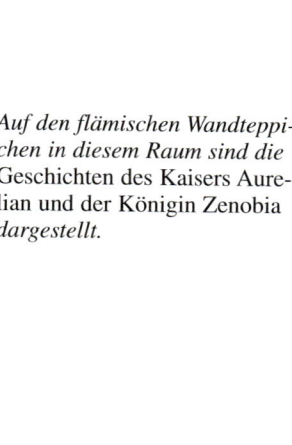

Auf den flämischen Wandteppichen in diesem Raum sind die Geschichten des Kaisers Aurelian und der Königin Zenobia dargestellt.

269

PALAZZO CONTRONI-PFANNER IN LUCCA

Die Rückseite des Palazzo Controni-Pfanner vom Garten aus gesehen

Die Familie Moriconi begann mit dem Bau des Palastes nahe der Stadtmauer, in der heutigen Via degli Asili, im Jahre 1660. Das Gebäude stellte gewissermaßen eine Erweiterung ihrer Residenz dar, besaß die Familie doch bereits ein Haus an der nahe gelegenen Piazza Sant'Agostino. Die Moriconi, die seit dem 12. Jahrhundert in Lucca lebten und in dieser Zeit die Vorsteher des Stadtviertels stellten, waren erfolgreiche Kaufleute und investierten ihre Gewinne in verschiedene Bauten, vom Torracchio di Sant'Andrea bis zum Palast an der Piazza Scalpellini. 1667 war der Palast in der Via degli Asili im Umriss fertig gestellt, aber die Innenausstattung fehlte noch völlig, weil die Arbeiten abgebrochen worden waren, nachdem die Familie einen Großteil ihres Vermögens verloren hatte. Zwar hatten die Geschäfte hohe Gewinne eingebracht, so dass man sogar eine Filiale in Polen eröffnen und König Kasimir ein großes Darlehen gewähren konnte. Aber genau dies führte schließlich zum finanziellen Ruin: Der Monarch zahlte die Schulden nicht zurück, sondern sprach der Familie stattdessen ein Lehen in Litauen samt dem damit verbundenen Adelstitel zu. Im Laufe der nächsten zehn Jahre erlitt das Unternehmen auch in Lucca finanzielle Einbußen und ging 1678 schließlich bankrott. Daraufhin verkaufte Lorenzo Moriconi 1680 sämtliche Immobilien und zog sich nach Litauen zurück.

Der Palast in der Via degli Asili wurde von der seit Ende des 15. Jahrhunderts in Lucca ansässigen Adelsfamilie Controni übernommen, die im Seidenhandel tätig war und sich auf allen wichtigen europäischen Märkten einen Namen gemacht hatte. Der neue Besitzer des Palastes, Domenico Controni, ließ das Gebäude vergrößern und in den Jahren 1680–1686 mit einer prächtigen Freitreppe zum Piano Nobile ausstatten. Hier befanden sich vier große Räume, deren Dekoration zwar noch nicht fertig gestellt war, die aber gleichwohl bereits dem Empfang und der Unterbringung von Gästen dienten: ein großer Saal, ein Salon, ein Ess- und ein Schlafzimmer.

Domenico Controni vererbte den Palast seinem Neffen Carlo, der dort zusammen mit seiner Ehe-

Folgende Seiten:
Die prachtvolle Außentreppe führt vom Erdgeschoss bis zum Piano Nobile hinauf. Den Eingangsbereich im Erdgeschoss bilden die Loggia, die Eingangshalle und ein kleiner Warteraum.

frau Caterina Boccella residierte, und das Paar erfüllte das Gebäude von Anfang an mit glanzvollem gesellschaftlichen Leben. So war im Mai 1692 Prinz Friedrich von Dänemark ihr Gast, dem man mit üppigen Festessen und prunkvollen Empfängen die Ehre erwies. Das Bett des Gastes stand im Alkovenzimmer und war mit einem Himmel aus Luccheser Seide überspannt.

Zu Beginn des 18. Jahrhunderts erstreckte sich hinter dem Palast ein weitläufiger Garten, der bis zur Stadtmauer reichte und vermutlich auf Initiative Curzio Contronis, Carlos Sohn, angelegt wurde. Realisiert wurde das großartige Projekt von Filippo Juvarra: Von dem großen achteckigen Wasserbecken führen kleine Pfade zu dem mit Statuen gesäumten Hauptweg. Bei den Skulpturen handelt es sich um allegorische Darstellungen der Monate und Jahreszeiten sowie antike Gottheiten; sie stehen vor Buchsbaumhecken und üppigen Zitronenbäumen. Von hier aus blickte man auf ein Jagdschlösschen, das einst neben dem Palast stand.

Zu dieser Zeit wurden auch die Räume im Piano Nobile fertig gestellt, die Bartolomeo De Santi und sein Lehrer Pietro Paolo Scorzini 1717–1719 mit Fresken ausschmückten. Zwischen vergoldeten Friesen und Medaillons finden sich in Trompe-l'œil-Technik Szenen aus der klassischen Mythologie; im Mittelpunkt steht eine Darstellung der Flora, der Göttin der Blüten und des Frühlings. Komplettiert wurde die Einrichtung mit Lambrequins aus Luccheser Seide, Vorhängen aus feiner chinesischer Seide, die mit Gemälden der Luccheser Schule aus dem 17. Jahrhundert verziert sind, sowie Silberarbeiten und Porzellan. Hier spielte sich das prunkvolle Leben der Familie Controni ab, deren Vermögen sich dank ihrer erfolgreichen Han-

Gegenüberliegende Seite: Der große Salon ist mit einem Deckenfresko in Trompe-l'œil-Technik geschmückt.

Das Schlafgemach mit einem Himmelbett und einer reich verzierten Kassettendecke

delstätigkeit stetig vergrößerte, so dass sie schließlich noch weitere Paläste ihr eigen nennen konnte, wie etwa jenen Palast an der Piazza Sant'Agostino, der sich ebenfalls einst im Besitz der Familie Moriconi befunden hatte, oder ein anderer prachtvoller Bau in der Via dell'Angelo Custode. Im frühen 19. Jahrhundert wurde das Piano Nobile umgebaut, wobei man den Salon und das Schlafzimmer in eine Diele, ein kleines Aufenthaltszimmer und eine Küche verwandelte. Die Umbauten waren notwendig, da die Controni trotz ihres Wohlstands beschlossen hatten, einen Teil des Palastes zu vermieten. Tatsächlich zogen 1830 die von Karl Ludwig von Bourbon, dem Herzog von Lucca, gegründeten Scuole di Mutuo Insegnamento (Schulen für gegenseitigen Unterricht) in diese Räume, und später hatte sogar das Schwurgericht seinen Sitz im großen Saal.

Der Garten des Palazzo Controni-Pfanner aus dem 18. Jahrhundert erstreckt sich vom Palast bis zur Stadtmauer und bildet mit den Statuen um das achteckige Bassin, den Buchsbaumhecken und den blühenden Zitronenbäumen ein eindrucksvolles Ensemble.

Die Statue eines römischen Soldaten verleiht dem Garten eine antikisierende Atmosphäre.

Offensichtlich hatten die letzten Abkömmlinge der Familie Controni kein Interesse mehr an dem Palast und verkauften ihn deshalb 1860 an den österreichischen Bierbrauer Felix Pfanner. Dieser stammte aus Bregenz am Bodensee und lebte seit 1844 in Lucca. Damals hatte ihn Herzog Karl Ludwig zum Direktor der ersten Brauerei des Herzogtums ernannt, die innerhalb der Stadtmauern errichtet wurde. Die Brauerei „war so erfolgreich, dass Felix Pfanner schon bald in der Lage war, den Palast samt des dazugehörigen Gartens zu kaufen. Dabei erwiesen sich die geräumigen Keller des Gebäudes als optimale Lagerstätte für das gärende Bier." Die Anfänge des Unternehmens stellte Andrea Pfanner, ein Nachfahre des österreichischen Bierbrauers, in einem kürzlich erschienenen Aufsatz dar: „Felix Pfanner brachte die gesamte Anlage für die Bierproduktion mit. Die Maschinen und die großen Becken, in denen die Gerste gären sollte, brachte er im Keller unter. Im Garten stellte er unter einer großen Laube gusseiserne Stühle und Tische sowie einen Marmortresen auf. Die Brauerei Pfanner wurde zu einem traditionellen Treffpunkt für alle Einheimischen und Fremden, die in dieser prächtigen Umgebung gesellige Stunden bei einem Krug Bier verbringen wollten. Die Atmosphäre erinnerte dem Luccheser Schriftsteller Guglielmo Petroni zufolge an jene Szenerie, die Renoir mit seinem berühmten Gemälde *Moulin de la Galette* verewigte. Der Bierbrauer Felix Pfanner genoss dieses vom Geist der Belle Epoque geprägte Ambiente, wobei er sich von Zeit zu Zeit das Vergnügen gönnte, das Wasserbecken künstlich gefrieren zu lassen, um darauf – wie einst auf dem Bodensee – Schlittschuh zu laufen."

1929 stellte die Brauerei ihren Betrieb ein, aber der Palast befindet sich mittlerweile seit fünf Generationen im Besitz der Familie Pfanner.

Zwei Statuen aus dem allegorischen Skulpturenprogramm im Garten mit Darstellungen der Monate und Jahreszeiten

Zwei Statuen antiker Götter im Garten vor dem Brunnen, der von Filippo Juvarra geschaffen wurde

Der Palast war immer wieder Schauplatz bedeutender Ereignisse. So wurde kurz nach dem Zweiten Weltkrieg im großen Saal eine prunkvolle Willkommensfeier für den damaligen Außenminister Carlo Sforza, einen Verwandten der Familie Pfanner, ausgerichtet, der aus dem amerikanischen Exil zurückgekehrt war. Zwischen 1930 und 1960 nächtigten im Schlafzimmer des Piano Nobile regelmäßig drei Prälaten der römischen Kurie, wenn sie sich anlässlich der Heilig-Kreuz-Feierlichkeiten in der Stadt befanden. Es handelte sich um den päpstlichen Kardinalschatzmeister Lauri, um den Kardinal Pellegrinetti und den Erzbischof Volpi. Von 1980 bis 1990 wurde in den Räumen des Piano Nobile die von der Stadt Lucca organisierte Ausstellung historischer Kleidung aus dem 18. und 19. Jahrhundert gezeigt. Von 1995 bis 1999 wurden die Räumen des Piano Nobile erneut umfassend renoviert.

Der Marseiller Schriftsteller André Suarès schwärmte in den 1920er Jahren vom Hof des Palastes und den sich anschießenden Grünanlagen: „Es scheint, als sei er von vornherein als Bühne konstruiert worden, mit seiner Freitreppe, die einem Theater zur Ehre gereichen würde, und dem von einem Gewölbe überspannten Atrium, das in der Ferne in den lieblichen Anblick eines frischen, grünen Gartens übergeht." Tatsächlich dienten Palast und Garten wiederholt als Filmset für Kino- und Fernsehproduktionen, und drei berühmte Filme wurden hier gedreht: *Arrivano i bersaglieri* (Die Gebirgsjäger kommen) von Luigi Magni aus dem Jahre 1980, *Il Marchese del Grillo* (Der Marchese der Grille) von Mario Monicelli aus dem Jahre 1981 und *The Portrait of a Lady* (Porträt einer Dame) von Jane Campion, die den gleichnamigen Roman von Henry James im Jahr 1996 verfilmte.

PALAZZO CHIGI-SARACINI IN SIENA

Der Baukörper des Palazzo Chigi-Saracini in der Via di Città von Siena, dessen massives Steinmauerwerk durch Backsteine, die typischen Triforien und ghibellinische Zinnen aufgelockert wird

Der Turm, der an der Biegung der Via di Città emporragt, stand bereits, als die Marescotti, Großgrundbesitzer in der Maremma, 1163 von Montepescali nach Siena kamen und dort ihren Palazzo errichteten. Seine Mauern schmückten sie mit schwalbenschwanzförmigen Zinnen, wie sie die Ghibellinen häufig verwendeten, wodurch sie sich sogleich politisch positionierten: Im Haus Marescotti herrschte eine kaiserfreundliche Politik. Vom Kaiser hatte die Familie das Privileg erhalten, eigene Münzen zu prägen. Im Gegenzug beteiligte sie sich an der militärischen Auseinandersetzung mit den Guelfen. In der Schlacht von Montaperti, am 4. September 1260, in der die Sienesen einen Sieg über die Florentiner erringen konnten, wurde der Turm des Palastes aufgrund seiner Lage zur Aussichtsplattform: „Sobald die Sonne aufgegangen war, begab sich ein Trommler auf den Turm der Marescotti, von wo aus man all unsere Leute und in ähnlicher Weise jene im Feld der Florentiner sehen konnte sowie den größten Teil der Menschen, die am Fuß des Turms knieten und zu Gott und zu Unserer Jungfrau Maria beteten, auf dass sie den Unseren im Kampf gegen unsere Feinde, jene verfluchten Florentiner Hunde, Kraft und Stärke verleihen mochten."

Dennoch konnten in den folgenden Jahren die Guelfen in Siena die Macht übernehmen. Die Marescotti gaben ihre politischen Aktivitäten auf.

Um 1460 nahmen die Brüder Rinaldo und Jacopo erste Umbauten vor, bewahrten aber den gotischen Stil des Gesamtbaus. Auch Ausstattung und Mobiliar des Palazzo wurden ergänzt. Doch in der zweiten Hälfte des 15. Jahrhunderts schwand der wirtschaftliche Erfolg der Marescotti, die schließlich gezwungen waren, den Palazzo zu verkaufen.

1506 ging er in den Besitz der Mandoli über, eines Zweigs der Familie Piccolomini. Auch sie veränderten die Architektur des Außenbaus nicht, verwandelten aber das Innere in ein wahres Schloss. Zunächst errichteten sie im Ergeschoss eine Loggia, die mit einer weitläufigen Dekoration aus Grotesken von Giorgio di Giovanni versehen wurde. In den Sälen des Nordflügels ließen sie die

Die schlichte Renaissancearchitektur des Portals zur Accademia Chigiana mit Büsten in den runden Wandnischen.

*Gegenüberliegende Seite, rechts:
Ansicht des Innenhofes mit dem Säulengang, den mit Groteskenmalereien geschmückten Bögen und einer Loggia*

des Palastes stand im Zeichen von Kunst und Bildung. Die Piccolomini Mandoli behielten ihn über zweieinhalb Jahrhunderte in ihrem Besitz, bis sie zwischen 1770 und 1786 erst einen Flügel, dann weitere Gebäudeteile an Marco Antonio Saracini verkauften.

Der neue Eigentümer ergänzte die Fassade zur Via di Città hin um eine weitere Fensterreihe mit Triforium und ließ das Hauptgeschoss mit Steinquadern verkleiden. Sein Sohn Galgano Saracini (1752–1824) widmete sich wiederum den Innenmalereien zum Andenken an die Marescotti mit solchen zur eigenen Familiengeschichte übermalen. Arcangelo Salimbeni und M. Tiberio Billò wurden beauftragt, im Hauptsaal in insgesamt 15 Gemälden die Taten der Piccolomini zu feiern. Die „Rede über die Ausschmückung" vom 2. Mai 1574 dokumentiert, dass dabei nichts dem Zufall oder auch der künstlerischen Erfindung überlassen worden war. Vielmehr entstanden die Fresken nach genauen Vorgaben des Hausherren Girolamo Mandoli, der dem Palast auf diese Weise sein persönliches Gepräge geben wollte. Dabei zeugt der Kontext, in dem die Familiengeschichte verewigt wurde, von der umfassenden Bildung des Auftraggebers. Die übrigen Säle wurden mit weiteren Tondi und Ovalen geschmückt, von denen 18 Motive der griechischen und römischen Mythologie zum Gegenstand hatten; neun Deckenbilder zeigten Episoden aus der Sage von Amor und Psyche, und 58 Bilder widmeten sich Ereignissen der Geschichte des antiken Rom. Rom war die Stadt, mit der sich die Piccolomini bevorzugt in Verbindung brachten, denn die Päpste Pius II. und Pius III. entstammten ihrem Geschlecht.

Der Kunstgeschmack der Piccolomini offenbarte sich besonders in der Einrichtung einer Sammlung, zu der unter anderem eine Donatello zugeschriebene *Muttergottes mit Kind* sowie ein Relief von Francesco di Giorgio, *La Discordia* (Die Zwietracht), gehörte. Die gesamte Ausgestaltung

Gegenüberliegende Seite: Blick in eine Ecke des Speisezimmers mit seiner formvollendeten Kassettendecke

Die Möbel, die kostbaren Vorhänge und die Wandteppiche des großen und des kleinen Salons gehören zu den schönsten Einrichtungsgegenständen des Palastes.

Auf dem Konsoltisch im prunkvoll ausgestalteten Salon steht ein kostbares, geschnitztes Schränkchen.

räumen des Palastes. Er verwischte beinahe alle Spuren der früheren Besitzer. In den Empfangszimmern wurden die verherrlichenden Darstellungen der Piccolomini durch Andenken an die Familie Saraceni ersetzt. Damit einher ging die Tilgung der Fresken aus dem 16. Jahrhundert. Ausführende Künstler waren Antonio Caselletti und Francesco Paccagnini.

Im Jahre 1787 wurde im rechten Flügel des Innenhofs nach einem Entwurf Giuseppe Mazzuolis die Kapelle erbaut. Die Ausstattung stammte aus dem aufgelösten Oratorium der Compagnia di San Giovanni Battista della Morte – eine für jene Zeit außergewöhnliche Maßnahme zur Erhaltung von Kunstwerken, die zeigt, mit welch großer Leidenschaft Galgano Saracini Kunst sammelte. Das Altarfresko wurde von der Wand abgenommen und zusammen mit den Skulpturen der Verkündigungsmadonna und des Engels in die Kapelle überführt.

Galgano sorgte auch dafür, dass die von seinem Onkel Bernardino 1776 ins Leben gerufene Sammlung vorangetrieben wurde, und ließ im Piano Nobile eine Galerie einrichten. Über 20 Säle wurden unter anderem mit Skulpturen von Familienmitgliedern ausgestattet, darunter die Bildnisse antiker Römer von Barbato Cipriani und Giovanni Rasi und die Büsten von Paul V. und Giovanni Michele Saracini, die Pietro Bienaimé schuf.

„Galgano war vor allem darum besorgt", so Carlo Sisi, „die aus Sieneser Kirchen, Palästen und öffentlichen Plätzen stammenden Werke in einem gefälligen und in sich geschlossenen Ambiente zu vereinigen, in dem Hauptwerke und mindere Werkstattstücke möglichst gleichermaßen würdevoll erscheinen sollten. Aus diesem Grund forderte er von seinem vielköpfigen Mitarbeiterstab die Säuberung der Bilder, die Anpassung der Rahmen und die Restaurierung der Skulpturen auch bis an die Grenzen der Fälschung." Zahlreiche archäologische Fundstücke aus Grabungsstätten in Siena, Volterra und Chiusi gesellten sich zu Werken der Malerei des 16. und 17. Jahrhunderts.

Alessandro Saracini (1807–1877), der Sohn Galganos, setzte die väterliche Tradition fort. Die noch vorhandenen Wandmalereien der Piccolomini ließ er mit Tapeten überdecken, jede Erinnerung an die vorherigen Besitzer sollte ausgelöscht werden. Die Säle wurden mit herrlichen Möbeln, Leuchtern und Vorhängen eingerichtet, und der grandiose Ballsaal, der sich über zwei Stockwerke erstreckte, wurde mit neuen Fresken versehen, die das Geschlecht des Hausherrn rühmten. Die Ausmalung-

Die exquisit ausgestattete Stanza di Conversazione (Konversationssaal) im Piano Nobile mit prächtigen Möbelstücken, Kandelabern, Konsoltischen, Spiegeln und Vasen

en gipfelten im Gewölbe in der Darstellung der Niederlage, die die Sienesen am 25. Juli 1526 vor der Porta Camollia dem Heer von Clemens VII. zugefügt hatten, denn in dieser Schlacht hatten sich die Saracini besonders hervorgetan.

Alessandro Saracini, der keine eigenen Kinder hatte, hinterließ den Palazzo einschließlich all seiner Güter seinem Neffen Fabio, dem Grafen Chigi (1849–1906). Er machte allerdings zur Bedingung, dass Fabio den Familiennamen der Saracini beibehielt, so dass der Palazzo die Bezeichnung Chigi-Saracini erlangte.

Einen weiteren großen Gönner hatte der Palast in Fabios Neffen, dem Grafen Guido (1880–1965). Dessen Leidenschaft für die Musik führte dazu, dass der Palazzo, der vor allem für die bildende Kunst von Bedeutung gewesen war, auf dem Gebiet der Musik Berühmtheit erlangte. Der Ballsaal wurde 1914 von Arturo Viligiardi zum Konzertsaal umgestaltet. Die Fresken aus dem 19. Jahrhundert wurden übermalt, und über den vier Postalen wurden Bildnisse berühmter Komponisten angebracht. Das Deckengemälde zeigt die Rückkehr der siegreichen Sieneser nach der Schlacht von Montaperti und schuf damit eine Verbindung zwischen der glorreichen Vergangenheit, deren äußeres Symbol der Turm blieb, und der Gegenwart des Bauwerks, die der Musik gewidmet war. Aus dieser Zeit stammen die Bronzestatuen von Fulvio Corsini, die Harmonie und Melodie versinnbildlichen.

Mit dem im Renaissancestil eingerichteten Wohnzimmer und dem Empire-Schlafzimmer zeugen zwei weitere, kostbar eingerichtete Räume von dem erlesenen Einrichtungsgeschmack der einstigen Bewohner des Palastes.

Der Saal wurde zur Wiege des musikalischen Lebens in Siena, das bald zu internationalem Ruf gelangte. Am Anfang standen die Konzerte des von Guido Chigi-Saracini gegründeten Musikvereins unter der Leitung von Pietro Baglioni. 1932 rief der Graf die Accademia Musicale Chigiana ins Leben und trieb unermüdlich eine Reihe weiterer Initiativen voran. 1939 gründete er das Quintetto Chigiano und die *Settimane Musicali Senesi* (Sienesische Musikalische Wochen), die bis heute abgehalten werden. Schließlich folgte 1950 das Institut für Madrigalisten, das von Andrea Morosini geleitet wurde.

Als Sitz der Fondazione Chigiana beherbergt der Palazzo heute eine Art Musikakademie. Zur Ergänzung des Studiums an den Konservatorien des Landes veranstaltet sie neben einer Reihe von Kursen, Seminaren und Kongressen Konzerte mit renommierten Musikern. Der Palazzo Chigi–Saracini wurde damit zu einer der bedeutendsten kulturellen Institutionen Sienas.

Ausschnitt: Das mit Fresken und Stuckarbeiten ausgeschmückte Deckengewölbe des Konzertsaals der Accademia Musicale Chigiana ist ein Werk des Malers, Bildhauers und Architekten Arturo Viligiardi, der sich der Wiederherstellung von Bausubstanz und Dekor dieses Raumes verschrieben hatte. Das große Deckenfresko in der Mitte stellt Die Rückkehr der siegreichen Sieneser aus der Schlacht von Montaperti *dar.*

Gegenüberliegende Seite:
Unter den zahlreichen, vor allem sienesischen Kunstwerken der Kunstsammlung Chigi-Saracini befinden sich sehr wertvolle Stuck- und Marmorreliefs sowie Wandmalereien und Fresken mit überwiegend sakralem Charakter.

Diese Seite, oben:
Beatrice *und* Dante *von Giovanni Dupré,* Madonna mit dem Kind *vom Meister der Madonna Piccolomini*
unten:
Hl. Hieronymus *von Domenico Beccafumi,* Hl. Hieronymus *von Gian Lorenzo Bernini*

Gegenüberliegende Seite:
1) Papst Johannes I. *von einem unbekannten toskanischen Bildhauer*
2) Das Jesuskind *von Giovanni Battista Foggini*
3) Madonna mit dem Kind *von Urbano da Cortona*
4) Grablegung Christi *von Giuseppe Mazzuoli*
5) Engel *aus der Werkstatt von Gano di Fazio*

PALAZZO BIANCHI-BANDINELLI IN SIENA

Der Innenhof des Palazzo Bianchi-Bandinelli mit einer Herkulesstatue

Rechts:
Der Eingangsbereich zum Treppenhaus

Der Palazzo Bianchi-Bandinelli ist nicht der Wohnsitz jener einflussreichen Sieneser Familie, die über Jahrhunderte an der Spitze des kulturellen und politischen Lebens in Siena stand, er ist vielmehr Ausdruck der Größe und der Kunstkennerschaft eines Mannes: Giulio Bianchi-Bandinelli, der den Palast nach seinen eigenen Vorstellungen

erbauen ließ, war einer der wichtigsten Männer des napoleonischen Siena – 1804 zunächst als Kammerherr der Königin von Etrurien, 1810 als Bürgermeister der Stadt und 1814 schließlich als Präfekt des Departements des Ombrone – wie auch während der Restauration als Gouverneur und Generalstatthalter des lothringischen Großherzogs von Toskana.

Der Palast war als „Spiegel" seiner Persönlichkeit konzipiert. Er zeichnet sich durch die reinsten Formen der klassizistischen Kunst aus. Schönheit und Grazie als Ausdruck erhabener Größe. Die großflächige Hausfront wurde gänzlich mit dem Formenrepertoire der Renaissance gestaltet. Dazu zählen insbesondere die Fenstergitter im Erdgeschoss und das harmonische, zum Vestibül geöffnete Portal, das sich in drei elliptische Arkaden teilt.

Entlang der Wände des Innenhofes sind antikisierende Büsten aufgestellt, unter denen eine Herkulesstatue besonders hervorsticht. Die Architektur des Außenbaus scheint bereits im Hinblick auf die Repräsentation dieser Skulpturen geschaffen worden zu sein. Um den eigenen Palast in vollkommener Harmonie mit der Umgebung zu erleben, erneuerte Bianchi 1803 auf eigene Kosten die Fassaden von acht „unansehnlichen Häusern" in der Via Roma.

Auch die Rückseite des Palastes zitiert die Fassadengestaltung des 16. Jahrhunderts. Die Außenansicht ist dem Pronaos eines ionischen Tempels nachgebildet und öffnet sich zu einem herrlichen französischen Garten, der im Jahr 1811 angelegt und mit Statuen und klassizistischen Architekturen geschmückt wurde. Die Baumgruppen in Quincunxstellung rufen dem Betrachter die Gärten von Versailles ins Gedächtnis. Zwischen Hecken und Orangenbäumen öffnen sich Alleen, die von Büsten und Sitzbänken gesäumt sind. Vor zwei kleinen dorischen Tempeln ruhen zwei Sphingen, die unergründlichen Wächter der antiken Mysterien.

Die Innenräume bestechen durch eine außergewöhnliche Ausstattung. In den Sälen des Piano Nobile befand sich damals ein Theater, das heute leider nicht mehr existiert. Die Fresken von Luigi Ademollo geben eine Vorstellung von der vergangenen Pracht. Anmut und Gelassenheit scheinen

Die prachtvolle Eingangshalle im Piano Nobile mit Stuckarbeiten von Pietro Rossi

durch die wiederbelebten Motive der griechischen und römischen Antike hindurch: von der *Hochzeit von Alexander dem Großen und Roxane* bis zu den *Opfern von Numa*. Gegenüber liegt jener zauberhafte Saal, in dessen Wandbemalung Architektur- und Pflanzenelemente in eine paradiesische Wildnis und einen sich bis zur Decke scheinbar stets verändernden Himmel übergehen. Die Dekoration fand ihren Widerschein in der neoklassischen Ausstattung. Sie reicht von dem Chippendale-Mobiliar im ovalen Saal, den Pietro Rossi mit Greifen und Blumengirlanden schmückte, bis zu den bedeutenden Werken der Schnitzkunst Antonio Rosis.

Im Januar des Jahres 1804 wurde der Palazzo mit einem festlichen Empfang eingeweiht, den Antonio Francesco Bandini in seinem Tagebuch festgehalten hat: Während sich ein Teil der Gäste „ineinander verschlungen" im Parkett des Theaters aufhielt, waren in den anderen Zimmern und Sälen Spieltische aufgestellt. „Schreibschrank, Uhr und Möbel von bestem Geschmack" im Wechsel mit „Schalen, in denen Erfrischungen aller Art dargeboten wurden". In Hof und Garten konnten die Geladenen im reizvollen Licht kleiner Öllämpchen frei umherschweifen. Jederzeit und überall wurden sie von einer Dienerschaft bedient, die „nach französischer Art gekleidet" war. Als Gärtner kostümierte Knaben, Blumengirlanden im Haar und am Körper tragend, boten den Damen Maiglöckchen und Anemonen und den Herren

Märzveilchen an. Es war das erste von zahlreichen Festen, die diesen Palazzo berühmt machen sollten. Sie alle zeichneten sich „durch Vornehmheit, Eleganz und Schönheit" aus, so zumindest lautete Bandini zufolge das Urteil des Marchese Guadagni, dessen Ansicht vom gesamten sienesischen Adel geteilt wurde. Die Königin von Etrurien, die im August 1804 als Ehrengast geladen war, befand, der Palazzo ähnele „einem kleinen Paradies". Im September desselben Jahres veranstaltete Bianchi-Bandinelli in der von Liborio Guerrini freskierten Kapelle ein weiteres außergewöhnliches Fest.

Die Kapelle wurde geradezu zum Symbol für Bianchis Mäzenatentum. Ab 1812 sammelte er dort weitere Werke der Künstler, die bereits Arbeiten für den Palazzo ausgeführt hatten, und „Kunstwerke der Stadt, die von den Unterdrückungen

Gegenüberliegende Seite, oben:
Die aufwändigen Stuckdekorationen im Salone d'ingresso, der Eingangshalle im ersten Stockwerk des Palazzo

Diese und gegenüberliegende Seite, unten:
Blick in einige Räume im ersten Geschoss des Palazzo, die zu Beginn des 19. Jahrhunderts von Luigi Ademollo vollständig mit Fresken ausgemalt wurden. Darunter sind zwischen Greifen und Blumengirlanden zahlreiche mythologische Darstellungen zu sehen, während der so genannte Waldsaal seinen Namen aufgrund der illusionistischen Landschaftsmalereien erhielt.

Ein ausgefallenes Detail: die Darstellung eines Adlers über einer Flügeltür des Waldsaales

unter Napoleon betroffen waren", wie Carlo Sisi sich ausdrückte. Aus dem Kloster Monte Oliveto Maggiore stammte die *Himmelfahrt Mariens* von Jacopo Ligozzi und die Statue des *Seligen Bernhard* von Pasquale Bocciardo. Das Bild der *Jungfrau an der Krippe*, das der Kapelle ihren Namen geben sollte, war einst im Besitz des Klosters di Ognissanti gewesen, dessen Mauern zerstört worden waren, als der Garten des Palazzo angelegt wurde. Das Gewölbefresko von Guerrini blieb nicht erhalten, später wurde die Ausgestaltung der Kapelle von Vincenzo Dei erneuert, und Pietro Rossi schuf die Büsten der Sieneser Päpste Alexander III., der aus der Familie Rolando Bandinelli stammte, und Alexander VII. aus dem Hause Chigi.

Skulptur einer Sphinx im Garten des Anwesens

Giulio Bianchi-Bandinellis Lebenswerk zeigt, dass er, der das Leben in der Pracht und Schönheit seines Palastes zelebrierte und genoss, die Kunst dennoch nicht als „reines Ornament" betrachtete. Vielmehr betrachtete er sie als „Dienerin für einen höheren politischen Zweck", wie es Francesco Antonio Mori bei der feierlichen Bestattung Bianchi-Bandinellis am 16. September 1824 in Sant'Agostino ausdrückte: „Denn da die Kunst, indem sie das Idealschöne nachahmt, die Menschen besänftigt, vergrößert sie deren sich fortschreitend vervollkommnende Fähigkeit, sich freundschaftlich zu vereinen." Der Palazzo in der Via Roma war Ausdruck der kulturellen und sozialen Botschaft seines Schöpfers.

Dessen war sich auch Giulios Sohn und Erbe, Mario Bianchi, bewusst, weshalb er es vorzog, sich einen eigenen Wohnsitz vor der Porta Romana zu erbauen – eine bescheidene Villa, angemessen den Bedürfnissen seines zurückgezogenen Lebens.

Wie die Kapelle, so war auch das Theater Ort des Mäzenatentums Giulio Bianchi-Bandinellis. Er selbst inszenierte hier Werke von Pietro Metastasio, Carlo Goldoni und Vittorio Alfieri, wie zum Beispiel im August 1818, als Ferdinand III. in Siena weilte. Mit „Freudenfeuern" wurde er im Palazzo empfangen und wohnte den Aufführungen der Goldoni-Komödien *Il cavaliere di spirito* (Ein Ritter von Geist) und *L' Apatista* (Der Apathische) bei. Im Garten, in dem ein Empfang zu Ehren des Souveräns gegeben wurde, erblickte dieser einen kleinen, im toskanischen Stil erbauten Tempel mit der Inschrift *Alla Riconoscenza* (Der Dankbarkeit), den Bianchi dem Großherzog gewidmet hatte.

Noblesse oblige – das Mäzenatentum Bianchi-Bandinellis erschöpfte sich nicht in der Pracht, mit der er seinen Palast ausstatten ließ. Auf kulturellem wie gesellschaftlichem Gebiet hat Siena ihm weitere Initiativen zu verdanken, derer bei seinem Tod, am 28. August 1824, würdig gedacht wurde. Von der Grabrede Pater Massimiliano Riccas in der Kirche dei Servi berichtete Carlo Sisi: „Man rühmte ihn als Bewahrer solcher Monumente, die er mit Umsicht und Zuverlässigkeit restauriert hatte, als Reformator des Palio, das er von seinen mittelalterlichen Relikten befreit und neu belebt hatte, und schließlich als Förderer städtischer Institutionen. Die sich anschließende Aufzählung von Stiftungen, die sich mit Bianchi-Bandinellis Namen verbanden, umfasste den neuen Sitz des Sieneser Ateneo, den Bau des Collegio Tolomei, den Umbau der Accademia dei Fisiocratici, den Sitz der Accademia Tegea, die Einrichtung der Galerie im Istituto di Belle Arti sowie der Öffentlichen Bibliothek und zuletzt – als bewundernswertes Beispiel moderner Nächstenliebe – die Einrichtung eines städtischen Findelhauses."

Die als offene Vorhalle eines ionischen Tempels gestaltete klassizistische Gartenfassade des Palastes

PALAZZO BORGHESE IN FLORENZ

Die Fassade des Palazzo Borghese ist mit einer ionischen Säulenordnung verkleidet und mit Viktoria-Figuren geschmückt. Der mächtige Prellstein verstärkt den wehrhaften Eindruck des starken Bossenwerks.

Die Idee zu diesem Palast wurde während eines festlichen Balles geboren, den die Florentiner im März 1821 anlässlich der Ankunft des Fürsten Camillo Borghese gaben, des Gatten von Paolina Bonaparte, von der er zu diesem Zeitpunkt allerdings bereits getrennt war. Er kam von Rom nach Florenz, um dort in dem aus dem 15. Jahrhundert stammenden Palazzo Salviati zu leben, den er von seiner Mutter Marianna als letzter Nachfahrin dieser Florentiner Adelsfamilie geerbt hatte. Die Stadt bereitete dem Sprössling aus der Ehe der Mutter mit Marcantonio IV. Borghese ein prunkvolles Willkommen. Bei dem festlichen Empfang im Gebäude der Belli Arti (Schönen Künste) war auch der Großherzog von Toskana Ferdinand III. zugegen, dem Fürst Camillo seine Bewunderung für das zu seinen Ehren veranstaltete Fest aussprach. Der Großherzog ermunterte Camillo, sich mit einer Einladung in den Palazzo Salviati zu revanchieren. Camillos Ehrgeiz war geweckt und er nahm sich vor, das noble Anwesen möglichst bald so instand zu setzen, dass es für ein derart prachtvolles Ereignis geeignet sei; zur allgemeinen Verwunderung bat er den Großherzog bereits für den kommenden Karneval zu sich. Es gelang dem Fürsten Borghese tatsächlich, seinen Teil dieses Abkommens einzu-

halten. In nur zehn Monaten ließ er den Palazzo Salviati in der Via Ghibellina unter der Leitung des Architekten Gaetano Baccani renovieren. An dem Fest am 31. Januar 1822 konnte der Großherzog allerdings nicht teilnehmen, da er zu diesem Zeitpunkt in Trauer war. Anlässlich eines späteren Balles konnte er jedoch nicht umhin, dem Fürsten seine Bewunderung für das Resultat der glänzend ausgeführten Bauarbeiten auszusprechen. Der alte Palast sei zwar schon großartig gewesen, doch die Umgestaltung des Vorgängerbaues stelle geradezu die Krönung dar. Mario Bucci beschrieb den Bauherrn Camillo Borghese: „Ein Mensch, der frei von sentimentalen Erinnerungen und ohne Rückgriff auf besondere Traditionen Bestehendes mit Neuem verknüpfte und so zu einer kompletten Umgestaltung mit augenfällig moderner Formensprache fand." Der Architekt Baccani fügte sich seinen Wünschen und übernahm vom Vorgängerbau nur die Loggia und den Innenhof. Die mächtige Fassade, die mit Stuck und Gold dekorierten 40 Räume sowie die luxuriösen Einrichtungsgegenstände erstrahlten nun in klassizistischem

Oben:
In die klassizistische Basis der Venus-Statue ist der Kopf eines Fauns eingearbeitet.

Die Eingangshalle mit einem dreifachen Bogengang und den Statuen der Göttinen Diana (rechts) und Venus (links).

Gegenüberliegende und folgende Seiten: Die Innenräume des Palastes präsentieren sich in prachtvoller klassizistischer Ausstattung. Gegenüber die Exedra, eingefasst von Säulen und den üppig bemalten Decken. Die großzügige Raumflucht mit Golddekor, Schnitzereien, den Leuchtern und Stuckarbeiten sowie die Möbelstücke der Epoche werden von den großen Wandspiegeln reflektiert.

Glanz. Man sprach davon, Florenz sei um ein Bauwerk bereichert worden, das „den Gipfel der Eleganz" verkörpere.

Doch auch der Vorgängerbau des Palazzo Salviati war in der Tat fast ebenso raffiniert gewesen. Den Kern des Gebäudes bildete ein einfaches Wohnhaus aus dem 14. Jahrhundert, dessen Besitzer Jacopo Salviati war. Das Gebäude lag in dem Viertel hinter dem Bargello, das von der Via Ghibellina, der Via Giraldi und der Via Pandolfini eingefasst wurde. 1461 erweiterte Alamanno Salviati das Anwesen durch den Ankauf der benachbarten Grundstücke, deren Bebauung er abreißen ließ. Damals entstand ein für das 14. Jahrhundert typischer, säulengeschmückter Palast, von dem in der heutigen Anlage noch Elemente erkennbar sind

Zu Beginn des 17. Jahrhunderts leitete Gherardo Silvani weitere Umbaumaßnahmen, die dem Palast „jene Pracht und Herrlichkeit verliehen, die wir heute bewundern", wie der Kunsthistoriker Filippo Baldinucci 1681 schrieb. Dabei lobte er die offene, dreiachsige Loggia, die eine wunderbare Kulisse für die Statuen *Diana* und *Apollo* bildete. Das Ensemble wurde von Baccani weitgehend erhalten. Man schloss lediglich die Loggia und gewann so einen eleganten Vorraum zur Galerie im Piano Nobile.

Das Anwesen erlaubte dem Fürsten eine stilvolle Hofhaltung. Der Palast wurde zu einem außergewöhnlichen Ambiente für festliche Bälle, „auf denen sich die Klänge von Walzer, Gavotte und Mazurka mit kleinen, geflüsterten Bosheiten und Zweideutigkeiten und dem Rascheln kostbarster Ballkleider vermischten", wie Mario Bucci schrieb.

Als Paolina Bonaparte 1824 schwer krank nach Florenz kam und sich mit ihrem Gatten Camillo wieder versöhnte, wollte sie dennoch nicht lange in diesem prächtigen Palast bleiben. Es mag sie traurig gestimmt haben, dass sie all die dort stattfindenden, prunkvollen Ereignisse nicht hätte genießen können. Im Winter verließ sie das Haus und zog in die Villa Strozzi, wo sie im Frühjahr des darauf folgenden Jahres starb. Als auch ihr Gatte 1832 in Florenz starb, bezog das Anwesen dessen Bruder Francesco Borghese (1776–1839), der drei Söhne hatte. Auf den Jüngsten, Scipione (1823–1898), gingen sowohl der Palast als auch alle Adelstitel über. Das Erbe war mit der Auflage verbunden, den Namen des florentinischen Anwesens zu führen, so dass er als erster Borghese den Titel eines Herzogs Salvati führte. Der Palast musste jedoch 1843 verkauft werden. Der neue Besitzer Luigi Capelli vermietete einen Teil des Ensembles an die Società del Casino di Firenze. Dieser Teil des Palastes wurde nun zum Treffpunkt der „feinen Florentiner Gesellschaft, die zu großen Bällen, raffinierten

Ein weiterer reich dekorierter Raum, in dem jedes Einrichtungsdetail wie die Türschnitzereien mit der Darstellung von Sonnengottheiten, der Spiegel mit einem opulent gestalteten und vergoldeten Rahmen, die Konsolen oder der Kronleuchter in klaren, eleganten Linien gestaltet ist, ohne überladen zu wirken.

Spielen und prunkvollen Banketten geladen wurde", was vor allem im Zeitraum von 1865 bis 1870 für viel Aufsehen sorgte, als Florenz Hauptstadt war. Der Volksmund sprach in diesem Zusammenhang vom „Circolo Borghese" und bewahrte damit das Andenken an den Erbauer des luxuriösen Anwesens. Auch jetzt noch fanden dort großartige Ereignisse statt, wie das Fest für die Herzöge von Österreich 1867 oder für die Fürsten von Piemont im Jahre darauf.

Seitdem der Circolo Borghese seine Aktivitäten im Palazzo eingestellt und mit den Tognini Bonelli auch die nächsten privaten Eigentümer das Anwesen verlassen haben, finden dort bis zum heutigen Tag Kulturveranstaltungen statt, in denen der Nachhall der mondänen und prunkvollen Ära des Fürsten Camillo Borghese noch immer spürbar ist.

PALAZZO DEL COMUNE IN MONTECATINI TERME

Ansicht der zum Viale Verdi gewandten Hauptfassade des Palazzo del Comune und ein Detail der Fassadendekoration

Um die gesundheitsfördernde Wirkung der örtlichen Quellen wusste man bereits im 15. Jahrhundert, aber erst 1773 ließ Großherzog Leopold I. die „Bäder von Montecatini" einrichten. Mit dem Bau der exklusiven Anlagen beauftragte er den Architekten Gaspare Paoletti.

Eine eigenständige Kommune wurde Montecatini Terme erst im Jahre 1906, nachdem es sich von der Stadt Montecatini Val di Nievole gelöst hatte, und seinen heutigen Namen erhielt es sogar erst 1928. Der Betrieb der Heilquellen ist für die Stadt von vorrangiger Bedeutung geblieben. 1916 beauftragten Bürgermeister Egisto Simoncini und Regierungsinspektor Pietro Grocco, die sich um eine innovative Stadtplanung verdient gemacht haben, den Architekten Ugo Giovannozzi mit dem Bau zeitgemäßer Kuranlagen, die dem Ort ein charakteristisches Gepräge verleihen sollten. In Montecatini entstand das *Excelsior*, damals das modernste Thermalbad Europas. Der elegante Komplex beherbergte außerdem ein Hotel, ein Café und ein Theater. Kurz darauf öffneten die Badeanstalten *Tamerici, Regina* und die monumentale Anlage *Tettuccio*; die *Terme Leopoldine* wurden vollkommen neu gestaltet.

„Da man fest davon überzeugt war, dass den Bädern von Montecatini eine brillante Zukunft bevorstand, erschien die Errichtung eines Rathauses immer dringlicher", berichtet Carlo Cresti über eine Sitzung des Kommunalrats im November 1911. Man wünschte sich einen „großen und modernen Palast, der repräsentative Funktionen erfüllen konnte und dazu beitragen sollte, den

*Vorhergehende Seite:
Die Ausmalung der Pendentifs
und Lünetten im Decken-
gewölbe über der großen Eingangshalle stammen von
Galileo Chini.*

*Die Buntglasarbeiten des
Oberlichtes führte die Manufaktur Fornaci San Lorenzo
nach Entwürfen von Galileo
Chini aus.*

*Detailansicht der großen
Eingangstreppe*

Die Deckenmalerei von Luigi Arcangeli im Ratsaal stellt eine Apotheose der Italia dar.

der Gestaltung der Innenräume zu, die mit allergrößter Sorgfalt durchgeführt wurde. Architektonischer Höhepunkt ist eine ausladende Treppe unter einem riesigen Glasdach, darüber hinaus beeindruckt vor allem die Wandbemalung. Luigi Arcangeli schuf an der Decke des Ratsaals eine allegorische Darstellung Italiens: Eine mit der Trikolore umhüllte Frau steht mit einem Kurzschwert in der Hand auf einem zweirädrigen Wagen, der von zwei Schimmeln gezogen wird. Das Gespann wird von der Siegesgöttin Viktoria in Empfang genommen. In den Lünetten und den Pendentifs der Gewölbe befinden sich allegorische Bilder von Galileo Chini, die den Frieden, den Triumph, die Gelehrsamkeit und die Arbeit darstellen.

Die Gestaltung des Rathauses ist damit zum Inbegriff der Ideale jener Bäderkultur geworden, der sich die Stadt verschrieben hat: Nicht allein Gesundheit und Wohlbefinden stehen im Mittelpunkt, sondern auch ein mondänes Kulturleben im Kreise illustrer Persönlichkeiten aus dem In- und Ausland, die das Bad bis heute besuchen, darunter Staatsoberhäupter und Künstler.

malerischen Anblick, den das Städtchen im Sommer bereits bot, noch prächtiger ausfallen zu lassen". Mit dem Projekt wurde der aus Montecatini stammende Architekt Raffaello Brizzi betraut, für die Ausführung stellten die Stadtväter ihm den Ingenieur Luigi Righetti zur Seite. Sie wurden mit dem anspruchsvollen Auftrag betraut, das Gebäude solle „genial und modern, großartig, künstlerisch und praktisch" werden. 1916 lagen die ersten Entwürfe vor: Es entstand ein vom florentinischen Stadtpalast des 16. Jahrhunderts inspiriertes Gebäude, das den geforderten imposanten Eindruck durch eine Reihe architektonischer Stilelemente vermittelt, unter denen jene besonders ins Auge fallen, die Carlo Cresti beschrieben hat: „... der lange, von Säulen getragene Balkon, der an der Hauptfassade hervorspringt, die Freitreppe und die Auffahrt, die dem Sockel des Gebäudes eine beschwingte Eleganz verleihen, die Bekrönung des Hauptgesimses, das von der plastischen Ausformung der Konsolen bestimmt wird, die Reihe von Doppelsäulen im dritten Stockwerk, die das Herzstück der Fassade zum Viale Verdi ausmachen."

Während des Ersten Weltkriegs ließ man die Bauarbeiten am Außenbau ruhen und wandte sich

Die monumentale Eingangstreppe des Palazzo

309

DIE TOSKANA ZWISCHEN HOCHMITTELALTER UND UNITÀ D'ITALIA

von Ludger Scherer

Die heutige Toskana war im ersten Jahrtausend v. Chr. das Kernland der Etrusker, die von den Römern besiegt und eingebürgert wurden. Vom römischen Wort *tusci* leitet sich *Tuscia* zur Bezeichnung der mittelitalienischen Region ab, die seit dem Mittelalter von der Form *Toscana* abgelöst wurde.

Seit etruskischer Zeit schon spielen die Städte eine prägende Rolle in der Geschichte dieser Kulturlandschaft. Die einzelnen Stadtstaaten versuchten, das sie umgebende Land zu kontrollieren und landwirtschaftlich zu nutzen. Einige der später heftig rivalisierenden Städte sind etruskischen Ursprungs wie Arezzo, Volterra und Fiesole, andere sind römische Kolonialgründungen: Pisa, Lucca, Pistoia und Florenz. Nach dem Untergang des Weströmischen Reiches im Jahr 476 n. Chr. verfielen die zivilisatorischen Errungenschaften, so zum Beispiel das römische Straßennetz und die urbane Architektur. Die Toskana stand, wie das übrige Land, in der Folge unter wechselnder Fremdherrschaft von Ostgoten, Langobarden und Franken. In langobardischer Zeit (568–774) errangen die Residenzstädte Lucca und Pisa eine Vormachtstellung über die ehemalige römische Regionalhauptstadt Florenz, was sich erst Jahrhunderte später wieder ändern sollte.

Unter den Karolingern wurde die Feudalstruktur ausgebaut, es entstand die Markgrafschaft Tuszien, die ihre größte Ausdehnung unter der Markgräfin Mathilde erreichte. Sie war keine loyale Anhängerin des Kaisers und unterstützte daher die Städte bei ihren Bemühungen um Autonomie. Außerdem vermachte die kinderlose Mathilde 1115 ihre Güter dem Heiligen Stuhl und verschärfte mit diesem Testament den Streit zwischen Kaiser und Papst im Gebiet der Toskana. Die jahrhundertealte Auseinandersetzung um weltlichen Besitz und weltlichen Führungsanspruch der Kirche wurde im hohen Mittelalter als Investiturstreit über die Einsetzung der Bischöfe geführt, aus dem das Kaisertum nach der Einigung im Wormser Konkordat 1122 geschwächt hervorging. Die ober- und mittelitalienischen Kommunen nutzten die andauernde Konfliktsituation zum Ausbau der eigenen Machtposition und zur Vergrößerung ihrer Herrschaftsgebiete.

Obwohl ihre nominelle Oberhoheit nicht bestritten wurde, gelang es den staufischen Kaisern nicht, gegen die mächtigen Stadtrepubliken alte Feudalstrukturen wieder einzuführen. Die Städte verbündeten sich je nach vorherrschender Interessenlage mit der kaiserlichen oder der päpstlichen Partei gegen die Machtansprüche der Gegenpartei und vor allem gegen die konkurrierende Nachbarstadt.

Seit dem elften Jahrhundert erstarkte die Wirtschaftsmacht Pisas, das über einen Zugang zum Meer verfügte, zusehends gegenüber Lucca, Pistoia, Florenz und Siena. Die Kaufleute, die vor allem in der Tuchindustrie Handelsbeziehungen bis nach Flandern aufbauen konnten, wurden auch zu Geldgebern von Päpsten, Kaisern und Königen. In den rasch wachsenden Städten wurde eine Verwaltungsreform notwendig: Zum Stadtoberhaupt berief der Stadtrat einen so genannten Podestà, der auf Zeit mit umfassenden exekutiven Kompetenzen ausgestattet wurde.

Gegen den Widerstand des Feudaladels versuchten die Städte im 12. Jahrhundert, ihren Machtbereich auf das umliegende Land *(contado)* auszudehnen. Ziel war die Beherrschung des gesamten Diözesengebietes von der Stadt aus. Dabei standen die beiden Bischofsstädte Florenz und Fiesole durch ihre enge Nachbarschaft in besonderer Konkurrenz, was 1125 zur Eroberung und Zerstörung Fiesoles führte. Die Territorialpolitik der großen Kommunen war, wie der Fall Florenz besonders deutlich zeigt, von großer Aggressivität bestimmt. Zur Sicherung ihrer politischen und ökonomischen Macht gingen die rivalisierenden Städte Bündnisse ein, meist in der Logik der geografischen Entfernung: Siena stand mit Pisa gegen Florenz mit Lucca und San Gimignano. Diese Zweiteilung überlagerte sich mit der erwähnten Auseinandersetzung zwischen Kaiser und Papst; die Parteien der Ghibellinen und Guelfen bildeten sich zu Beginn des 13. Jahrhunderts heraus. (Die Namen stehen für die Parteinahme für Kaiser Friedrich II., den Waiblinger, den *ghibellino,* oder den Papst und dessen Schützling Otto IV., den Welfen, den *guelfo.*) Während sich Florenz und Lucca durch papstfreundliche, also guelfische Politik Vorteile im internationalen Handel und gegen die Tributforderungen des Kaisers versprachen, nutzten die ghibellinischen Städte Siena und Pisa die Unterstützung des Kaisers zur Abwehr der mächtigen Florentiner. Die Partei der Guelfen spaltete sich später in eine gemäßigte weiße und eine schwarze Fraktion. Der Dichter Dante wurde als Anhänger der *Bianchi* nach dem Sieg der *Neri* 1302 lebenslang aus Florenz verbannt.

Im Zuge dieser Konflikte trat nach dem Tod Friedrichs II. 1250 mit dem Bruder des französischen Königs, Karl von Anjou, eine weitere Macht auf den Plan. Vom Papst gegen die letzten Staufer in Unteritalien zur Hilfe gerufen, dehnte das Haus Anjou seinen Herrschaftsbereich im 13. und 14. Jahrhundert auch nach Norditalien aus, im Bündnis mit den guelfischen Kommunen. Bis zum 15. Jahrhundert gingen aus den geschilderten kriegerischen Auseinandersetzungen wenige Stadtrepubliken als Sieger hervor: Neben Lucca zunächst Siena, das seine Herrschaft auf Montepulciano (1249), Massa Marittima (1335), Grosseto (1336) und Chiusi (1416) ausweitete, und vor allem Florenz, dem Pistoia (1329), Prato (1351), San Gimignano (1354), Volterra (1361), Cortona (1411) und schließlich auch Pisa (1406) zufielen.

Der wirtschaftliche und politische Aufschwung wurde im 14. Jahrhundert jedoch durch Pestepidemien, Hungersnöte und den Bankrott von Bankhäusern auch gehemmt. In dieser Zeit bemächtigte sich in einigen Städten zum ersten Mal der *popolo,* das Volk, der Herrschaft – allerdings das wohlhabende Bürgertum *(popolo grasso)*, nicht die Mittellosen *(popolo minuto)*. In anderen Städten reagierte man auf die Schwierigkeiten mit zunehmend oligarchischen Strukturen. Die mächtigen Zünfte beanspruchten die Stadtherrschaft für sich und die florentinische Regierungsordnung sicherte ihnen 1293 den exklusiven Zugang zu öffentlichen Ämtern. Als oberstes Exekutivorgan wurde das Amt des Gonfaloniere eingerichtet, ein Rat der Priori (Vorstände der Zünfte) bildete die Signoria (Stadtrat). Republikanische Institutionen wurden zumindest nominell bewahrt und erst mit dem Aufstieg der Medici konnte eine Familie die Stadt und später die gesamte Region beherrschen.

Die Familie begann mit dem Ausbau ihrer Macht nach dem gescheiterten Aufstand der Ciompi (Wollarbeiter) im Jahr 1378; 1434 übernahm Cosimo il Vecchio (der Ältere) de' Medici (1398–1464) endgültig die Herrschaft über Florenz. Das diplomatische Geschick und die behutsame Politik der Medici ermöglichten eine längere Friedenszeit. Unter Piero il Gottoso (dem Gichtigen, 1416–1469) und Lorenzo il Magnifico (dem Prächtigen, 1449–1492) blühte die städtische Kultur in Florenz auf. Lorenzo überlebte im April 1478 ein Attentat im Dom, das seinen Bruder Giuliano allerdings das Leben kostete: Die Verschwörung der Pazzi, einer konkurrierenden Familie, schlug fehl.

Zu einem Intermezzo kam es 1494, als die Medici nach dem Einmarsch des französischen Königs Karl VIII. in Italien vertrieben und die Republik wiederhergestellt wurde. Der fanatische Dominikanermönch Girolamo Savonarola, bekannt für seine flammenden Bußpredigten und Untergangsprophezeiungen, übernahm die Neuordnung der Republik, der er eine theokratische Verfassung gab. Doch das Experiment währte nur kurz, 1498 wurde Savonarola hingerichtet, die fortbestehende Republik 1512 für die Medici zurückerobert.

Immer wieder erhoben Frankreich und Habsburg-Spanien Ansprüche auf Italien. Während Karl V., Franz I. von Frankreich und die Päpste um die Herrschaft in Italien kämpften, gelang es Cosimo I. de' Medici, das entstandene Herzogtum Toskana mit Florenz als Hauptstadt zu erweitern, vor allem Siena zu unterwerfen und einzugliedern (1559), und sich 1570 vom Papst zum Großherzog krönen zu lassen.

Das 17. Jahrhundert war vom Verfall der einstigen Größe geprägt, und als der letzte Medici 1737 kinderlos starb, ging das Großherzogtum an Franz Stephan von Lothringen über. Unter seinem Sohn Peter Leopold (1765–1792) entwickelte sich die Toskana zum Musterland eines modernen Staates; er reformierte Handel, Verwaltung und Landwirtschaft im Geiste des aufgeklärten Absolutismus. Die Habsburger regierten das Großherzogtum bis 1859, mit Ausnahme der napoleonischen Ära 1799–1814. Napoleon Bonaparte hatte seit 1796 in Italien Krieg gegen Österreich geführt und in Norditalien für zwei Jahre die Cisalpinische Republik, später das Königreich Italien etabliert. 1802 verlor Habsburg die Toskana, die als Königreich Etrurien an das Haus Bourbon-Parma fiel, 1808 aber annektiert und mit Frankreich vereint wurde.

Die Restauration nach dem Wiener Kongress 1814/15 konnte die Nationalstaatsbildung nur noch einige Zeit aufhalten. Die politisch-soziale Bewegung des Risorgimento (Wiederauferstehung) bereitete die Einigung vor. Giuseppe Mazzini mit seinem Bund Giovine Italia (Junges Italien) stand hierbei für den revolutionär-republikanischen Flügel, der sich jedoch gegen die gemäßigten Reformer um den Piemonteser Politiker Camillo Benso Conte di Cavour nicht durchsetzen konnte. Mit französischer Hilfe wurde Österreich 1859 vertrieben und der Anschluss der italienischen Regionen, auch des von Garibaldi eroberten unteritalienischen Gebiets, an das Königreich Piemont erreicht.

1861 wurde Vittorio Emanuele von Piemont König von Italien. Bis zur vorläufigen Lösung der Römischen Frage durch die Eingliederung des Kirchenstaates 1871 wurde Florenz Ende des Jahres 1864 für sechs Jahre die Hauptstadt des Königreiches.

BIBLIOGRAFIE

Ackerman, J. S., *The Architecture of Michelangelo*, London 1961.
Acton, H., *Tuscan Villas*, London 1973.
–, *The Last Medici*, 2. Aufl., London 1958, Illustrierte Ausgabe, 1980.
–, E. Chaney, *Florence: A Traveller's Companion*, London 1986.
Ady, C. M., *Lorenzo de' Medici and Renaissance Italy*, London 1955.
Argan, G., *The Renaissance City*, New York 1969.
Baracchini, C. (Hrsg.), *Pisa dei Cavalieri*, Mailand 1996.
Baron, H., *Bürgersinn und Humanismus im Florenz der Renaissance*, Berlin 1992.
–, *The Crisis of the Early Italian Renaissance*, überarb. Aufl., Princeton 1966.
Belli Barsali, I., *Lucca. Guida alla città*, Lucca 1988.
Berenson, B., *Italian Painters of the Renaissance*, London 1930.
Bigazzi, I., *Il Palazzo Nonfinito*, Bologna 1977.
Böck, W., *Oberitalien und Toskana in der Kunst der Renaissance*, Berlin 1930.
Bödefeld, G., B. Hinz, *Die Villen der Toskana und ihre Gärten*, Köln 1991.
Borsi, F., *Firenze nel Cinquecento*, Rom 1974.
Bortone S., *Guida alla civiltà di Firenze*, Mailand 1985.
Brandi, C. (Hrsg.), *Il Palazzo Pubblico di Siena, Vicende costruttive e decorazioni*, Mailand 1983.
Brucker, G. A., *Renaissance Florence*, Berkeley, Calif. 1969.
– (Hrsg.), *The Civic World of Early Renaissance Florence*, Princeton 1977.
Bucci, M., Bencini R., *Palazzi di Firenze* (4 Bde.), Florenz 1971–1973.
Burke, P., *Culture and Society in Renaissance Italy*, London 1972.
Cabani, R., *Le famiglie di Firenze* (4 Bde.), Florenz 1992.
Cämmerer, M., *Kunst des Cinquecento in der Toskana*, München 1992.
Cairola, A., E. Carli, *Il Palazzo Pubblico di Siena*, Rom 1963.

Cardini, F., S. Raveggi, *Palazzi pubblici di Toscana. I centri minori*, Florenz 1983.
Carli, E., *Volterra nel Medioevo e nel Rinascimento*, Pisa 1978.
–, G. Cecchini, *San Gimignano*, Mailand 1962.
–, *Sienesische Malerei*, o. O. 1982.
Chelazzi Dini, G., A. Angelini, B. Sani, *Sienesische Malerei*, Köln 1997.
Cherubini, G., G. Fanelli (Hrsg.), *Il Palazzo Medici Riccardi di Firenze*, Florenz 1990.
Civai, M., E. Toti, *Siena. Il sogno gotico*, Siena 1997.
Cleigh, J., *Die Medici, Macht und Glanz einer europäischen Familie*, München 1997.
Cochrane, E., *Florence in the Forgotten Centuries 1527–1800*, Chicago 1973.
Cresti, C., *Montecatini 1771–1940: nascita e sviluppo di una città termale*, Mailand 1984.
–, D. Nannoni, *Architettura senza cantiere. Immagini architettoniche nella pittura e scultura del Rinascimento*, Siena 1989.
Die Pracht der Medici, Florenz und Europa. Katalog zur Ausstellung, München 1998.
Fabbri, P., F. Gurrieri, *Palaces of Florence*, Florenz 1996.
Falzone del Barbaro, M. (Hrsg.), L. Alinari, *Das Italien der Alinari*, Florenz 1988.
Fiumi, E., *Volterra e San Gimignano nel Medioevo*, San Gimignano 1983.
Gage, J., *Life in Italy at the Time of the Medici*, London 1968.
Gandi, G., *Il Palazzo Ramirez di Montalvo*, Florenz 1932.
Giampaoli, U., *Il Palazzo Ducale di Massa*, Massa 1986.
Ginori Lisci, L., *The Palazzi of Florence: Their History and Art* (2 Bde.), Florenz 1985.
Giulietti, R., *La Quadreria del Palazzo Comunale di Monte San Savino*, Monte San Savino 1997.
Godfrey, F.M., *Italian Architecture up to 1750*, London 1971.
Goldthwaite, R. A., *The Building of Renaissance Florence*, Baltimore/London 1980.
–, „The Florentine Palace as Domestic Architecture" in: *American Historical Review*, 1972.

Guicciardini, P., E. Dori, *Le antiche case e il Palazzo dei Guicciardini in Firenze*, Florenz 1951.

Gronegger, T., *Das Ricetto der Biblioteca Laurenziana*, Wien/Köln 1997.

Hale, J. R., *Florence and the Medici: The Pattern of Control*, London 1977.

Häußler, H. G., *Das Formgeheimnis Michelangelos. Die Figuren der Medici-Kapelle*, Stuttgart 1998.

Herlihy, D., *Pisa in the Early Renaissance. A Study of Urban Growth*, New Haven 1958.

Hibbert, C., *The Rise and Fall of the House of Medici*, London 1974.

–, *Florence: The Biography of a City*, London 1993.

Il Palazzo Medici-Riccardi a Firenze, Katalog zur Ausstellung, Florenz 1990.

Karwacka Codini E., *Piazza dei Cavalieri a Pisa*, Florenz 1989.

Kauffman, G., Florence: *Art Treasures and Buildings*, London 1971.

Keller, H., *Die Kunstlandschaften Italiens* (2 Bde.), Frankfurt 1994.

Kent, F. W., „Più superbo de quella de Lorenzo: Courtly & Family Interest in the Building of Filippo Strozzi's Palace", in: *Renaissance Quarterly* 30, 1977.

Kunstführer Florenz, Ditzingen 1993.

Listri F., *Il Dizionario di Firenze* (2 Bde.), Florenz 1998/99.

Mack, C. R., *Pienza. The Creation of a Renaissance City*, London 1987.

Mandelli, E., *Palazzi del Rinascimento*, Florenz 1989.

Mansi, G., *I patrizi di Lucca*, Lucca 1996.

Markschies, A., *Gebaute Pracht. Der Palazzo Strozzi in Florenz (1489–1534)*, Freiburg 2000.

Martines, L., *Violence and Disorder in Italian Cities*, Berkeley, Calif. 1972.

Massinelli, A. M., F. Tuena, *Treasures of the Medici*, London 1992.

McCarthy, M., *The Stones of Florence*, New York 1959.

Meiss, M., *Malerei in Florenz und Siena nach der schwarzen Pest*, Dresden 1999.

Mercantini, M., *Il Palazzo di Fraternita in Piazza Grande ad Arezzo*, Arezzo 1980.

Millon, H. A., V. Magnago Lampugnani (Hrsg.), *The Renaissance from Brunelleschi to Michelangelo. The Representation of Architecture*, London 1994.

Minor, A. C., B. Mitchell, *A Renaissance Entertainment: Festivities for the Marriage of Cosimo I*, Missouri, Miss. 1968.

Morisani, O., *Michelozzo architetto*, Turin 1951.

Muccini, U., *Il salone dei Cinquecento in palazzo Vecchio*, Florenz 1990.

–, A. Cecchi, *Le stanze del Principe in Palazzo Vecchio*, Florenz 1992.

Müller, S., *Palast- und Villenbau in Siena um 1500*, Darmstadt 1999.

Murray, P., *The Architecture of the Italian Renaissance*, London 1969.

Pampaloni G., *Palazzo Strozzi*, Rom 1982.

Paolucci A., A. M. Maetzke, *La Casa del Vasari in Arezzo*, Florenz 1988.

Pazzagli C., *Nobiltà civile e sangue blu*, Florenz 1996.

Pellegrini E., *Palazzi e vie di Siena nelle opere a stampa dal XVI al XX secolo*, Siena 1987.

Pottinger, G., *The Court of the Medici*, London 1978.

Raffaello e l'architettura a Firenze nella prima metà del Cinquecento, Katalog zur Ausstellung, Florenz 1984.

Ragionieri, P., *Casa Buonarroti*, Florenz 1997.

Reinhardt, V., *Die Medici. Florenz im Zeitalter der Renaissance*, München 1998.

Rodolico, N., G. Marchini, *I palazzi del popolo nei comuni toscani del Medioevo*, Mailand 1962.

Romby G. C. (Hrsg.), *Misure e proporzioni dell'architettura nel tardo Quattrocento. Materiali da costruzione e misure nell'edilizia fiorentina*, Florenz 1996.

Rubinstein, N., „Palazzi pubblici e palazzi privati al tempo di Brunelleschi" in: *Filippo Brunelleschi. La sua opera e il suo tempo*, Katalog zur Ausstellung, Florenz 1980.

Rud, E., *Vasari's Life and Lives*, London 1964.

Saalman, H., *Il Palazzo comunale di Montepulciano, un lavoro sconosciuto di Michelozzo*, Siena 1973.

Salmi, M., *Il palazzo e la collezione Chigi Saracini*, Mailand 1967.

Sanpaolesi, P., *Il palazzo Pitti e gli architetti fiorentini della discendenza brunelleschiana*, in: *Scritti vari di storia, restauro e critica dell'architettura*, Florenz 1978.

Scalini, M., *Florenz*, München 1999.

Seidel, M. (Hrsg.), *Die Maler von Florenz zu Beginn der Renaissance*, München 2000.

Serra, V., *Wir entdecken Florenz*, o. O. 1997.

Strong, R., *Splendour at Court: Renaissance Spectacle and Illusion*, London 1973.

Thiem, G., C. Thiem, *Toskanische Fassadendekoration in Sgraffito und Fresko*, München 1964.

Trionfi Honorati M., „Il palazzo degli Antinori" in: *Antichità Viva*, 1968.

Turner, A. R: *Renaissance in Florenz. Das Jahrhundert der Medici*, Köln 1997.

Vannucci, M., *Splendidi palazzi di Firenze*, Florenz 1995.

Waley, D., *Italian City Republics*, London 1988.

Wirtz, R. C., *Florenz, Kunst & Architektur*, Köln 2000.

Zimmermanns, K., *Florenz, Kirchen, Paläste und Museen in der Stadt der Medici*, Köln 1997.

Zucconi, G., *Architekturführer Florenz*, Stuttgart 1995.

REGISTER

Acciaiuoli (Familie) 244
Ademollo, Luigi 57, 218, 293, 295
  Die Opfer von Numa 294
  Hochzeit von Alexander dem Großen und Roxane 294
  Kaiserlicher Triumphzug 218
  Licinius Sura 219
  Plotilla in der Domus Aurea 218
Agnolo, Baccio d' 30, 157, 248
Alberteschi (Familie) 238
Alberti, Leon Battista 155
Albertoli, Giocondo 179
Albizi (Familie) 21
–, Eleonora 166
–, Alderano 256
Aldi, Pietro 76
Aldobrandini (Familie) 21
Alessi (Familie) 110
Alfieri, Vittorio 297
Algozzo 120
Alighieri, Dante 82, 108, 112
  Die Göttliche Komödie 112
Allori, Alessandro 44, 202
Ammannati, Bartolomeo 35, 40, 44, 46, 160, 212f., 220
–, Scipione 35, 131
Ammirato, Scipione 136
Andreotti, Frederico 46
Angiari, Baldaccio d' 920
Anguissola, Lucia 225
  Madonna mit dem Kind 225
Antinori (Familie) 18, 21, 30, 156ff.
–, Alessandro 157f.
–, Bernardo 158f.
–, Filippo 156
–, Giovanni di Piero 156
–, Ludovico di Filippo 159
–, Nicola Francesco di Vincenzo 159
–, Niccolò di Tommaso 157
–, Vincenzo di Lorenzo 159
Arcangeli, Luigi 309
  Apotheose der Italia 309
Ardinghelli (Familie) 82, 238
Aretino, Spinello 27, 66, 120, 122
  Episoden aus dem Leben des Papstes Alexander III. 66
  Pietà 120, 122
Arezzo 38, 48, 118ff., 120, 159, 200ff., 202
Arrighetti, Luigi 57

Baccani, Gaetano 57, 299f.
Bacci, Nicolosa 200, 202
Baciocchi Bonaparte, Elisa 57, 182, 213, 259, 269
Baciocchi, Felice (Pasquale) 182, 213
Baglioni, Pietro 289
Bagnara 252
Baldi, Pier Maria 146
Baldinucci, Filippo 300
Baldovinetti, Francesco 30
  Memoriale 30
Bandettini, Teresa 214
Bandinelli, Baccio 86, 125, 162
  Herkules und Cacus 86
  Orpheus 125, 129
Bandinelli Paparoni, Ronaldo de' s. Alexander III.
Bandini, Antonio Francesco 294
Barabino, Niccolò 64
Barbiano, Alberico da 120
Barberini, Francesco 176
Barbiani, Bartolomeo 194, 198
Barga 31
Bartoli, Cosimo 41
Bartolini, Lorenzo 182
  Elisa mit ihrem Hund 182
  Elisa mit ihrer Tochter 182
Bartolini-Salimbeni (Familie) 31
Bartolo, Domenico di 69
  Krönung der Jungfrau Maria 69
Bartolomei (Familie) 37
Bartolomeo, Maso di 125
Beccafumi, Domenico 75, 290
  Allegorie der Heimatliebe 75
  Hl. Hieronymus 290
Beggi, Orazio 252
Bella, Giano della 106
Bellarmino, Roberto 194
Benizzi (Familie) 249
Benjamin, Walter 78
Benucci (Familie) 21
Bergamini, Alessandro 257
Bernini, Gian Lorenzo 290
  Hl. Hieronymus 290
Bertoldo 125
Betto, Bernardino di, Il Pinturicchio 18, 83
  Krönung Pius' IV. 18
  Himmelfahrt Mariens mit dem Hl. Papst Gregor dem Großen und Benedikt 83
Bianchi-Bandinelli (Familie) 292
–, Giulio 57, 297
–, Mario 297
–, Ranuccio 64
Bianco, Baccio di 232
Bienaimé, Pietro 213, 285, 287
  Büste Giovanni Michele Saracinis 285
  Büste Pauls V. 284
Billo, Tiberio 283
Bindi Sergardi, Marina 114
Bocciardo, Pasqale 296
  Der Selige Bernhard 296
Bonaparte (Familie)
–, Elisa s. Elisa Baciocchi
–, Marie Paulette 57
–, Napoleon 57, 182, 211, 259
–, Paolina 298, 300
Bonechi, Marco 49
Boni (Familie) 21, 157
Bonsignori (Familie) 24
–, Stefano 99
Borghese (Familie) 298
–, Camillo s. Paul V.
–, Francesco 300
–, Marcantonio IV. 298
–, Marianna 298
Borghini, Vincenzo 40, 103
Borromei (Familie) 21
Boscoli, Tommaso 194
Botticelli, Sandro 29, 93, 135, 176
Boulle, André 269
Bourbon, Karl Ludwig von 217, 274
–, Maria Luisa 216
Bracciolini, Jacopo 93
Bravo, Ceco, 166, 230
Bregenz 278
Brienne, Walter von 88
Brizzi, Raffaello 57, 309
Bronzino, Agnolo 90, 102f., 165
  Bildnis der Eleonora di Toledo 90
  David 102
  Der Durchzug Moses' durch das Rote Meer 103
  Die Erythreische Sybille 102

314

Die Verkündigung 102
Eleonora von Toledo, Gattin Cosimos I., mit dem Sohn Giovanni de' Medici 102
Grablegung Christi 102
Brosses, Charles de 52, 55, 57
Brunelleschi, Filippo 15, 18, 29f., 124, 160, 162
Bruni, Leonardo 17
 Laudatio Florentinae Urbis 17
Bucci, Mario 299f.
Bugiardini, Giuliano 231
Buonarroti (Familie) 55, 226ff.
–, Cosimo 232
–, Filippo 232
–, Leonardo 228, 232
–, Michelangelo 21, 46, 29f., 55, 86, 90, 98f., 101, 202, 209, 226, 228, 232, 234
 David 86, 98
 Der Abend 228
 Der Genius des Sieges 90
 Der Sieg 101
 Die Morgenröte 228
 Madonna della Scala 232
–, Michelangelo der Jüngere 46, 228, 231
–, Rosina 232
Buondelmonti, Agnola 247
Buoninsegna, Duccio di 70
Buontalenti, Bernardo 33f., 36f., 45, 170, 173f., 175, 193, 244
 Grotten, Boboli-Gärten 193
Buonvicini, Domenico 95
Burckhardt, Jakob 50
Butler, Alban 52
Bylivelt, Jaques 173

Caccini, Giulio 174
 La Pellegrina 174
Cacialli, Giuseppe 183
Cafaggiolo 135
Cambio, Arnolfo di 86
Campani, Luigi 220
Campion, Jane 279
Canigiani (Familie) 21
Canova, Antonio 182
 Muse Polyhymnia 182
Capelli, Luigi 300
Capello, Bianca 36, 37f., 166, 168
Capponi (Familie) 21, 55
–, Neri di Gino 20
–, Pier 135
–, Niccolò 100

Carducci, Francesco 100
–, Giosue 211
Careggi 131
Carrara, Francesco 213, 228, 259
Casa del Vasari, Arezzo 200ff.
Casa Buonarroti, Florenz 46, 226ff.
Casa di Bianca Cappello, Florenz 34
Casa Guicciardini, Florenz 246ff.
Casino di Parione, Florenz 238, 240, 244
Caselletti, Antonio 284
Casotti, Giovanni Battista 151
Cassioli, Amos 46
Castracani, Castruccio 82, 106, 108, 212
Catellini da Castiglione (Familie) 28
–, Caterina 273
–, Curzio 273
Cavalieri, Emilio de' 174
 La Pellegrina 174
Cecchi, Francesco 269
Cellini, Benvenuto 90
 Perseus 90
Cenami (Familie) 27
Cerretani (Familie) 111
Cervini (Familie) 31
–, Cesarina 117
Chastel, André 130
Chiarini, Marco 261, 266
 Flucht des Äneas aus Troja 261
Chigi Saracini (Familie) 288, 296
–, Fabio 288
Chini, Galileo 57, 308f.
Ciabani, Roberto 158
Cinganelli, Michelangelo 55, 228
 Erzengel Michael mit musizierenden Engeln 228
Cino, Baldino di 120
–, Balduccio 121
Cione Orcagna, Andrea di 90
Cioni (Familie) 111
Cipriani, Barbato 284
Civitali, Giuseppe 212
–, Vincenzo 212
Clarissen-Meister 82
 Kreuz mit Klagenden, den Propheten Jesaiah und Jeremiah und dem segnenden Erlöser 82
Cofani, Mariotto 120
Colonna, Michelangelo 52

Contestabile, Niccolò 221
Conti, Cosimo 46
Controni (Familie) 270
–, Domenico 270
–, Carlo 270
Cooper, James Fenimore 52, 57
 Excursions in Italy 57
Corinti, Corinto 46
Corsini (Familie) 55, 236, 245
–, Bartolomeo 242, 244
–, Filippo 242, 244f.
–, Fulvio 289
–, Isabella 244
–, Neri 245
–, Tommaso 245
Cortona 31
Cortona, Pietro da 46f., 176ff., 232
–, Urbano da 290
Covoni (Familie) 37
Cuio, Capitano 228
Cybo (Familie) 252, 258f.
–, Carlo I. 252f.
–, Veronica 252
Cybo-Malaspina (Familie) 252f.
–, Alberico I. 252
–, Alberico II. 252f., 256
–, Carlo II. 254, 258

D'Egmont, Juste 267, 269
Dal Sole, Giovan Gioseffo 261, 266
Dami, Giuliano 176
Danti, Ignazio 99
Danti, Vincenzo 44
Dati, Goro 20
 Istoria di Firenze 20
Davanzati, Bernardo 100
Dei (Familie) 30
–, Benedetto 20
 Cronaca fiorentina 20
 Memorie notate 20
–, Vincenzo 296
De Santi, Bartolomeo 273
Del Monte (Familie) 31
–, Ludovica 194
Del Russo, Giuseppe 105
Del Frate, Domenico 269
Del Massaio, Pino 20
 Pianta Iconografica di Florentia 20
 Veduta della Catena 20
Del Piombo, Sebastiano 228
Del Pollaiolo, Antonio, Il Cronaca 30, 248
–, Simone, Il Cronaca 95
Donatello 22, 98, 283
 Judith und Holofernes 98
 Muttergottes mit Kind 283
Doria, Andrea 158
Dosio, Giovanni Antonio 31
Ducci, Bartolomeo 64
Dughet, Gaspar 176
Dupré, Giovanni 290
 Beatrice 290
 Dante 290

Elci (Familie) 112, 117
–, Emanuello d' 114, 117
–, Francesco d' 112
–, Raniero d' 112
Este (Familie) 259
–, Alfonso II. d' 165
–, Ercole I. d' 18
–, Maria Beatrice d' 151, 259

Fancelli, Giovanni 162
–, Luca 162
Fantastici, Agostino 111, 114
Farnese, Ottavio 145
Fazio, Gano di 290
 Engel 290
Feltrini, Andrea 38
Ferdinand II. 166
Ferdinand III. 105, 182, 211, 297f.
Fermi, Enrico 211
Ferri, Antonio Maria 244
–, Ciro 176
Ficino, Marsilio 135
Filipuccio, Memmo di 28, 84
 Gattenliebe 28
 Einführung eines jungen Mannes in die Liebe 84
Finelli, Giuliano 230
 Büste von Michelangelo dem Jüngeren 230
Finocchieto 248
Fisicas, Gabinetto della 179
Florenz 10ff., 86, 90, 92, 98, 101, 105, 124, 131, 156, 159f., 166, 170, 176, 179, 183, 194, 226, 232, 236, 246, 259, 298, 300
 Boboli-Gärten 40, 45, 102, 160, 249, 165, 183, 187f., 190f.
 Neptunbrunnen 86, 187
 Ponte Vecchio 102f.
 Santa Croce 10f., 95
 Santa Felicità 102, 249
 San Lorenzo 18
 San Michele 24
 Santa Maria del Fiore 93
 Santa Maria Novella 29
 Santissima Annunziata 30
 Torracchio di Sant'Andrea

Torre dei Mannelli 102
Villa Medicea 30
Villa Petraia 183
Villa Strozzi 300
Foggini, Giovanni Battista 46, 146, 290
Das Jesuskind 290
Forzoni, Alessandro 38
Fossato, Felice da 121
Francavilla, Pietro 206
Statue Cosimos I. 206
Francelli, Luca 15
Francesco, Giovanni di 232
Predella 232
–, Niccolò di 120, 121
Franz Stefan von Lothringen 105, 178
Frederik IV., König von Dänemark und Norwegen 151, 269, 273
Friedrich III., Kaiser 153
Furini, Francesco 166, 170
Allegorie des Todes von Lorenzo Il Magnifico 170

Gabbiani, Antonio Domenico 46, 236
Verherrlichung des Hauses Corsini 242
Gagliano, Marco da 174
Gallori, Emilio 76
Gambarelli, Bernardo s. Rossellino
Gambiglioni, Angiolo 120
Gautier, Theophile 52
Gerini 55
Gherardi (Familie) 21
–, Cristofano 38
Ghirlandaio, Domenico 26, 28f., 92f., 95, 101, 135
Geburt der Jungfrau Maria 29
–, Ridolfo da 99
Ghisilieri, Grandone de' 108
Giambologna 44, 173f., 187
Okeanus 187
Perseus 187
Venus, dem Bade entsteigend 173
Gianfigliazzi (Familie) 20f.
Gibbon, Edward 50, 55
Gimignani, Giacinto 109
Das letzte Abendmahl 109
Ginori, Francesco 158f.
Giordano, Luca 46, 48, 55, 134f., 139, 146, 151
Allegorie der göttlichen Weisheit 134
Apotheose des Hauses Medici 135
270

Die Geburt des Menschen 48
Minerva übergibt an Geist und Handwerk Schlüssel und Werkzeuge 139
Giorgio, Francesco di 283
La Discordia 283
Giotto di Bondone 10f., 14.f, 212
Der Verzicht auf die weltlichen Güter 10f.
Giovanni di Feo Bracci, Lazzaro di 120
Giovanni, Apollonio di 11, 20
Ansicht des Palazzo Medici 11
–, Cosimo di 145f.
–, Giorgio di 281
–, Guido di 194
Giudici, Angiolo Lorenzo de' 122
Giuliano, Giulio 292f., 295, 297
Giuliano, Mario 297
Giuntini (Familie) 21
Goldoni, Carlo 297
Il cavaliere di spirito 297
L'Apatista 297
Gondi (Familie) 18, 30
Gozzoli, Benozzo 29, 84, 109, 135, 139
Anbetende Engel 150
Madonna mit dem Kind, zwei Engeln und den Hl. Johannes dem Täufer, Maria Magdalena, Augustinus und Martha 84
Maestà 109
Zug der Hl. Drei Könige 29, 129, 139
Gregori, Antonio 69
Abreise Marias de' Medici, die Heinrich IV. von Frankreich als Frau versprochen ist 69
Grocco, Pietro 306
Grosley, Pierre Jean 50
Grosso, Niccolò Il Caparra 28
Guadagni, Bernardo 90
Guardi (Familie) 21
Guerrieri, Rosa Vercellana 183
Guerrini 296
Jungfrau an der Krippe 296
Guerrini, Liborio 295
Guglielmi-Panelli (Familie) 37

–, Guido 288
–, Guido Chigi 288
–, Marco Antonio 283
Guicciardini (Familie) 246
–, Francesco der Ältere 247f.
Geschichte von Florenz 248
–, Francesco (1851–1915) 249
–, Guglielmetta 247
–, Jacopo 247
–, Limone 247
–, Luigi 247
–, Maria 248
–, Mercante 246
–, Piero 247f., 249
–, Piero der Ältere 247
–, Rinuccio 246
–, Simone 247
–, Tuccio 246
Guicciardino, Mercante di 246
Guinigi, Paolo 212

Habsburg, Ferdinand von 151
Habsburg, Maximilian von 222
Heinrich IV., Kaiser 174
Heinrich VII., Kaiser 108

Incontri, Attilio 220

Jacone 38
James, Henry 52, 160, 236
Italian Hours 52, 236
Return to Italy 52
Johannes VIII. Palaiologos, byzantinischer Kaiser 130, 139
Josephus von Konstantinopel 130
Juvarra, Filippo 273, 279

Karl IV., Kaiser 212
Karl V., Kaiser 95, 137, 139, 158, 214
Karl VIII., König von Frankreich 95, 135

Lafri, Jacopo 38
Landini, Andrea 237
Landi, Antonio 146
Il Comodo 146
Lando, Michele di 90
Landucci, Luca 18, 98
Lannes, General 259
Lapini, Agostino 38
Lappeggi 168
Larino, Francesco di 213
Lazzarini 213

Le Corbusier 50, 52, 57
Lederle, Georg 105
Lemmi, Stefano 258
Lenzi (Familie) 20f.
Leopold I., Großherzog von Toskana 123, 151, 179, 207, 306
Leopold II., Großherzog von Toskana 182f., 211
Liccioli (Familie) 64
Ligozzi, Jacopo 296
Himmelfahrt Mariens 296
Livorno 146, 206
Lombardi, Giovanni Domenico 269
Lorenzetti, Ambrogio 27, 66, 76
Die gute Regierung 27, 66, 70, 76
Der Frieden und der Krieg 70
Weltkarte 27
Lorenzi, Stoldo 44, 187
Neptun mit Dreizack 188
Lorenzo, Vincenzo di 159
Lorenzo di Pietro Il Vecchietta 27
Madonna della Misericordia 27
Lucca 24f., 35f., 45, 212, 260, 270, 274

Maccari, Cesare 76
Die Ergebnisse der Volksabstimmung in Rom werden König Vittorio Emanuele übergeben 76
Machiavelli, Girolamo 162
–, Niccolò 131, 163
Geschichte von Florenz 163
Machiavelli Corsini, Maria Maddalena 242
Maiano, Benedetto und Giuliano da 30, 92, 98, 156f.
Johannes der Täufer 98
Magni, Luigi 279
Arrivano i bersaglieri 279
Mailand 212, 247
Malaspina (Familie) 252
Mandoli (Familie) 281
–, Girolamo 283
Manetti, Gianozzo 20
Mansi (Familie) 260
–, Agostino 260
–, Agostino Sinibaldi 260
–, Anna Maria 266
–, Carlo 267, 269
–, Cipriano 260

–, Eleonora 269
–, Gerardo 269
–, Isabella 260
–, Luigi 269
–, Nicolao 260
–, Ottavio 260, 266f.
–, Raffaelle 269
–, Raffaello 260
Mantua 18
Marcelli, Carlo 51
Marcovaldo, Coppo di 82
   Kreuz mit Episoden aus der Passionsgeschichte 83
Marescotti (Familie) 24, 280, 283
–, Jacopo 281
–, Rinaldo 281
Margaritoni, Niccolò 256
   Anfiteatro d'eroi Cybo 256f.
Marini, Marino 109
   Das Wunder 109
Martelli (Familie) 20f., 157
–, Camilla 166
–, Carlo 157
–, Ugolino 157
Martini, Simone 27, 66, 70
   Bildnis des Guidoriccio da Fogliano 27, 70
   Maestà 27, 66, 76
Maruffi, Silvestro 95
Massa 49ff., 252
Mati (Familie) 108
–, Bartolomeo 108
–, Giovanni 108
Maximilian II., Kaiser 166
Mazzanti, Raffaello 266f.
Mazzini, Giuseppe 222
Mazzuoli, Giuseppe 284, 290
Medici (Familie) 14, 18, 20f., 30, 33, 86, 89f., 92, 95, 99f., 101, 124, 129f., 131, 136f., 160, 165, 176, 179, 199, 208, 220, 238, 242, 247f.
–, Alessandro, de' 100, 137, 139, 145
–, Andrea de' 117
–, Anna Maria Luisa de' 165, 176
–, Caterina de' 136
–, Christina de' 103
–, Clarice de' 135
–, Contessina de' 135
–, Cosimino de' 131
–, Cosimo de', Il Vecchio 14, 18, 20, 33f., 40f., 90, 101f., 105, 124, 129f., 137, 158, 162, 172, 176, 206, 208, 210, 238, 242, 247f.
–, Cosimo II. de' 46, 103, 105, 165, 174, 206, 220, 225, 240
–, Cosimo III. de' 165, 166, 176
–, Ferdinando I. de' 103, 173, 206, 240
–, Ferdinando II. de' 46, 146, 176, 220, 242
–, Francesco I. de' 41, 90, 101ff., 166, 168, 170
–, Filippo de' 168
–, Gian Gastone de' 151
–, Giovanni dalle Bande Nere de' 41, 101
–, Giovanni de' 131
–, Giovanni (Sohn der Eleonora Albizi) 102, 238
–, Giovanni Carlo de' 45
–, Giuliano de' 93, 135f., 226
–, Ippolito de' 137
–, Isabella de' 165
–, Lorenzino de' 145
   L'Aridiosa 145
–, Lorenzo 101, 131, 226, 228, 247
–, Lorenzo de', Il Magnifico, 18, 29f., 41, 93, 101, 129f., 135, 149, 168
–, Lucia de' 135
–, Lucrezia de' 135, 165
–, Maddalena de' 135
–, Maria de' 174
–, Maria Christina 173
–, Maria Magdalena de' 105, 242
–, Margarita de' 139, 145
–, Piero de', Il Gottoso, 129f., 162
–, Piero de' 95, 135, 247
–, Pietro de' 29, 146, 158, 247
Melville, Hermann 57
Memmi, Lippo 27, 80, 82
   Maestà 80, 82
Memmio, Michele di 106
Metastasio, Pietro 297
Michelangelo s. Michelangelo Buonarroti
Michelozzo 14, 18, 22, 31, 46, 55, 92, 124f.
Minerbetti, Bernardo 200
Miniati (Familie) 21
Mirandola, Pico della 135
Mitelli, Agostino 52
Monicelli, Mario 279
   Il Marchese de Grillo 279
Montanigio, Biagio de' 60
Monte, Giovanni Maria Ciocchi di 200
Monte San Savino 31
Montecatini Terme 306, 309
Montepescali 280
Montepulciano 31, 33, 194, 198
Monteverdi, Claudio 174
   Favola di Orfeo 174
Morelli (Familie) 21
Mori, Francesco Antonio 297
Moriconi (Familie) 270, 274
–, Lorenzo 270
Morosini, Andrea 289
Musciatto, Franzesi 111

Naini, Giuseppe 109
Napoleon s. Napoleon Bonaparte
Nardi, Jacopo 136
   Istorie della citta di Firenze 136
Nasini, Giuseppe 46
–, Tommaso 46
Neapel 247
Neretti (Familie) 21
Neri, Filippo, 199
Neroni (Familie) 21
Neroni, Bartolomeo 38
Niccolini (Familie) 21
Niccolò, Battista di 72
Nobili (Familie) 31, 194, 198
–, Roberto I. de' 194
–, Roberto II. de' 194
–, Vincenzo de' 194
Nottolini, Lorenzo 57, 214, 217

Orlandini, Bartolomeo 92
Orsetti, Raffaello 269
Orsini, Clarice 131
–, Paolo Giordano 165

Paccagnini, Francesco 284
Padua 72
Pagliaia 64

Paläste
   Alessi, Siena 110
   Altoviti, Florenz 33
   Antinori, Florenz 156ff.
   Anziani degli, Pienza 209
   Balduini, Barga 31
   Bartolini-Salimbeni, Florenz 30, 38
   Bargello del, Florenz 28, 50
   Bartolomei, Florenz 36
   Benci, Florenz 38, 40
   Benvenuti, Lucca 37
   Bianchi-Bandinelli, Siena 57, 292ff.
   Boccella, Lucca 37
   Borghese, Florenz 55, 57, 298ff.
   Buondelmonti, Florenz 38
   Capponi, Florenz 49, 51
   Cavalieri, Pisa 38, 206ff.
   Cervini, Lucca 33
   Chigi Saracini, Siena 280f
   Cocchi, Florenz 31
   Cocconi, Lucca 33
   Comunale, Arezzo 119, 123
   Comunale, Montecatini Terme 57, 306ff.
   Comunale, Pistoia 106
   Comunale, San Gimignano 27
   Comunale, Siena 57
   Controni Pfanner 45, 270ff., Lucca
   Corsini, Florenz 49, 51, 236ff.
   Corsini, Rom 55, 245
   Covoni, Florenz 36
   Cybo-Malaspina, Massa 49
   Davanzati, Florenz 28f.
   Dell'Antella, Florenz 38
   Del Monte, Monte San Savino 31
   Del Monte-Contucci, Montepulciano 33
   Di Montauto, Florenz 53
   Diodati Orsetti, Lucca 37
   Ducale, Lucca 57, 212ff., 269
   Ducale, Massa 50, 252
   Fraternita dei Laici, Arezzo 118ff.
   Giacomini, Florenz 31
   Ginori, Florenz 38
   Giugni, Florenz 35, 45
   Granucci-Cancellieri, Pistoia 38
   Grifoni, Florenz 35, 37
   Grifoni, San Gimignano 30, 35f.
   Guadagni, Florenz 30, 48
   Guicciardi, Florenz 35
   Guinigi, Lucca 24, 57
   Incontri Viti, Volterra 220ff.
   Lanfreducci, Pistoia 38
   Mansi, Lucca 219, 260ff.
   Manzini, Cortona 31
   Marucelli, Florenz 48
   Medici-Riccardi, Florenz 20, 28ff., 35, 40, 48, 50, 55, 124ff.
   Mellini Fossi, Florenz 38, 41

Moriconi, Lucca 45
Nobili Tarugi, Montepulciano 33, 194
Nonfinito, Florenz 33f., 37
Nuovo del Podestà, San Gimignano 78ff.
Ottolini Balbani, Lucca 27
Orlandini, Florenz 48
Pancrazi, Barga 31
Pandolfini, Florenz 31
Pannocchieschi d'Elci, Siena 55, 64, 110ff.
Pantiatichi, Florenz 48
Pretorio, Pistoia 106
Piccolomini Pienza 18, 152ff.
Pitti, Florenz 11, 15, 20, 30, 35, 37f., 40, 45ff., 52, 55, 86, 101ff., 105, 160ff., 249
Pubblico, Montepulciano 194
Pubblico, Siena 27, 57, 60ff., 110f.
Pucci, Florenz 48
Ramirez de Montalvo, Florenz 35, 38
Roffia, Florenz 48
Rospigliosi, Pistoia 31
Rucellai, Florenz 18, 21, 14ff.
Salviati, Florenz 298
Sanminiatelli Antelminelli, Lucca 37
Senatori, Rom 209
Sertini, Florenz 38
Spannocchi, Florenz 18
Stiozzi-Ridolfino, Florenz 45
Strozzi, Florenz 16, 18, 27f.
Strozzi, Mantua 18
Taddei, Florenz 31
Ugoccioni, Florenz 38, 40
Vecchio, Florenz 18, 21f., 26, 28, 37, 40f., 52, 86ff., 146, 162, 165f.
Palazzina della Meridiana, Florenz 183

Pamphilij (Familie) 258
–, Theresa 257f.
Panciatichi, Carlo 166
Pannocchieschi d'Elci (Familie) 111ff.
–, Achille 114
–, Nello der Ältere 112
Paoletti, Gaspare 179, 183, 306
Papareschi d'Elci (Familie) 117
–, Maria Eleonora 117
–, Ranieri 117
Päpste
  Alexander III. 27, 66, 296
  Alexander VI. 95
  Alexander VII. 296
  Clemens VII. 41, 101, 108, 137, 226, 288
  Clemens XII. 245
  Felix V. 153
  Hadrian VI. 226
  Johannes I. 290
  Julius II. 99, 226
  Julius III. 194, 200
  Leo X. 30, 40, 101, 108, 129, 136f., 226
  Paul V. 57, 298ff., 304
  Pius II. 130, 153f., 155, 283
  Pius III. 283
  Urban VIII. 176
Parenzi (Familie) 269
–, Camilla 269
–, Girolamo 269
Parigi, Alfonso 46, 176, 244
  Löwenbrunnen 165
Parigi, Giulio 46, 174
Pascoli, Giovanni 211
Passerini, Silvio 137
Pazzagli, Carlo 221
Pazzi (Familie) 21, 30, 93, 95
–, Francesco de' 95
–, Giovanni de' 95
–, Jacopo de' 93, 95
Pescia, Mariano di 100
  Jungfrau Maria mit dem Kind, der Hl. Elisabeth und Johannes 100
Pellegrinetti, Kardinal 279
Peri, Jacopo 174
  Euridice 174
Pericoli, Niccolò 162
Perugia 64
Pescia, Mariano da 38
Pescioni (Familie) 28
Petroni, Guglielmo 278
Petrucci, Cesare 93
Pfanner (Familie) 278f.
–, Andrea 278
–, Felix 278
Piccolomini (Familie) 153, 155, 281, 283f., 287
–, Caterina 18
–, Enea Silvio s. Pius II.
Pienza 18, 152f.
Pieri, Jacopo 174
  La Pellegrina 174
Pietro, Sano di 69
  Krönung der Jungfrau Maria 69
Pinturicchio s. Bernardino di Betto

Pisa 98, 101, 108, 159, 206f., 247
  San Rocco 207
  Santo Stefano 207, 209
Pisano, Giovanni 72
Pistoia 22, 31, 38, 106, 159, 212, 247
Pistoia, Cino da 108
  Da poi che la natura ha fine posto 108
Pitti (Familie) 20f.
–, Buonaccorso 162
–, Luca 15, 20, 162
Poccetti, Bernardino 38, 193
Poccianti, Pasquale 183
Poeman, Gerard 267, 269
Poliziano 135, 199
Pollaiolo, Piero 93
Poppi 44
Poppiano 246f.
Prini, Francesco 213
Pucci (Familie) 21
–, Puccio 90
Pucci Sansedoni, Elena 114
Puccinelli, Antonio da Castelfranco 220
Pugliani, Cosimo 38
–, Domenico 230, 232
Pugliese, Francesco del 29
Pulci, Luigi 135

Quercia, Jacopo della 72
  Acca Laurentina 72
  Fonte Gaia 72

Raffael 38, 176
Ragionieri, Giovanna 232
Rasi, Giovanni 284
Redi, Francesco 156
  Bacchus in der Toskana 156
Reni, Guido 179
  Kleopatra 179
Renoir, Auguste 278
  Moulin de la Galette 278
Ricasoli (Familie) 20
–, Bettino 183
Ricca, Massimiliano 297
Riccardi (Familie) 46, 146
–, Cosimo 146
–, Cosimo III. 151, 159
–, Ferdinando 151
–, Francesco 146
–, Gabriello 146
–, Maria Maddalena 151
–, Violante Beatrix 151
Ridolfi (Familie) 21, 31
Righetti, Luigi 309
Rilke, Rainer Maria 52
  Florentiner Tagebuch 52
Rinaldini (Contessa) 111

Rinaldo, Francesco di 64
–, Minuccio 64
Rinuccini, Ottavio 174
  Euridice 174
Rom 38, 46, 114, 183, 199f., 209, 212, 226, 283, 298
  San Pietro in Vincoli 26
  Santa Maria 199
Rosi, Antonio 294
Rosselli del Turco (Familie) 30
Rosselli, Matteo 230
Rossellino (Bernardo Gambarelli) 72, 120, 122, 154
  Hl. Donatus 122
  Seliger Gregorius 122
Rossi, Francesco de 38
–, Giovanni Antonio de' 172
  Paris und Helena 172
–, Vincenzo de' 44, 173
–, Pietro 293f., 296
Roster, Giacomo 46
Rovere, Vittoria della 166
Rovezzano, Benedetto da 129
Rubbia, Carlo 211
Rubens, Pieter Paul 176, 182
  Die vier Philosophen 182
Rucellai (Familie) 20f., 155
–, Giovanni 21
Ruggieri, Giuseppe 179
Ruskin, John 52, 55, 57

Sabatelli, Luigi 176
Sade, Donatien-Alphonse-François, Marquis de 52, 55
Salimbeni, (Familie) 60
–, Arcangelo 283
Salvatori (Familie) 176
–, Giuditta 176
Salviati (Familie) 20f., 298
–, Alamanno 300
–, Francesco 41, 93, 100f.
  Geschichten aus dem Leben des Furius Camillus 100
  Triumph des Camillus 101
–, Jacopo 93, 252, 300
Salvini, Bastiano 190
  Allegorie des Überflusses 190
Salvucci (Familie) 82
Saminiati, Benedetto 213
San Frediano, Nicolao da 88
Sanfriano, Maso da 44
Sangallo, Antonio da 33, 194
Sangallo, Giuliano da 16, 30
San Gimignano 78ff.

Torre Grossa 78, 82
San Miniato al Tedesco 31
Sangiovanni, Giovanni da 38, 166ff.
Sano, Familie 72
–, Giovanni di 72
–, Turino di 72
Sansedoni (Familie) 24
Santa Cruz, Andrea, de 225
Saracini (Familie) 283f., 288
–, Alessandro 287f.
–, Bernardino 284
–, Galgano 283f., 287
–, Giovanni Michele 287
Sarrocchi, Tito 76
Sarto, Andrea del 179, 204
Pietà 179
Sassetti (Familie) 28
Savonarola, Girolamo 20, 30, 95, 100, 135
Savoyen, Bona von 131
Maria Anna di 259
Maria Teresa di 249
Umberto I. di 183
Vittorio Emanuele I. di 259
Vittorio Emanuele II. di 183, 225
Vittorio Emanuele III. di 183
Scacciati, Andrea 237
Scala (Familie) 30
Scala, Bartolomeo della 204
Scheggia 29
Nozze Adimari 29
Scheggia, Scipione (Kardinal) 112, 300
Sciorina, Lorenzo della 44
Herkules tötet den Drachen im Garten der Hesperiden 44
Scorzini, Pietro Paolo 273
Segni, Bernardo 22
Sercambi, Giovanni 120
Sforza (Familie) 30, 38
–, Carlo 279
–, Francesco 212
–, Galeazzo Maria 130f.
Siena 18, 22, 24ff., 37, 52, 60ff., 101, 110, 112, 280, 287, 289, 292, 297
Ateneo 64, 297
Cancelleria della Biccherna 69
Torre del Mangia 24, 60, 64
Signieri Gallerani, Giocoppo 111
Signorelli, Luca 176, 204
Silvani, Gherardo 244, 248, 300
–, Pier Francesco 244
Simoncini, Egisto 306
Sisi, Carlo 287, 296f.

Sodoma 28, 64
Ivo spricht zwischen Armen und Reichen Recht 28
Sonnino, Giorgio Sidney 249
Spinelli (Familie) 20f., 204
Spinello, Parri di 123
Barmherzige Muttergottes 123
Spini (Familie) 20
Stendhal 52
Stolf, Jan 38
Storia fiorentina 20
Stradano 44
Strozzi (Familie) 18, 21, 30, 55
–, Alessandro 37
–, Filippo 15, 18
–, Lorenzo 18
Suarès, Andrè 279
Suvigo, Rocco Fattore di 252
Susini, Francesco 165, 176
Fontana del Carciofo 165, 176
Sustermans, Justus 176
Bildnis des Fürsten Waldemar Christian von Dänemark 176

Tacca, Ferdinando 244
Tadda, Francesco, del 102, 165, 176
Fontana del Cariciofo 165, 176
Taine, Hippolyte 52
Tantucci (Familie) 37
Targone, Cesare 175
Tarugi (Familie) 198
–, Bernardino 199
–, Francesco Maria 199
–, Jacopo 198
–, Giovanangela 199
–, Giovanni di Francesco 198
Tasso, Battista del 100
Tedici, Filippo 108
Teri (Familie) 28
Testa, Pietro 219
Die Freiheit Luccas 219
Tito, Santi di 44
Tofanelli, Stefano 269
Tognini Bonelli (Familie) 304
Toledo, Eleonora von 145, 158
Tolomei (Familie) 60
–, Nello di Mino de' 80, 82
Tommaso, Francesco di 90
Tornabuoni (Familie) 20f.
Tour d'Auvergne, Madeleine de la 137
Trenta, Tommaso 217
Tribolo 165
Turin 183

Ubertini, Guglielmo degli 118
Uccello, Paolo 29

Die Schlacht von San Romano 28
Ugoccioni, Giovanni 38
Valadier, Giuseppe 117
Valori, Baccio 33
Van Dyck, Antonis 176, 179
Bildnis Karls I. von England mit Henriette von Frankreich 179
Vanni, Lippo 27
Schlacht im Val di Chiana 27
Vannini, Ottavio 166, 168
Michelangelo, der Lorenzo seinen Entwurf für einen Faunskopf präsentiert 166
Vanucci, Marcello 176
Varchi, Benedetto 20f.
Vasari, (Familie) 202
–, Giorgio 17, 20, 38, 41, 44, 48, 89f., 93, 101, 103, 120, 122, 162, 170, 172, 200, 202, 204, 209
Kaiser Maximilian hebt die Belagerung von Livorno auf 89
–, Lazzaro 204
Vecchietti (Familie) 28
Venedig 166, 168
Vergil 11, 20
Äneis 11, 20
Vernazza, Livia 238, 242
Verrocchio, Andrea del 22, 88, 92, 102, 135
Der ungläubige Thomas 22
David 92
Geflügelter Putto 102
Vespucci (Familie) 29
Vettori (Familie) 21
–, Pier 37
Vignali, Jacopo 55, 228, 232
Viligiardi, Arturo 288f.
Die Rückkehr der siegreichen Sieneser aus der Schlacht von Montaperti 289
Vinci, Leonardo da 30, 98f.
Visconti, Luchino 225
Vaghe stelle dell'Orsa 225
Vitelli, Paolo 98
Viti (Familie) 221f., 225
–, Benedetto Giuseppe 221f., 225
Vittorio Emanuele, König von Piemont 183, 225, 259
Vivarelli, Iorio, 109
Herodes 109
Viviani (Familie) 120
–, Francesco 120
–, Jacopo 120
Volpaia, Lorenzo della 99
Volterra 22, 112, 212, 220, 287

Volterra, Antonio di 95

Wien 17

Zanchini (Familie) 31
Zanobi Folfo, Mariotto di, Il'Ammogliato 40
Zocchi, Giuseppe 50

Fotonachweis

Mit Ausnahme der unten genannten Abbildungen stammen alle Fotografien von Massimo Listri.

Archivo Fotografico Bencini: S. 42–43, 88 oben, 91, 93, 94, 96–97, 98 unten, 99 unten, 100, 101, 102 unten, 103, 104
Archivo Fotografico Ciol: S. 86 links
Archivo Fotografico FMR: S. 179 oben, 290, 291
Archivo Fotografico Fontanelli: S. 79
Archivo Fotografico Quattrone: S. 66, 70 unten, 72 rechts, 99 oben, 105 rechts, 180
Archivo Fotografico Scala: S.11 oben, 19, 21, 22, 23, 29, 47 oben, 178
Archivo Fotografico Scaletti: S. 307 oben
Archivo Fotografico Sime: S. 62–63
Archivo Magnus: S. 34 unten links, 35, 49, 70–71 oben, 79, 86 rechts, 90, 98 oben, 102 oben, 177, 181
Gabinetto Disegni e Stampe degli Uffizi: S. 47 unten